Hans Apel

Europa ohne Seele

BRUNNEN
VERLAG GIESSEN · BASEL

www.brunnen-verlag.de
Lektorat: Ralf Tibusek
Umschlagfoto: Picture Alliance, Frankfurt
Umschlaggestaltung: Ralf Simon
Satz: DTP Brunnen
Druck und Bindung: GGP Media GmbH, Pößneck
ISBN 978-3-7655-1952-9

Inhalt

Vorwort

Um was geht es tatsächlich bei der europäischen Integration?

Nach zwei europäischen Bürgerkriegen, die zu Weltkriegen mutieren, in denen die europäischen Staaten unerbittlich voller Hass und mit Rückendeckung ihrer nationalen Kirchen aufeinander einschlagen, soll nach 1945 ein drohender dritter Weltkrieg verhindert werden, denn Rest-/Westeuropa darf nicht den Sowjets zur Beute werden. Sie sagen: „Wer Europa hat, dem gehört die Welt."

Deshalb mehr als 40 Jahre kalter Krieg um Europa.

Das Einigungswerk Westeuropas findet daraus zu seiner Dynamik. Es muss eine weitere Aufgabe bewältigen: Deutschland einbauen, seine Kräfte kanalisieren. Die Ängste der anderen vor diesen Deutschen mildern. Westdeutschland greift diese Überlebenschance gern auf. Doch von Anfang an stehen hinter den hehren Schwüren für Europa auch handfeste nationale Interessen.

Wäre dieses sich einigende Wirtschaftseuropa der Sechs, dann der Neun, Zwölf, der Fünfzehn in eine Weltwirtschaftskrise wie in den 30er-Jahren hineingelaufen, wäre dieser EWG-Prozess ins Taumeln gekommen. Das passiert nicht, und so können wenigstens die materiellen Wunden vernarben. Wenn es materiell aufwärts geht, drücken Lasten geringer. Der materielle Egoismus hält sich in Grenzen.

Nur mit der Hilfe der Vereinigten Staaten von Amerika gelingt es, Europa aus den Klauen des menschenverachtenden Nationalsozialismus zu befreien. Der Zusammenbruch des kommunistischen Sowjetblocks hat auch systemimmanente Ursachen. Doch machen wir uns nichts vor: Ohne die USA wäre auch diese Befreiung des alten Kontinents nicht gelungen. Wir Europäer haben nur begrenzt Grund, uns selbstzufrieden auf die Schulter zu klopfen. Die europäische Einigung bleibt weiterhin eine unerledigte Aufgabe, eine Zielvorgabe, bei der immer wieder der Weg das Ziel ist. Ende offen. Das gilt insbesondere nach dem Zusammenbruch der Sowjetunion und der Vereinigung Osteuropas mit dem Westen, dem explosiven Wachstum der Zahl der EU-Länder von 15 auf 27.

Semantik führt nicht weiter. Europäische Union, was beinhaltet dieser Begriff? Sie wird auch weiterhin fast 80 Prozent ihrer Finanzen, derzeit gut 100 Milliarden Euro pro Jahr, für ihre unsinnige, national orientierte Agrarpolitik und ihre regionale Strukturpolitik, eine Art kaschierter nationaler Finanzausgleich zwischen armen und reichen EU-Ländern und -Regionen, ausgeben. Doch auch dafür braucht dieser Kontinent auf Dauer eine Art europäischer Identität, weil anderenfalls die Zahler nicht einsehen, warum sie diese „Opfer" bringen sollen.

Heute ist die Europäische Union bei genauem Hinsehen und Nichtbeachtung ihrer ideologischen Überhöhungen und der Brüsseler Nebelwerfer kaum mehr als das, was General de Gaulle vor 40 Jahren wollte: Das Europa der Vaterländer.

Und so rückt auf der Suche nach europäischen Klammern, die mehr sind als wirtschaftliche und soziale Bausteine nationaler Vor- und Nachteile und nahe liegender Anstrengungen zur gemeinsamen Selbstbehauptung, das gemeinsame europäische Erbe unserer Vergangenheit ins Blickfeld und damit unser christlicher Glaube. Für die katholische Kirche wird daraus das Ziel „Europa eine Seele geben" – natürlich eine christlich-katholische.

Eine nüchterne Analyse zeigt, dass „Brüssel" dafür kaum Ansätze bietet. Daran wird sich auch trotz aller europäischen Wunschvorstellungen in absehbarer Zeit nichts ändern. Auch für die Religionsgemeinschaften bleibt es beim Europa der Vaterländer. Nur national können sie für die Kräftigung ihrer

Positionen, für ihren Einfluss auf die gesellschaftlichen Grundlagen des Staates eintreten, ihre Schäfchen bei der Stange halten. Wenn sie Europa eine Seele geben wollen, muss das in mindestens 27 Vaterländern versucht werden. Selbst die katholischen Länder werden zu keinen vergleichbaren Ergebnissen kommen. Zu verschieden sind dazu die nationalen Glaubenslandschaften.

Nach dem Ende des Zweiten Weltkrieges war manches anders. Einerseits hassen sich die nationalen Christen aufgrund ihrer jüngsten historischen Erfahrungen. Andererseits spielt in dieser Zeit unser christlicher Glaube für die Wertvorstellungen der meisten Westeuropäer eine zentrale Rolle. Die Kirchen hatten die vergangenen schrecklichen Jahrzehnte ziemlich unbeschadet überlebt. Die Analysen christlicher Befindlichkeiten der Menschen in den westeuropäischen Ländern nach 1945 machen das deutlich. Deshalb war es auch durchaus nahe liegend für das werdende Europa, daraus Konsequenzen zu ziehen und an das christliche Abendland anzuknüpfen. „Europa eine Seele geben", bedeutet allerdings in der Realität nichts anderes als den Versuch, der technokratischen Europäischen Union, um es marxistisch zu formulieren, einen ideologischen christlichen Überbau zu geben. Christliche Leuchtfeuer sollen dieser Reise zur Einheit dieses Kontinents ihren Weg weisen. Oder „Christen aller Länder vereinigt Euch".

Leider hatten diese Reise und ihr Reiseziel schon bald keine reale Basis mehr. Das Christentum in den europäischen Ländern der Integration hatte längst seine prägende Kraft verloren, wenn auch von Land zu Land in unterschiedlicher Form und Geschwindigkeit. Nun ist unser christlicher Glaube nicht tot. Ein eher unpräziser Glaube hilft den Vielen, ihrem Leben einen individuellen Sinn zu geben. Es sind die Kirchen, insbesondere die Großkirchen, die Macht und Einfluss verlieren. Allerdings von Region zu Region verschieden. Europa hilft ihnen nicht in ihrem Kampf um die Seelen in Europas Vaterländern. Auch die drohenden Auseinandersetzungen mit dem

Islam um unsere Grundwerte lassen sich nur national bestehen, um der jeweiligen nationalen Gesellschaft einen möglichst tragfähigen multikulturellen Charakter zu geben.

Eine ganz andere Herausforderung baut sich auf. Eine plurale Demokratie kann nicht ohne einen gemeinsamen gesellschaftlichen Wertekanon überleben. Er ist nicht statisch, nicht rigide. Er muss die plurale Demokratie widerspiegeln. Er ergibt sich keineswegs automatisch aus den Grundrechten der Verfassung und der Charta der Menschenrechte. Ohne diese die Gesellschaft verbindenden Grundwerte wird sie leicht zu einer Banditengesellschaft. Der Rechtsstaat ist überfordert, wenn er das stets und überall verhindern soll.

In diesem Diskurs um die Grundlagen und Werte menschlichen Zusammenlebens spielen die Kirchen weiterhin eine wichtige Rolle, aber nur dann, wenn sie moralische Verantwortung übernehmen, ihre christliche Ethik vertreten und nicht nur dem Zeitgeist nachlaufen, sich opportunistisch anpassen. Aber auch diese Werteprägung kann nur national geschehen und hoffentlich gute Ergebnisse bringen, die natürlich auch für Europa von großem Belang sind. Denn die Europäische Union benötigt auch einen wachsenden Wertekanon, soll sie Krisen und nationalistische Herausforderungen bestehen.

Und so muss dieses Buch auf verschiedenen Ebenen argumentieren. Es kann nicht umhin, die Rolle der europäischen Kirchen bis 1945 anzuleuchten, deutlich zu machen, dass der eigentliche Prozess der europäischen Integration vor allem technokratisch abläuft, wie sich gleichzeitig unser Glaube, von Land zu Land sehr unterschiedlich, entwickelt und dass Europa nur dann ein Modell für die Zukunft ist, wenn seine Nationalstaaten dafür europäische Gesinnung und einen möglichst übergreifenden Wertekanon einbringen. Das sind zentrale Voraussetzungen dafür, dass Europa fähig wird, seine künftige Rolle in unserer Welt zu definieren, um daraus den Kurs seiner Integrationspolitik abzuleiten. Ohne seine christlichen Bezüge wird unser Kontinent nach meiner Überzeugung das nicht leisten können.

Mir haben meine umfassenden Recherchen große Schwierigkeiten aber auch viel Spaß gemacht. Ich hoffe, dass meine Einzelurteile stets richtig sind. In jedem Falle bin ich sicher, dass ich die europäischen Probleme zutreffend erkannt habe und meine Schlussfolgerungen zutreffend sind.

Diese Arbeit konnte nur gelingen, weil mir meine Frau stets und ständig zur Seite gestanden hat. Dies ist unser gemeinsames Ergebnis. Wir sind stolz darauf.

1. Das christliche Abendland, ein Hirngespinst?

Ob unser Europa im Mittelalter ein durch das Christentum geprägter und geeinter Kontinent gewesen ist, kann nicht Gegenstand dieser Untersuchung sein. Zweifel sind dennoch angebracht. 1130 trennen sich die weströmische und die oströmische Kirche mit schwerwiegenden Konsequenzen. Bis heute wirken diese Ereignisse nach. Die Orthodoxie und die Römisch-Katholische Kirche liefern sich in einzelnen Ländern Osteuropas unübersehbare Grabenkämpfe. Der Heilige Stuhl hatte das Recht der Ernennung der französischen Bischöfe und den kirchlichen Einfluss auf die Gerichtsbarkeit bereits 1438 durch die „Pragmatische Sanktion" an den König von Frankreich abgetreten und so den Weg für einen nationalen Sonderweg, den Gallikanismus, freigemacht. Überall in Europa zeigen sich politische und damit auch religiöse Sonderentwicklungen mit entsprechenden Auseinandersetzungen zwischen den Staaten, insbesondere aber mit der römischen Kurie. Sie bereiten den Boden für einen Umbruch. Nur auf diesem Nährboden kann die Reformation des Martin Luther gelingen.

Sie schafft die Voraussetzungen für Aufklärung und spätere Säkularisierung, für die Ablösung und die Befreiung des Einzelnen und der gesellschaftlichen und staatlichen Institutionen von den kirchlichen Vorgaben. Nur schrittweise gewinnen die Ideen der Aufklärung Einfluss auf die Gesellschaft und auf die Macht der Kirchen in Europa. Die große Mehrheit der Menschen, immobil an die Scholle oder ihr Handwerk gebunden, wird von den neuen Überzeugungen der menschlichen Autonomie und der Herrschaft der Vernunft nicht berührt. Die Intellektuellen mögen insgeheim bereits von den Lehren der

Kirchen abgerückt sein, nicht mehr auf das nahende Jüngste Gericht zu warten oder gar zu hoffen. Für sie stehen Kirche und Religion bis zum Ende des 18. Jahrhunderts für das Einstehen für die christlichen Werte der Ethik und der Moral. Einen Widerspruch ihrer Kirchlichkeit zur Aufklärung und dem rationalen Denken wollen oder können sie noch nicht erkennen.

Das ändert sich nach der Französischen Revolution und im anschließenden 19. Jahrhundert drastisch. Dieses Jahrhundert der Umbrüche lässt immer mehr Menschen am Wert des Gottesdienstbesuches und anderer kirchlicher Verpflichtungen zweifeln. Jetzt wird es möglich, auch Verachtung für die Vertreter der Kirchen und ihrer Lehre zu zeigen. Für Karl Marx ist Religion „Opium des Volkes". Weite Teile der europäischen Arbeiterbewegung verlieren jede Bindung an die nationalen Kirchen. Diese Entkirchlichung löst vielerorts bei den aktiven Kirchenmitgliedern und den Pfarrern einen anhaltenden Pessimismus über die Zukunft des Christentums aus. Er wirkt bis in unsere Zeit fort und hat zur Rettung der kirchlichen Institutionen und ihrer Glaubensinhalte eine Vielzahl von Gegenstrategien ausgelöst.

Da die Entwicklung von Land zu Land sehr unterschiedlich ist und der Nationalismus schnell an Macht gewinnt, können einheitliche europäische Antworten auf diese Herausforderungen nicht gefunden werden. Insbesondere aber fällt die völlig andere Entwicklung der osteuropäischen Kirchen aus diesem Rahmen.

Eins scheint allerdings spätestens am Anfang des 21. Jahrhunderts ziemlich klar zu sein: Die Menschen fordern für sich Selbstbestimmung. Sie lassen sich in ihrem Lebenszuschnitt nur noch begrenzt von Dritten beeinflussen. Das gilt selbst für die Eltern-Kind-Beziehung, insbesondere aber für den Einfluss der „großen Apparate", der unser Leben begleitenden Institutionen und damit auch der Kirchen. Geboten ist es allerdings, zurückhaltend zu argumentieren, weil Lebensumstände, Lebensalter und nationale Traditionen zu deutlichen Abweichungen von diesem Trend der Individualisierung des Lebenszuschnitts und der Selbstbestimmung führen können.

Eins aber scheint auch sichtbar zu werden: Die große Mehrheit der Menschen hat wachsende Probleme damit, ihr eigenes Leben selbst zu „inszenieren“. So ist es nicht verwunderlich, dass die Wertvorstellungen durch Jahrhunderte Christentum – regional und national geprägt – zwar schwächer werden aber noch weiter wirken, auch dann, wenn in den Familien die Kinder nicht mehr kirchlich sozialisiert werden. Da wirkt das Vorbildverhalten der Eltern und der Umgebung indirekt für eine gewisse Zeit weiter. Zur Kirche gehen sie allerdings nicht. Und wenn die tradierten Wertvorstellungen stören, werden sie auch aufgegeben. Das wird insbesondere beim individuellen Regenerationsverhalten sichtbar.

Die Religion stirbt nicht. Auch sie wird zunehmend individualisiert und entsprechend hingebogen. In diesem Zusammenhang muss allerdings kritisch gefragt werden, ob das in den vergangenen Jahrhunderten so ganz anders war? Aberglaube, Hexenmacht, böse Geister, Amulette haben stets, meist „unter der Decke“ der offiziellen Religion und der jeweiligen Kirchenpolitik, eine große Rolle gespielt. Doch nach außen war Uniformität gefordert. Heute ist das anders. Man kann sich sehr wohl seine eigene, sehr persönliche Religiosität zusammenbasteln und wenn geboten, auch öffentlich sichtbar machen. Aber auch darauf verzichten.

Die Entkirchlichung in unserer Zeit bedeutet also nicht, dass Glaube und Religion aus dem Leben der Menschen verschwinden. Beide verlieren aber an gesellschaftlicher Relevanz und damit ihren politischen Einfluss. Die bedeutende politische Rolle der christdemokratischen Parteien in West-Europa ist zu ihrem Ende gekommen. Nur in Deutschland spielt die CDU noch eine beachtliche Rolle. Das „C“ steht allerdings mehr für conservativ als für christlich.

Findet dieser Prozess des Verlustes gesellschaftspolitischer Relevanz der Kirchen in allen modernen Gesellschaften statt, auch in Nordamerika, wenn auch auf unterschiedlichen Zeitschienen, oder ist dieser Verlust an gesellschaftlichem und damit auch an politischem Einfluss vor allem ein westeuropäisches Phänomen?

Nahe liegend ist es, diese Frage mit der Rolle und dem Einfluss der nationalen Kirchen zu verknüpfen. An ihrer Stellung und an ihrem Einfluss kann durchaus sichtbar werden, ob und inwieweit Glaube und Religion noch gesellschaftlichen Einfluss haben und wohin die Reise geht. In allen westeuropäischen Ländern ist das Vertrauen in die Kirchen weiter zurückgegangen (Andrew M. Greeley, „Religion in Europe at the End of the Second Millennium", S. 63 ff). Der Gottesdienstbesuch entwickelt sich ähnlich. Das schwächt die Institution Kirche, die gesellschaftliche Relevanz von Glaube und Religion in die Politik umzusetzen. Die Patchwork-Religion der Vielen ist ohne Einfluss. Unsere Demokratien sind Demokratien der Rabiaten, in denen sich die Macht der großen, schlagkräftigen Gruppen durchsetzt und nicht die sehr unterschiedlichen individuellen Überzeugungen vieler Einzelner. Konkret bedeutet das, dass der plurale Staat im Rahmen der ihm vorgegebenen Grundwerte seiner Verfassung und der für die europäischen Staaten gültigen Konvention zum Schutze der Menschenrechte und Grundfreiheiten seine Gesellschaftspolitik nur dann am christlichen Wertekanon festmachen muss, wenn das von seinen Wählern und ihren Pressuregroups, den Kirchen, gefordert und, was wichtiger ist, auch politisch durchgesetzt werden kann. „Die Religion ist nicht mehr ein alles überwölbendes heiliges Dach, das (der Gesellschaft) durch die staatliche Macht oder durch die umfassende Macht gesellschaftlicher Überzeugungen vorgegeben wird. Es handelt sich um eine freiwillige Haltung, die hin und wieder von der öffentlichen Meinung oder von den Regierenden benutzt wird, gerade so wie es den jeweiligen Umständen entspricht" (Hugh McLeod

u. a. „The Decline of Christendom in Western-Europe 1750-2000", S. 210).

Für die Kirchen ergibt sich damit die Existenzfrage, wie sie auf diese Entwicklung reagieren sollen. Jeden frommen Kirchenmann muss es mit Dankbarkeit und Freude erfüllen, wenn er feststellt, dass der Glaube, im Grundverständnis christlich verankert, nicht ausstirbt. Allerdings verschieben sich die Akzente. Die Bibel als Gottes verbindliches Wort verschwindet zunehmend aus dem Blickfeld der Gläubigen. Ein Leben nach dem Tode erwarten viele durch Reinkarnation. Mit dem Himmel können sie etwas anfangen, mit der Hölle viel weniger. Generell kann bei allen beachtlichen nationalen Unterschieden festgestellt werden, dass der individuelle Glaube der Menschen in unserer Zeit sich viel stärker auf individuelle Hilfe und Rettung in ihrer Lebenszeit konzentriert als auf ihre Rettung nach ihrem Tode durch die Vergebung ihrer Sünden und ihre Auferstehung (McLeod, aaO, S. 74 ff).

Unsere Demokratien sind Demokratien der Rabiaten.

„Die zentrale Botschaft des Papstes Johannes Paul II. bezieht sich nicht auf die Rettung (des Menschen) nach seinem Tode, sondern auf die Schaffung einer Zivilisation der Liebe. Die Aufwertung der Pilgerreisen und die Expansion der evangelikalen und charismatischen Bewegungen gewinnen aus dieser Entwicklung eine solche Kraft, dass die Bitten um Gottes Gnade sich vor allem auf unser aktuelles Leben (Gesundheit, Familie, Erfolg) beziehen" (McLeod, aaO, S. 74). Gott wird immer mehr der liebende Vater und immer weniger der allmächtige Gott, der uns vergibt, der uns aber auch beim Jüngsten Gericht aburteilt und uns straft.

Das ist auch eine kirchliche Antwort auf den Wandel der Grundeinstellung der Menschen zum Tod. Er wird verleugnet, zumindest totgeschwiegen. Die europäischen Menschen werden immer älter, wenn sie nicht Krebs, ein Herzinfarkt oder ein Verkehrsunfall vorzeitig aus ihrem Leben reißen. Mit aller Kraft wird gegen diese „Anomalien“ durch die Wissenschaft gekämpft. „Forever young“ heißt es. Diese funktionierende Verdrängungsmaschinerie hilft auch einem riesigen Markt zu schnell wachsenden Umsätzen für Nahrungsmittel, Vitaminphilosophien bis hin zu vielfältigen Wellnessangeboten. Und wenn dann doch das Ende kommt, findet es zunehmend abseits des Lebens in den Krankenhäusern statt. Anonyme Beisetzung, nach vorn blicken, ist die Parole. „Tod, wo ist dein Schrecken?“

Er wird verdrängt und damit auch die christliche Auferstehung „vergessen“.

Die alten Kirchen können mit dieser Entwicklung ein Stück mitgehen. Die Pfingstler und die Charismatiker haben damit keinerlei Probleme. Aber selbst sie stoßen irgendwann an ihre theologischen Grenzen, sodass diese Abkehr von der Endlichkeit unseres Lebens und unsere religiöse Individualisierung auch von ihnen nicht mehr so ohne Weiteres genutzt werden kann, um ihre Schäfchen an sich zu binden. Solche Gläubigen haben es in den USA einfacher. Sie können im Zweifel immer noch eine neue kirchliche Heimat finden, die ihrer neuen, weiterentwickelten Gläubigkeit gerecht wird. In Europa ist das wesentlich schwieriger, obwohl insbesondere die protestantischen Kirchen weite Wege gegangen sind, um sich auch im Interesse ihrer „Marktfähigkeit“ der „Nachfrage“ dieser Gläubigen anzunähern. Diese Selbstsäkularisierung kann soweit gehen, dass ihnen ihre spezifische Transzendenz verloren geht und die Gemeinschaft der Glaubenden vom Gemeinwesen insgesamt nicht mehr unterscheidbar ist. „Das ist sicher ein zentrales Problem aller europäischen Volkskirchen“ (Peter-Christian Müller-Graff, „Kirchen und Religionsgemeinschaften in der Europäischen Union“, S. 20).

Religionsfreiheit

Der Prozess der Säkularisation hatte in einem ersten bedeutsamen Schritt Kirche und Staat voneinander getrennt. Dabei ging und geht es nicht um die rechtlichen und finanziellen Bindungen zwischen Staat und Kirche. Sie bestehen auch heute fort. Selbst im laizistischen Frankreich sind sie spürbar. Die skandinavischen Staatskirchen verändern nicht nur ihr theologisches Gesicht und sind heute ohne echten politischen Einfluss. Sie entsprechen in ihrem Selbstverständnis bestenfalls einer Form von christlichem Freundeskreis, der jeden gesellschaftspolitischen Anspruch auf moralische und ethische Eindeutigkeit aufgegeben hat und die plurale, auch parlamentarische Willensbildung für sich akzeptiert. Aber ihre Kasse stimmt.

Diese Entwicklung, die im 18. Jahrhundert einsetzt und die Beziehungen des Staates zu einer bevorzugten Religion ablöst und schrittweise konfessionelle Diskriminierungen beseitigt, führt schlussendlich zur Gewissens- und Religionsfreiheit. Auch wenn sich der Ablauf dieses Prozesses in den europäischen Ländern durchaus ähnlich vollzieht, sind die dafür erforderlichen Zeitspannen sehr unterschiedlich. In Frankreich vollzieht sich dieser Entwicklungsprozess unter Napoleon in einem einzigen Sprung. Er entscheidet, dass die Katholiken, die Lutheraner, die Reformierten und die Juden den Status einer anerkannten Religion erhalten. Die anderen europäischen Länder benötigen für diesen Prozess Jahrzehnte, immer wieder durch Rückschläge verzögert.

Schrittweise kommt es im 19. und im 20. Jahrhundert zur Trennung von Religion und Gesellschaft. In Deutschland erscheint die Religionszugehörigkeit des Steuerbürgers nur dann auf seiner Steuerkarte, wenn sich die jeweilige Kirche der Hilfe des Finanzamtes bedient, um ihre Kirchensteuereinnahmen einzutreiben. Ansonsten ist Religion Privatsache und hat in den staatlichen Akten der Bürger nichts zu suchen. Der gesellschaftliche Druck und die Schwäche der Kirchen sind es, die den Staat in dieser zweiten Phase der Säkularisierung veranlassen, den Kirchen wichtige gesellschaftliche Funktionen abzunehmen und auf den Staat zu übertragen.

Es geht darum, Agnostikern, Atheisten oder Andersgläubigen die Möglichkeit zu geben, die Geburt eines Kindes anzuzeigen, ohne zur konfessionellen Taufe gezwungen zu werden, bürgerlich, also ohne kirchlichen Segen zu heiraten und den Tod von Menschen anzuzeigen ohne christliche Trauerbegleitung. Bereits in der Französischen Revolution im Jahre 1792 beschließt die Gesetzgebende Versammlung ein bürgerliches Personenstandswesen. Die anderen europäischen Länder brauchen viel Zeit, um auf diesem Wege voranzukommen. Die standesamtliche Trauung wurde in England 1937, in Italien im Jahre 1866, im Deutschen Reich 1876 rechtsverbindlich eingeführt. Der Widerstand der Kirchen gegen diese Entwicklung hatte in keinem europäischen Land auf Dauer Erfolg. Denn der Staat vollzieht mit seinen Regelungen nur das nach, was sich in der Gesellschaft schon längst vollzogen hatte: eine schrittweise Entkirchlichung, die sich bei den zentralen Stationen unseres Lebens immer weniger in die Abhängigkeit der Kirchen begeben will.

Hart wurde und wird um den Einfluss der Kirchen auf die Schule gekämpft. Hinter dem Schleier des christlichen Missions- und Erziehungsauftrags ging und geht es natürlich auch um die Zukunftssicherung der eigenen Institution. Wenn schon das Elternhaus seine Kinder nicht mehr christlich sozialisiert, muss das wenigstens über die Schule versucht werden. Im Kampf über die Zukunft der sog. „Bekenntnisschulen" am Beginn der Bundesrepublik Deutschland wollte insbesondere die katholische Kirche ihre Positionen sichern. Sie hatte keinen Erfolg. Seit mehreren Jahrzehnten ist die Gemeinschaftsschule in Deutschland die Regelschule, die selbst als christliche Gemeinschaftsschule das Neutralitätsgebot des Grundgesetzes nicht verletzen darf.

Der Kampf um die Schule tobt im 19. und im 20. Jahrhundert vor allem in den katholischen Ländern Westeuropas, weniger zwischen den protestantischen Kirchen und ihren Regierenden. Der Ausgang ist von Land zu Land unterschiedlich. Doch in allen europäischen Ländern gibt es heute einen klar definierten staatlichen Erziehungsauftrag mit dem Ziel, Toleranz zu vermitteln. Das engt in jedem Falle die Möglichkeiten konfessionellen Religionsunterrichtes ein.

Die Europäische Wertestudie aus dem Jahre 1999 (Hermann Denz (Hg.) „Die Europäische Seele“, S. 137ff) zeigt, dass von den Befragten im Jahre 1999 vier von elf vorgegebenen Erziehungszielen eine besonders hohe Bedeutung zugemessen wird: Verantwortungsgefühl, Toleranz, Achtung vor dem Andern, gute Manieren. Die zustimmenden Voten kommen vor allem aus den westeuropäischen Ländern. Die osteuropäischen Länder nennen als sehr wichtiges Erziehungsziel „hart arbeiten“. Dagegen wird „Religiosität“ als Erziehungsziel überall in Europa ein sehr niedriger Stellenwert eingeräumt.

Dieses Ergebnis korrespondiert mit der 4. EKD-Erhebung über die Kirchenmitgliedschaft aus dem Jahre 2002. Die Erwartungen der Kirchenmitglieder, dass sich die Kirche im Bereich der Kindererziehung engagiert, sind gegenüber 1992 deutlich zurückgegangen. „Religiöse Bindung hat in den letzten beiden Jahrzehnten in einer Reihe von Ländern an Bedeutung eingebüßt, zu denen auch solche mit traditionell hoher Religiosität zählen. Deutlich kommt dies in Italien, Spanien, Belgien, Nordirland und Irland zum Ausdruck, der Tendenz nach zeigt es sich auch in den Niederlanden, Frankreich und Polen – durchaus ein Hinweis darauf, dass traditionelle Bindungen zusehends auch in diesen Ländern brüchig werden und Säkularisierung als ein mit postmoderner Entwicklung verbundener Prozess in diesen Ländern wirksam wird“ (Denz, aaO, S. 144).

Ehe und Familie

Am Ende des zweiten Jahrtausends hat eine im Ursprung christliche Institution überlebt: Ehe und Familie. In allen europäischen Ländern rangieren sie bei den jeweiligen Umfragen als wichtiger menschlicher Lebensbereich mit einer Zustimmung zwischen 93 und 99 Prozent unangefochten ganz oben (Denz, aaO, S.121ff). Die nationalen Unterschiede sind allerdings bei genauerem Hinsehen beachtlich. Generell sind die Frauen stärker für die Institution Ehe und Familie als die Männer. Die Jungen und die Alten sind eher skeptischer als jene Generationen, die Kinder aufziehen.

Aufgrund der ideologischen Vorprägung finden wir in den meisten osteuropäischen Ländern hohe Heirats- und hohe Scheidungsraten und seit Jahrzehnten die Liberalisierung der Abtreibung. Es gelingt den Kirchen nach dem Zusammenbruch der kommunistischen Regime mit der Ausnahme Polens nicht, diese staatlichen Vorgaben bei der Abtreibung zu korrigieren. In Westeuropa ist die Entwicklung anders und von Land zu Land wesentlich differenzierter verlaufen. Der Streit um eine Veränderung der gesetzlichen Regelungen von Ehescheidung und Trennung macht das ebenso deutlich wie die Regelungen des Unterhaltsrechts und der Abtreibung. Sie sind von Land zu Land unterschiedlich und keineswegs als abgeschlossen anzusehen. Eins ist allerdings sichtbar: Kein europäisches Land hat sich von den christlichen Vorgaben von Ehe – von Gott gestiftet –, verheiratet, „bis der Tod euch scheidet“ – in seiner Ehegesetzgebung bremsen lassen. Diese Säkularisierung ist gegen den Protest der Kirchen, insbesondere der katholischen, durch den Mehrheitswillen der Bürger erzwungen worden.

Die Europäische Wertestudie macht deutlich, dass in allen europäischen Staaten die herausragenden Gründe für eine gute Ehe gleich sind, „ein respektvoller Umgang zwischen treuen Partnern“ (Denz, aaO, S. 127). Gleiche religiöse Herkunft und gleiche soziale Herkunft haben dagegen auf den Erfolg einer Ehe kaum noch Einfluss. Und wenn es dann nicht so klappt, wie es sich die Ehepartner erhofft haben, kommt es zur Ehescheidung. Auch in Westeuropa hat ihre gesellschaftliche Akzeptanz bei einem deutlichen Nord-Süd-Gefälle – hoch in Skandinavien, deutlich geringer in Irland und Malta – zugenommen.

Ebenso erfolglos war der prinzipielle Widerstand der Kirchen gegen die Liberalisierung der Abtreibung in den westeuropäischen Ländern. Allein ein möglicher „Abtreibungstourismus“ hat mit dazu geführt, dass kein Land auf Dauer rechtliche Vorgaben gegen den Willen der Mehrheit seiner Bürger konservieren kann. Noch ist die Abtreibung in Irland verboten. Da aber England in Reichweite liegt, ist dieses Verbot vor allem das Ergebnis irischer Scheinheiligkeit. Ansonsten sind nationale Regelungen bei Schwangerschaftsunterbrechungen oft gegen den massiven Widerstand der Kirchen beschlossen worden. Doch Tradition und jeweils unterschiedliche politische Mehrheitsverhältnisse haben zu deutlich unterschiedlichen Prozeduren und Regelungen geführt.

In Irland konnte die Ehescheidung erst 1995 legalisiert werden. Die Abtreibung ist immer noch offiziell untersagt. Doch die Unterstützung des irischen Wählervolkes geht für diese Position deutlich zurück, ebenso wie das Vertrauen in die katholische Kirche Irlands (Greeley, aaO, S. 170). Nur in Polen und in Irland sprechen sich mehr als 20 Prozent gegen eine Abtreibung aus, selbst wenn ein behindertes Kind zur Welt kommen würde.

Ein eindeutiges Bild zeigen die Geburtenraten pro Frau in Westeuropa. Die katholische Kirche verbietet strikt jede „künstliche“ Empfängnisverhütung und hat sich in Deutschland sogar aus den Beratungsstellen zurückgezogen, die jeder offiziellen Abtreibung vorangehen müssen. Diese Vorgaben aus Rom sind überall in Europa gleichermaßen strikt. Doch bewirkt haben sie außer im katholischen Irland nichts. Hier liegt die Geburtenrate (Geburten pro Frau) zwar deutlich über dem westeuropäischen Durchschnitt, reicht aber nicht aus, um die Zahl der irischen Einwohner auf Dauer ohne Einwanderung konstant zu halten. Drastisch unterschiedlich sind die Geburtsraten im übrigen Westeuropa. Am höchsten sind sie im laizistischen Frankreich, beachtlich in Skandinavien mit seiner sehr liberalen Familienpolitik und den geringsten Bindungen an die Kirche, am niedrigsten im katholischen Italien und Spanien. Deutschland liegt etwas besser, aber unter EU-Durchschnitt.

Diese unübersehbare Loslösung von den moralischen Vorgaben durch die Kirchen führt keineswegs automatisch zum Atheismus. Viele Bürger verweigern den Kirchen schlicht den Gehorsam in all den Fragen, die sie in ihrem individuellen Leben betreffen. Sie lassen sich für ihr eigenes Leben, ihr individuelles Glück, ihren Körper, keine als Fremdbestimmung empfundenen Vorschriften machen. Offen protestieren tun sie nicht. Sie tun solche Vorgaben einfach ab. Alle Umfragen machen deutlich, dass Westeuropas Bürger ihre Selbstbestimmung zum Maßstab ihrer Entscheidungen machen. Ihr Sexualverhalten und die Gestaltung ihrer Partnerschaft wollen sie, soweit es geht, im Rahmen der ihnen national vorgegebenen Gesetze gestalten. Sie wählen Parteien, die ihren eigenen Moralvorstellungen gerecht werden und den gesetzlichen Rahmen entsprechend gestalten. Das gilt auch für die Bürger Osteuropas, insbesondere Polens. Auch sie lassen sich immer weniger durch kirchliche Vorgaben bestimmen.

Die Homosexualität ist nach dem biblischen Urteil für die Kirchen eine Sünde. Unabhängig davon hatten die homoerotischen Menschen in den totalitären Regimen unter Verfolgung zu leiden. Auch hier haben die moralischen Vorgaben eindeutig an Kraft verloren. Und so ist die Akzeptanz von Homosexualität in den westeuropäischen Ländern eindeutig höher als in Osteuropa. Sie wächst im letzten Jahrzehnt des 20. Jahrhunderts in Westeuropa in allen Ländern, auch wenn ihre Akzeptanz in Deutschland, den Niederlanden und Schweden besonders hoch, in Irland und Italien noch relativ gering ist. Das kann auch damit zu tun haben, dass zwar alle katholischen, protestantischen und orthodoxen Gläubigen im Befragungszeitraum ihre Grundeinstellung zur Homosexualität „liberalisiert“ haben, die Protestanten aber deutlich vorweg laufen.

Die breit angelegte religionssoziologische Umfrage „Die neuen Gesichter Gottes“ (Klaus Peter Jörns, „Die neuen Gesichter Gottes“, München 1999) sollte klären, was die Menschen wirklich glauben. Sehr unterschiedliche Bevölkerungsgruppen in der Bundesrepublik wurden befragt, unter ihnen die Westberliner Pfarrer und ihre ostdeutschen Kollegen der Evangelischen Landeskirche Berlin/Brandenburg. 49 Prozent der Pfarrer West und 37 Prozent der Pfarrer Ost bejahen die Frage, „auch gleichgeschlechtliche Paare sollten heiraten dürfen“. 52 Prozent der Pfarrer West und 38 Prozent der Pfarrer Ost sprechen sich für eine kirchliche Trauung dieser Paare aus. Entsprechend gering ist ihr Bekenntnis, dass die Ehe von Gott gewollt ist.

Diese Positionen haben natürlich viel damit zu tun, dass es homoerotische Seelsorger gibt, die sich in unserer Zeit outen und mit ihrer Kirche in Frieden leben wollen. Die Zahl dieser kirchlich gesegneten Ehen ist bisher sehr gering. Ein neuer Religionsmarkt öffnet sich nicht. Es geht wohl eher darum, dass sich hier eine Art „Toleranz“ zeigt – jeder soll nach seiner Fasson selig werden können –, die diese Geistlichen höher bewerten als die Aussagen des Neuen Testaments und die brüchig werdenden Vorgaben ihrer Kirchen. Diese Toleranz ist es im Übrigen auch, die die Ablehnung der Homosexualität bei den Bürgern Europas zurückgehen lässt. Denn Homosexualität ist ein Phänomen einer kleinen Minderheit, die es allerdings hervorragend versteht, sich öffentlich in Positur zu setzen.

Müßig ist es, darüber zu spekulieren, wie die gesellschaftliche Entwicklung in den europäischen Ländern weitergehen wird. Wird es zu einer Rückbesinnung und einer tatsächlichen

Bereitschaft zur Elternschaft kommen? Werden sich Ehe und Familie im Bewusstsein der Europäer als zentraler Baustein der Gesellschaft stabilisieren oder nur noch eine von vielen Lebensformen des Zusammenlebens der Menschen sein? Das sind nur zwei Fragen, auf die wir heute keine schlüssigen Antworten geben können. Eins allerdings steht für mich fest: In den meisten europäischen Ländern haben die Kirchen auf die Entwicklung dieser für die Gesellschaft so wichtigen Fragen der Individual-Moral keinen oder einen nur noch begrenzten Einfluss.

Wenn wir von Ostdeutschland und Tschechien absehen, glaubt die Mehrheit der Bürger Europas an Gott. Wenn es um die Frage geht, ob sich Gott um uns persönlich sorgt, wir ihn im Gebet anrufen können, sieht es schon anders aus: Lediglich die Zyprioten, die Iren und die Nordiren, die Polen, die Portugiesen, die Italiener und die Slowaken bejahen mehrheitlich diese Frage. Ergebnis: Gott spielt für die meisten Europäer in ihrem Leben eine gewisse Rolle. Sie hoffen auf ein Leben mit seinem Segen. Aber viel mehr kann Gott für sie nicht bewirken.

Das Vertrauen in die Kirchen schwindet

Wie steht es mit dem Vertrauen in seine Kirche(n)? Eine gesamteuropäische Antwort ist nicht möglich. Von 1990 bis 1999 nimmt das Vertrauen in die Kirchen in 16 Ländern teilweise drastisch ab. So in Estland (- 10 v.H.), Österreich (- 10 v.H.), Spanien (- 11 v.H.), Polen (- 15 v.H.), Nordirland (- 16 v.H.), Ostdeutschland (- 18 v.H.), Irland (- 20 v.H.). Die Vertrauensverluste sind in den Niederlanden, Frankreich, Ungarn, Belgien, Großbritannien, Tschechien und einer Reihe weiterer Länder geringer aber dennoch fühlbar. Lediglich in Skandinavien, der Slowakei und in Portugal haben die Kirchen spürbar an Vertrauen gewonnen. Erst bei einer Untersuchung der jeweiligen nationalen Entwicklung kommt etwas Licht in diese unterschiedlichen Entwicklungen. Eins scheint allerdings offensichtlich zu sein: Kirchenbesuch und Vertrauen in diese Institution haben wenig miteinander zu tun.

Für die meisten Europäer spielt Gott eine gewisse Rolle in ihrem Leben. Sie hoffen auf ein Leben mit seinem Segen. Mehr aber nicht.

In allen europäischen Ländern fordern hohe Anteile der nationalen Wähler mit Nachdruck, dass sich die Kirchen aus Wahlkämpfen heraushalten sollen. Spitzenreiter sind Dänemark (76 v.H.), Portugal (70 v.H.) und Frankreich (67 v.H.). Noch deutlicher fordern die Wähler die Kirchen auf, sich nicht in die Politik ihrer nationalen Regierungen einzumischen. In Bulgarien, Zypern und Spanien sind mehr als 80 Prozent dieser Meinung. Mehr als zwei Drittel der Befragten in Schweden, Tschechien, Lettland, der Slowakei, Frankreich, Portugal und Dänemark verlangen von den Kirchen politische Abstinenz. Selbst in Irland unterstützen mehr als die Hälfte diese Forderung. Ebenso in Österreich und Ungarn. Die hohe Zustimmung in den verbleibenden Ländern wie Deutschland, Italien, den Niederlanden, Polen – jeweils über 40 Prozent der Befragten – macht deutlich, dass für die große Mehrheit der Europäer „Religion Privatsache“ ist und sich die Kirchen aus der Gestaltung der Politik ihrer Länder raushalten sollten. (Greeley, aaO, S. 60). Das macht deutlich, dass sich die Bürger Europas nicht über die Einflussnahmen der Kirchen auf die Politik in ihr Leben hineinreden lassen wollen.

Die Teilnahme am Gottesdienst ist in allen europäischen Ländern rückläufig, sofern dafür Vergleichszahlen aus früheren Befragungen vorliegen. Diese Ergebnisse sind allerdings subjektiv eingefärbt. Wenn zum Beispiel 17 Prozent der Westdeutschen aufgrund der ISSP-Befragung 1998 angeben, sie gingen mindestens zwei- oder dreimal im Monat zur Kirche, so entspricht diese Zahl nicht der Realität. Auf diesen Wert kommen mit Mühe die mehr als 27 Millionen Katholiken.

Von den Kirchenmitgliedern der protestantischen Landeskirchen besuchten am Sonntag Invocavit 2003 – dem Zählsonntag – weniger als vier Prozent einen Gottesdienst. Bei den zahlenmäßig nicht ins Gewicht fallenden Mitgliedern der westdeutschen Freikirchen liegt der Gottesdienstbesuch deutlich höher. Rund eine Million der in Deutschland lebenden Menschen sind orthodox. Etwa 26 Millionen gehörten keiner Kirche an. Und so wird rein rechnerisch klar, dass der 1998 für Westdeutschland durch die ISSP-Umfrage ermittelte Kirchenbesuch mit der Realität nichts zu tun hat.

Unter diesem Vorbehalt wollen wir den Gottesdienstbesuch der Gläubigen im Jahre 1998 – mindestens zwei- bis dreimal im Monat – in Irland 73 v.H., Polen 61 v.H., Italien 44 v.H., der Slowakei 41 v.H., Portugal 41 v.H., Spanien 36 v.H. und Österreich 33 v.H. der jeweiligen Einstellung der Bürger dieser Länder zur katholischen Kirche als der in diesen Ländern vorherrschenden Religion gegenüberstellen. Nur in Italien und Polen verlangen die Befragten mit 48 bzw. 44 v.H., also weniger als die Hälfte, die katholische Kirche solle sich nicht in das Regierungshandeln einmischen. In den anderen katholischen Ländern mit einem hohen Gottesdienstbesuch liegen diese Werte über 50 Prozent mit Spitzenwerten in der Slowakei (73 v.H.), Portugal (79 v.H.) und Spanien (81 v.H.).

Sicherlich sind die Spitzenwerte in Portugal und Spanien auch aus der jüngsten Geschichte dieser Länder erklärbar, in der die Diktatoren Salazar und Franco ihre Herrschaft auch auf die Macht und den Einfluss der katholischen Kirche abgestützt haben. Doch in allen anderen Ländern gibt es eine solche historische Hypothek nicht. Die religiöse Tradition bestimmt die Häufigkeit des Gottesdienstbesuches, natürlich auch die individuelle Frömmigkeit.

Mehr als zwei Jahrhunderte haben die Kirchen mit den Bürgern in den europäischen Ländern kontrovers um ihre Bürgerrechte gekämpft. „Die Härte dieser Auseinandersetzung ist verschwunden, vor allem deshalb, weil es offensichtlich ist, ... dass die Kirche(n) diese ‚Schlacht' verloren haben. Allerdings sind die Konflikte noch nicht völlig verschwunden. Der Streit geht noch um Fragen der Sexualität und die Rechte der Frauen in den Kirchen. Und dennoch hat die Religion diese Konflikte überlebt, geschwächt zwar und vielleicht auch gedemütigt. Sie lebt aber noch und verkündigt ihre Lehren, die von der Mehrheit der Menschen bis zu einem gewissen Grade noch geglaubt werden außer in Ostdeutschland und den Niederlanden" (Greeley, aaO, S. 63).

Die Religion und damit auch die individuelle Religiosität sind für Menschen unserer Zeit emotionale „Inseln", die ihnen einen Halt geben können zur Beantwortung von Fragen, auf die sie sonst keine Antworten finden. Warum trifft uns unser individuelles Schicksal unterschiedlich hart, warum werden wir krank, was wird aus uns nach dem Tode? Ansonsten steht ihnen ihre Religion immer weniger zur Seite, wenn es um ihre berufliche Zukunft, die Erziehung ihrer Kinder, die materielle Sicherung ihres Alters geht. Sie leistet auch keinen Beitrag im Kampf gegen die Arbeitslosigkeit, für mehr Wirtschaftswachstum und eine solide Finanzpolitik. Wir müssen uns in unserem säkularen Alltag bewähren. Religion wird immer weniger zur Gestaltung unserer Gesellschaft, zur Bewältigung von Normalsituationen benötigt. In Krisenzeiten kann sie an emotionalem Einfluss gewinnen, ohne allerdings bleibenden Eindruck zu hinterlassen.

So sind die Kirchen in unserer Zeit „zu allererst institutionalisierte Erinnerungskultur an je spezifische Glaubensbekenntnisse, die sie in Verkündigung, Mission und Diakonie tradieren" (Müller-Graff, aaO, S. 19). Sehr unterschiedlich passen die Kirchen ihre Glaubensgrundsätze und ihre theologischen Anforderungen an die gesellschaftlichen Veränderungen an mit dem Ziel, dass die Glaubenden nicht den Kontakt zu ihrer jeweiligen Konfession verlieren, austreten oder übertreten. Der dabei erforderliche theologische Spagat kann insbesondere die protestantischen Großkirchen überfordern. Denn die einen wollen an den tradierten Glaubensinhalten festhalten, die anderen dem sich wandelnden Zeitgeist folgen, um in Kontakt mit der areligiösen Gesellschaft zu bleiben.

Vor allem die protestantischen Kirchen versuchen in unserer Zeit, „Ponton-Brücken" von ihren „religiösen Inseln" zum „säkularisierten Festland" mit seinen Wirtschafts-, Arbeitsmarkt- und Finanzproblemen den wachsenden materiellen Ungleichgewichten oder einem rigiden Asylrecht zu schlagen. Das geht normalerweise schief, weil den Kirchen dazu der notwendige Sachverstand und die erforderliche politische Kompetenz fehlen. Die Mehrheit der Bürger lehnt zudem solche Versuche politischer Einflussnahme der Kirchen ab. Auch deshalb haben sie kaum Einfluss auf den Gang der Dinge. Sie schwächen eher die Stellung der Kirchen in der Gesellschaft. Die Frommen treten aus. Die anderen hören nicht hin.

Seit dem II. Vatikanischen Konzil hat die Römisch-Katholische Kirche augenscheinlich ihre Strategie geändert. „Hinter dieser gewandelten Einstellung stehen die Sorge, in Konflikte hineingezogen zu werden, in denen die Religion mehr zu verlieren als zu gewinnen hätte, und der Wunsch, jedem Verdacht von Klerikalismus vorzubeugen. Mehr noch aber wird diese Haltung von dem Willen geleitet, den Unterschied zwischen Religion und Politik als Pendant zu den Forderungen der Kirchen nach Unabhängigkeit gegenüber den Regierungen klar zu markieren. Das II. Vatikanum bestätigte diese Distanz der katholischen Kirche mit der Feststellung, dass das Engagement für die Gesellschaft und besonders für die Politik in die Verantwortung der Laien und nicht der Kleriker falle" (René Rémond, „Religion und Gesellschaft in Europa", S. 248).

Bei genauem Hinsehen hat sich aber die katholische Kirche in einer Reihe von Auseinandersetzungen, insbesondere in

Osteuropa nach dem Zusammenbruch der kommunistischen Herrschaft, keineswegs an diese Vorgaben gehalten. „In Osteuropa war die katholische Kirche vor allem daran interessiert, ihre Macht, ihre Kontrolle, ihre Privilegien wiederherzustellen" (Greeley, aaO, S. 60). Dieser als „Klerikalismus" empfundene Angriff auf die Rechte und die Freiheiten der Bürger hat zur Folge, dass in Slowenien und in Ungarn jeweils etwa 16 bzw. 25 Prozent der Katholiken ihre Kirche verlassen haben.

In diesem Zwiespalt steckt aber nicht nur die katholische Kirche in allen europäischen Ländern. Sollen sich die Kirchen mit einer Rolle zufrieden geben, die sich in letzter Konsequenz darauf beschränkt, die religiösen Bedürfnisse der Kirchgänger zu befriedigen, ihre „frommen Akkus" immer wieder aufzuladen, damit sie unbeschwert durch ihren Alltag kommen? Da zu sein, um die zentralen Wendepunkte – Geburt, Heirat, Tod – der Menschen zu entprofanieren? Oder sollen sie aus ihrem auch historisch gewachsenen Selbstverständnis als Kirche Jesu Christi den ganzen Menschen einfordern und damit auch auf die jeweilige Gesellschaftspolitik der katholischen Länder einwirken?

Eine Antwort fällt von Land zu Land zwangsläufig anders aus. Schnell ist der Vorwurf einer Klerikalisierung zur Hand. Er ist allein schon deshalb unsinnig, weil es in keinem europäischen Land in unserer Zeit möglich ist, die moralischen und die ethischen Positionen Roms „eins zu eins" in politische Regelungen umzusetzen. Im Gegenteil, in allen europäischen Ländern nimmt der Einfluss der katholischen Kirche auf die nationale Gesellschaftspolitik ab. Ihre Pflicht und ihr gutes Recht ist es aber, an ihren Grundpositionen festzuhalten und in unserer pluralen Demokratie davon so viel wie möglich im Bewusstsein der Menschen, der Gesellschaft und damit auch der Politik zu verankern. Die Bürger haben die freie demokratische Entscheidung, wie sie solche Vorgänge bewerten. Und zwar nicht nur bei den Wahlen, sondern auch hinsichtlich ihrer Bindung an ihre Kirche.

Die Grundhaltung der großen Kirchen der Reformation in den vorrangig protestantischen Ländern ist durchgängig eine andere. Das hat historische Gründe, die in der Reformation selbst liegen aber auch in ihrer Jahrhunderte langen Bindung an die nationalen oder regionalen Fürsten. Ihre disparate Willensbildung hat zu einem Erscheinungsbild geführt, das kein klares theologisches Profil erkennen lässt. Geistliche Führung ist kaum noch sichtbar. Sie wird auch immer weniger von der Pfarrerschaft akzeptiert. Ein augenscheinlich wachsender Teil der Gesellschaft betrachtet den Wandel der tradierten Wertvorstellungen und Sitten als ein Kriterium für Modernität und Weltoffenheit der Gesellschaft, für die Selbstverwirklichung der Menschen. Die großen protestantischen Kirchen folgen überwiegend diesem Zeitgeist. So bleiben sie „angenehm" für ihre Mitglieder, haben aber auf die Frage, wozu sie denn nun eigentlich in unserer Zeit noch da sind, keine überzeugenden Antworten. Denn im allgemein humanitären Bereich vom Kindergarten bis zur Altenpflege treffen sie als eigenhändig säkularisierte Kirchen auf Wettbewerber, die keineswegs schlechter sind als sie und die im gleichen Maße am Tropf der öffentlichen Hände hängen.

Der Glaube überlebt

Noch in den sechziger Jahren folgte die Gesetzgebung der westeuropäischen Gesellschaften weitgehend den ethischen und den moralischen Vorgaben der Kirchen. Das hat sich drastisch verändert. „Damals waren Moral und Gesetz kongruent, heute streben sie auseinander und darin liegt wahrscheinlich der so besonders neue und radikale Aspekt der Säkularisation. Nach der Religion zieht sich die Gesellschaft nun auch von der Moral zurück, die nur noch das persönliche Gewissen des Einzelnen betrifft" (Rémond, aaO, S. 265). Das kann zu einer fortschreitenden Marginalisierung der Kirchen führen, obwohl das Bekenntnis zum Christentum bei allen Meinungsumfragen selbst in den kirchenfernsten Ländern Europas über eine klare Mehrheit der Bürger verfügt. Das wirft die Frage auf, ob die Kirchen heute noch gesellschaftspolitisch von Relevanz sind.

Greeley kommt in seinem Buch „Religion in Europe at the End of the Second Millennium“ aufgrund seiner genauen, mit Erhebungen abgesicherten Untersuchungen zum Ergebnis, dass alle Prognosen über das baldige Ende der christlichen Religionen in Europa und damit über den Untergang der Kirchen mehr als spekulativ sind. Konkret kommt er zu folgenden Schlussfolgerungen:

- „Ob die Wiedererweckung der Religion in Osteuropa eine Rückkehr zu den alten Zeiten oder eine neue Entwicklung ist, darf nicht bei der Beantwortung dieser Frage das Wesentliche verdecken, dass nämlich die Orthodoxie und die katholische Kirche den Sozialismus überlebt haben.“

- „Obwohl die Völker in den traditionell katholischen Ländern die sexuellen Vorschriften ihrer Kirche nicht mehr beachten, bleiben sie (mit der Ausnahme Frankreichs) fast schon stur katholisch. Das gilt für Irland, Spanien, Portugal, Italien, Österreich, Polen, die Slowakei, Ungarn, Slowenien und die Schweiz.“

- „Der Protestantismus hat sich im allgemeinen weniger gut gehalten, von der Schweiz einmal abgesehen. Vielleicht aber sind die skandinavischen Länder weniger unchristlich als es den Anschein hat.“

- „Das überraschende Ergebnis unserer Arbeit ist die Zunahme des Glaubens eines Lebens nach dem Tode bei den Jüngsten in den meisten europäischen Ländern (und neue

Formen des Katholizismus bei den jüngeren Iren). Vielleicht zeigt sich hier eine Rückkehr religiöser Erwartung und Hoffnung, wie sie vor den Weltkriegen gegeben war."

- „Ostdeutschland ist die einzige Region in Europa, in der der Sozialismus nachdrücklich die Religion ausgelöscht hat. Aber selbst hier sind die jungen Menschen durchaus bereit, an ein Leben nach dem Tode zu glauben. In Frankreich, Großbritannien und den Niederlanden hat die Religion beachtliche Verluste hinnehmen müssen, doch sie hat immer noch bei der Hälfte der Bevölkerung Zugang. Die Teilung Tschechiens zwischen Katholiken und Freidenkern scheint festgezurrt zu sein."

- „Es gibt kein allgemein gültiges Modell, dass die Existenzbedingungen der Religion in Europa beschreiben könnte. Noch weniger ist es möglich, ihre Zukunft vorauszusagen" (Greeley, aaO, S. 214 ff).

Eine gemeinsame europäische Kirchenlandschaft existiert nicht. Das Christentum in Europa bleibt an sein nationales Gegenüber gebunden. In allen europäischen Ländern konnten die Kirchen ihre organisatorische, nicht aber ihre volle finanzielle Unabhängigkeit von ihrem Nationalstaat erringen. Ihre Stellung in der jeweiligen Gesellschaft ist nicht nur die Folge der nationalen Geschichte, sie wird auch von den parlamentarischen Mehrheitsbeschlüssen und dem Regierungshandeln bestimmt. Im Übrigen werden darin auch Denken, Forderungen, Moralvorstellungen eines wesentlichen Teils der nationalen Gesellschaft, zumindest aber ihrer Vordenker sichtbar. Wenn sich die Kirchen über den geringen Einfluss ihrer Wertevorstellungen auf die Gesellschaftspolitik ihres Landes beklagen, übersehen sie, dass das nur ihre schwache Stellung widerspiegelt.

Der Nationalstaat und seine gelebte Wertewelt sind der

Kampfplatz, auf dem sich die Kirchen bewegen müssen. Das gilt selbst für die römisch-katholische Kirche. Hier müssen die Herausforderungen zunehmender Gleichgültigkeit gegenüber der Religion angenommen werden. Hier werden die gesellschaftlichen Rahmenbedingungen für die Schulen festgelegt, die Familienpolitik weiterentwickelt, wirken christliche Vorbilder und Vorschläge ohne Übersetzung aus anderen Sprach- und Kulturräumen. Nur national gibt es für die großen Kirchen die Möglichkeit, sich in der Vielfalt bunter Angebote auf den spirituellen Märkten zu behaupten und eine wirksame Rolle im gesellschaftlichen Diskurs zu spielen, selbst wenn sie nur eine Minderheit an sich binden können.

Eine gemeinsame europäische Kirchenlandschaft existiert nicht.

Die Voraussetzung dafür allerdings ist, dass die Kirchen, insbesondere auch die katholische Kirche, ihre Alleinvertretungsansprüche aufgeben, sich der Welt ohne Vorbehalte öffnen, neue Formen der Verkündigung akzeptieren, ohne sich allerdings ihre ureigene Botschaft verwässern und verbiegen zu lassen. „Wer sich mit dem Zeitgeist vermählt, ist alsbald verwitwet."

Die Auseinandersetzungen der Religionsgemeinschaften um die Beachtung ihrer ethischen und moralischen Grundüberzeugungen in der pluralen Gesellschaft sind durchaus mit den parlamentarischen Machtkämpfen in der Parteiendemokratie vergleichbar. Zwar stellt jede Wahl einen bedeutsamen Einschnitt in die Bestimmung der Machtbalancen dar. Aber am nächsten Tage setzt sich der Kampf um die Meinungsführerschaft fort. „Nach der Wahl ist vor der Wahl."

Deshalb gibt es auch kein endgültiges Aus für die Kirchen um den Einfluss auf die jeweilige Gesellschaft. Ebenso wenig, wie es einen endgültigen „Sieg" gibt. Atheistische osteuropäische Gesellschaften kehren um, wenigstens teilweise, die westeuropäischen Gesellschaften folgen keinem Trend, der automatisch im Atheismus endet. Die Kirchen müssen für ihre ethischen und moralischen Grundüberzeugungen gesellschaftspolitisch eintreten. Wenn sie dabei ein nachhaltiges Echo finden, wird das sich zwangsläufig in der gesellschaftlichen Entwicklung niederschlagen. Und wenn nicht, sind christliche „Moral-Nischen“ immer noch besser als der allgemeine Gesellschaftsbrei nach dem Motto: erlaubt ist, was gefällt.

2. „Gott mit uns" – Christentum national

Die Jahrzehnte vor und nach der Französischen Revolution sind in Deutschland aber auch in anderen westeuropäischen Ländern dadurch gekennzeichnet, dass es zu einer öffentlichen Debatte darüber kommt, welche Zukunft der christliche Glaube haben werde, Klagen über den „Verfall der Religion und Prognosen über das künftige Schicksal des Christentums (waren) ein viel diskutiertes Modethema" (Graf, aaO, S. 73). Allerdings fanden diese Debatten unter Ausschluss der großen Mehrheit der Menschen statt. Sie beschränkten sich auf „relativ kleine Gruppen des gebildeten, mit Bildungspatenten ausgestatteten Bürgertums" (Graf, aaO, S. 72). Dennoch hielt es eine Reihe von deutschen Ländern für notwendig, dagegen durch Religionsedikte zum Schutz und zur Stärkung der alten Kirchenlehre vorzugehen.

Seit der lutherischen Reformation sind Obrigkeit und Konfession eng miteinander verbunden. Der Glaube des jeweiligen Fürstengeschlechtes – „cuius regio, eius religio" – bestimmt seit 1555 über die Religion seiner Untertanen. Dem Glauben und den ihn tragenden Kirchen kommt auch eine wesentliche, die Macht der Obrigkeit sichernde Funktion zu. Auch deshalb kommt es während der Französischen Revolution zu massiven Auseinandersetzungen zwischen der katholischen Kirche und ihrem Amtsklerus mit den Trägern des revolutionären Umbruchs.

Die Französische Revolution schafft oder, wie Historiker ermitteln, verwirklicht den Nationalstaat Frankreich. Hier werden die Wegweiser aufgestellt, die für viele europäische Länder den Weg weisen. Deutschland und Italien verwirklichen ihren Nationalstaat im 19. Jahrhundert. Doch auch die kleineren Länder wie Belgien, Dänemark und Griechenland erreichen ihr Ziel, den Nationalstaat, um sich deutlich von ihrem geographischen Umfeld abzugrenzen. In anderen Völkern entwickelt die Sehnsucht nach nationaler Einheit ungeahnte Kräfte. So zum Beispiel in Polen und Irland.

Es ist keineswegs so, dass die katholische Kirche in den vergangenen Jahrhunderten autonom und ohne Konzessionen, nur auf Rom fixiert, theologisch über die europäischen Völker herrscht. Die Reformation hatte auch sie deutlich auf die Ebene der regionalen, staatlichen Herrschaft verwiesen. Selbst in den rein katholischen Ländern war ihre Bindung an die jeweiligen monarchischen Herrscher unübersehbar. Das gilt insbesondere für Frankreich (siehe u. a. René Rémond, aaO, S. 131 f)

Graf (aaO, S. 114 ff) wirft die Frage auf, ob „die Nation von Gott erfunden“ sei. Diese eher polemische Fragestellung soll auf Parallelen der Verankerung der Religion und ihres Landes in den Herzen der Menschen verweisen. So richten sich im 19. und 20. Jahrhundert auf die eigene Nation „sehr starke religiöse Energien“.

Graf stellt fest, „daß in vielen europäischen Gesellschaften gerade die Repräsentanten der kirchlichen Institutionen, also die Pfarrer und akademischen Theologen, Nationalismen propagierten oder Nationalkonzepte entwarfen“ (aaO, S. 115). Das ist für Graf umso erstaunlicher, als er im Einklang mit vielen Historikern die Nationen für Produkte der Geschichte, die jeweiligen nationalen Wurzeln für gefunden aber auch für erfunden hält.

„In der neueren Nationalismusforschung besteht weithin Konsens, daß sich die modernen Nationalismen als Sinnkonstrukte beschreiben lassen, die den Einzelnen derart intensiv mit der Nation verbinden, daß er sie als für ihn entscheidende, primär bestimmende Schicksalsgemeinschaft erfährt. Die ‚Erfinder‘ der modernen Nation erheben für diese den Anspruch auf unbedingte Geltung: Die Nation gilt ihnen als höchster politischer Wert und oberstes Legitimitätsprinzip. Dazu muß die Nation eindeutig bestimmt, also von anderen, konkurrierenden Nationen klar abgegrenzt und möglichen transnationalen Einheiten wie der Christenheit, dem ‚Abendland' oder Europa vorgeordnet werden. Dies gelingt nur mit Hilfe scharfer Grenzziehungen und Feindbildstereotypen" (Graf, aaO, S. 118).

Der christliche Glaube wird zum Hilfsmotor der Nation. Der eigenen Nation soll Stärkung dadurch zukommen, dass ihr Gottes intime Nähe, seine exklusive Unterstützung zugeschrieben wird. Das kann aber nur gelingen, wenn vorher der universale Anspruch des Christentums, seine Forderungen nach unbegrenzter brüderlicher Nächstenliebe überwunden wird. Schwer war das augenscheinlich nicht. Die Christenheit hatte schließlich schon durch die Jahrhunderte Erfahrungen gesammelt, Heiden und Andersgläubige, Hexen und Ketzer erbarmungslos auszurotten, mindestens auszugrenzen.

Langewiesche weist darauf hin, dass bereits im Spätmittelalter „Religion und Kirche national instrumentalisiert (wurden), aber der Glaube blieb doch das Zentrale. Er bestimmt die Position der eigenen Nation" (Dieter Langewiesche, „Nation, Nationalismus, Nationalstaat", S. 33). Beispiele dafür sind für ihn die spätmittelalterliche böhmische Nation in ihrem hussitischen Bekenntnis und England und Holland in der frühen Neuzeit. Nun, im 19. Jahrhundert mit der Entwicklung der Nation und ihren neuen Inhalten aus der Französischen Revolution ändert sich das. Nation und Nationalstaat werden gesellschaftspolitische „Letztwerte". Das aber wird erst dann möglich, als „die Kirchen als die institutionellen Gehäuse religiöser Letztwerte sich auf die Nation als oberster Richtschnur allen Handelns einzustellen begannen". ... „Die Nation wird das Zentrale, ihr zu dienen wird zur Aufgabe der Kirche in der jeweiligen Nation. Die Kirche heiligte weiterhin die Nation, doch sie diente nun der Nation, die zum Letztwert aufsteigt. Wo die Kirche sich diesem Anspruch nicht beugte, galt sie als national unzuverlässig und wurde mit staatlichen Zwangsmitteln bekämpft. Der Kulturkampf in vielen europäischen Staaten fand darin sein gutes Gewissen. Es war nationales Gewissen. Überall fügten sich die Kirchen, auch die universale katholische Kirche, in Zeiten existentieller Gefährdung der eigenen Nation letztlich dem Ersten Gebot des Nationalismus: Du sollst keinen anderen Gott haben neben Deiner Nation" (Langewiesche, aaO, S. 33).

„Deutschland, Deutschland über alles"

Die preußisch-protestantische Kirche ist prädestiniert für ihre Vorreiterrolle. Bereits Martin Luther hat sich, unbestimmt zwar, als „Teutscher" verstanden. Aus dieser Zeit stammt auch der Choral „Wach auf, du deutsches Land, du hast genug geschlafen. Bedenk, wozu dich Gott ernannt, wozu ER dich geschaffen". Auch wenn die Deutsch-Nationalen und meine Eltern in diesen Choral „verliebt" waren, darf nicht übersehen werden, dass seine Aufforderung an Deutschland geistlich und nicht nationalistisch war.

Es gelingt protestantischen Universitätstheologen und Pastoren in Deutschland zunehmend, die Vorstellungen vom Heilshandeln Gottes in der Geschichte auf die eigene nationale Geschichte zu beziehen. „Auch wurden die Symbole und semantischen Potentiale der dogmatischen Prädestinations- und Erwählungslehre reformuliert, um das Differenzbewusstsein der eigenen Nation gegenüber anderen Nationen zu markieren. Im Medium theologischer Reflexion und kirchlicher Verkündigung wurde die Nation damit als ein Handlungssubjekt sui generis konstituiert, mit dessen Durchsetzung sich religiöse Erlösungshoffnungen und Heilserwartungen verbinden ließen. Gerade mit Hilfe der religiösen Symbolsprache konnte ‚Nation' zu einem Erwartungsbegriff werden, dessen kommunitäre Zukunftsgehalte jede empirisch gegebene Ordnung des Politischen zu transzendieren erlaubten" (Graf, aaO, S. 130).

Diese Entwicklung beginnt mit den Befreiungskriegen gegen Napoleon. Preußen war von Gott durch schwere Niederlagen gegen Napoleons Armeen gedemütigt und bestraft worden, weil es seinem ihm gegebenen Auftrag nicht gerecht geworden war. Doch nun in den Befreiungskriegen steht Gott wieder auf deutscher Seite. Da es aber die deutsche Nation noch nicht gibt, kämpfen Preußens Soldaten „mit Gott, für König und Vaterland". Ernst Moritz Arndt 1813: „So deutscher Mann, so freier Mann, mit Gott dem Herrn zum Krieg. Denn Gott allein kann Helfer sein, von Gott kommt Glück und Sieg."

Dieser Befreiungskrieg ist tief religiös geprägt. Die preußischen Soldaten, die preußischen Prediger, die Politiker und Militärs übernehmen diese Überzeugung. „Dem Kampf gegen Napoleon lag demzufolge im Selbstverständnis der Patrioten ein überirdischer Auftrag zugrunde. In einer emotional vollzogenen Koppelung von Christentum und Vaterlandsliebe sollte die Nation auf dem ‚Altar des Vaterlandes' errichtet werden. Damit waren alle irdischen Gegensätze aufgehoben, oder zumindest während des Krieges außer Kraft gesetzt. Die Liebe zum Glauben und der Dienst fürs Vaterland verliehen dem Gemeinschaftserlebnis erst Sinn und Erfüllung. Wenn von der ‚Religion des Vaterlandes' die Rede ist, so muss diese Transformation berücksichtigt werden. Dem Akt der nationalen Befreiung in Deutschland lag somit kein voluntaristisch-rationaler Entschluss zugrunde, wie im Falle Frankreichs, sondern er nahm eher die Dimension eines nationalen Pfingsterlebnisses ein" (Gerhard Krumeich (Hg), „Gott mit uns", aaO, S. 141).

Preußen gewinnt seine Kriege im späteren 19. Jahrhundert. 1864 zusammen mit Österreich gegen Dänemark, um dessen nationalistische Ambitionen auf Schleswig-Holstein abzuweisen. 1866 gegen Österreich und eine Reihe deutscher Staaten, die auf der Seite Wiens kämpfen. Damit verliert Österreich seinen Einfluss auf die weitere nationale deutsche Entwicklung, und Preußen annektiert Schleswig-Holstein, das Königreich Hannover, weite Teile Hessens und die freie Stadt Frankfurt am Main. 1870/71 gewinnt „Deutschland" unter preußischer Führung den Krieg gegen Frankreich.

„Gott mit uns." Diese preußisch-deutsche Überzeugung prangte noch bis zum Ende des Zweiten Weltkrieges auf den Koppelschlössern der deutschen Soldaten. Diese Überzeugung hatte die deutschen Protestanten nach dieser Kette von Siegen im 19. Jahrhundert geprägt. Verbunden ist sie mit einer Dämonisierung Frankreichs. Es kommt zu einem bipolaren Muster von „christlich und unchristlich" (Krumeich, aaO, S. 146). Frankreich wird zum Erzfeind. Die Symbiose zwischen monarchistischer Herrschaft, nationalem Chauvinismus und protestantischer Begleitmusik scheint gelungen zu sein.

Doch es fehlen gewichtige Stimmen im nationalen Gleichschritt. Die Sozialdemokraten und die Katholiken spielen noch nicht mit. Die SPD gewinnt von Reichstagswahl zu Reichstagswahl an Stimmen. Dem organisierten Christentum haben ihre Mitglieder längst den Rücken gekehrt. Erst 1914 erliegen die bisher als vaterlandslose Gesellen abgestempelten und über viele Jahre durch das Sozialistengesetz verfolgten Sozialdemokraten dem nationalistischen Taumel des Ersten Weltkrieges.

Der Weg der Katholiken ist schwieriger. Durch das Hinausdrängen Österreichs sind sie nun im Deutschen Reich eine eindeutige Minderheit. Zudem sind sie Mitglieder einer Weltkirche, aber eben auch Deutsche und damit dem wachsenden Nationalismus und seinen Wirkungen ausgesetzt. Sie müssen als deutsche Soldaten dienen – allerdings in preußischen, bayrischen, hamburgischen Einheiten. Sie kommen in den Sog deutscher Kolonialpolitik und können sich dem wachsenden Einfluss der nationalen Politik des Deutschen Reichs nicht entziehen.

1871 beginnt in Preußen der sog. Kulturkampf zwischen

Bismarck als dem preußischen Ministerpräsidenten und deutschen Reichkanzler und dem organisierten Katholizismus und seiner Zentrumspartei. Dadurch sollen u.a. durch den sog. Kanzelparagraphen Geistliche daran gehindert werden, „staatsfeindliche" Reden zu halten. Aufsichtspflichten über katholische Seminare und Anzeigepflichten für die Anstellung von Geistlichen werden gesetzlich verordnet. Der Jesuitenorden wird verboten. Die Verbindlichkeit der Zivilehe wird 1875 für das Deutsche Reich durchgesetzt.

Offiziell wird der sog. Kulturkampf erst 1887 beendet. Eine Reihe der Gesetze wird ad acta gelegt oder einfach nicht mehr angewandt. Auf dem Höhepunkt der Auseinandersetzungen sitzt allerdings die Mehrzahl der preußischen Bischöfe im Gefängnis. Tausende von Pfarreien sind verwaist. „Damals war Bismarck den deutschen Katholiken der Gott-sei-bei-uns. ... Ein paar Jahre später – und Papst Leo XIII. verleiht dem Reichskanzler seinen höchsten Orden in Brillanten und nennt ihn einen großen, guten Mann" (Golo Mann, „Deutsche Geschichte des 19. und 20. Jahrhunderts", S. 435).

Man geht aufeinander zu. „Nach Beendigung des Kulturkampfes wird der politische Katholizismus immer staatstreuer und entwickelt sich geradezu zu einem Hort des aggressiven Nationalismus. Spätestens Georg von Hertlings auftrumpfende Reichstagsrede bei der Marokkodebatte 1911 demonstrierte, dass der deutsche Katholizismus auf das machtstaatliche Denken eingeschwenkt war" (Krumeich, aaO, S. 195). Nach Ausbruch des Ersten Weltkrieges gelingt es Rom nicht, die exzessiven, nationalistisch bestimmten Verbalattacken zwischen dem deutschen und französischen Episkopat zu beenden.

Im Ergebnis kommt es im katholischen Frankreich zu einer vergleichbaren Symbiose zwischen Nationalismus und Kirche, allerdings mit einem anderen Verlauf. Der französische Nationalstaat wird endgültig durch die Französische Revolution konstituiert. Es geht um Freiheit, Gleichheit, Brüderlichkeit und die Befreiung der Bürger aus den Fängen der katholischen Religion. Über Jahrhunderte war Frankreich davon überzeugt, dass es „die erste Tochter der Kirche" sei. Das war „ein wesentliches, wenn nicht das wesentliche Element der nationalen Selbstdefinition Frankreichs gewesen. Mit der Revolution war dieses Erbe zerstört, ja geradezu in das Gegenteil umgekehrt worden" (Krumeich, aaO, S. 157).

Die Trennung von Staat und Kirche, die laicité, durchläuft im 19. und 20. Jahrhundert durchaus unterschiedliche Phasen (siehe dazu u. a. Rémond, aaO, S. 251 ff). Bis weit in das 20. Jahrhundert hinein treffen stets zwei unterschiedliche Konzepte nationaler Identität aufeinander – die katholisch geprägte, auch historisch orientierte und die strikt antikatholische nationalistische Identität. Im Verlauf des Deutsch-Französischen Krieges von 1870/71 können die Gegensätze kurzzeitig überbrückt werden, um anschließend wieder voll aufzubrechen. Für die Katholiken aller Schattierungen ist klar, dass der Kriegsausgang 1871 als Strafe Gottes für Frankreich anzusehen sei und damit ein Aufruf zur Umkehr (siehe Krumeich, aaO, S. 164 ff). Die Laizisten dagegen forcieren den Druck auf die Kirche. Am 9. Dezember 1905 verabschiedet das französische Parlament ein Gesetz, dass es den Organen der Republik untersagt, Kirchen anzuerkennen oder gar materiell zu unterstützen. Der vor rund 100 Jahren mit dem Vatikan geschlossene Vertrag wird einseitig gekündigt. Allerdings legt sich Frankreich gleichzeitig darauf fest, die liturgische Freiheit aller Religionen zu schützen. Es verzichtet mit diesem Gesetz auf jede Einflussnahme bei der Benennung der Bischöfe und auf die Kontrolle des Klerus. Der gesamte Grundbesitz der katholischen Kirche in Frankreich wird vom Staat eingezogen.

Bereits im Krieg 1870/71 hatten namhafte Vertreter des französischen Katholizismus von einem „Kreuzzug“ gesprochen – weniger gegen Preußen-Deutschland, mehr gegen den Feind „Protestantismus“ – und danach Revanche für die Niederlage gefordert, dann, wenn es dafür eine militärische Chance gebe (Krumeich, aaO, S. 161). Damit sind Ansätze für eine Allianz zwischen dem laizistischen Frankreich und seiner katholischen Kirche gegeben. Der französische Nationalismus kann sich bei Ausbruch des Ersten Weltkrieges auch der theologisch uneingeschränkten Unterstützung der Kirche sicher sein.

Die neuere Forschung ergibt, dass im republikanischen Frankreich dieser Erste Weltkrieg augenscheinlich sehr viel stärker als Kreuzzug und auch als Religionskrieg betrachtet wurde als in Deutschland. „Der Deutsche war nicht nur der Barbar, sondern das absolut Böse“ (Krumeich, aaO, S. 281). … „Der Krieg wird jetzt heilig gesprochen, weil … das Vaterland ein direktes Produkt göttlicher Vorsehung ist“ (aaO, S. 282).

Remond stellt dar, wie im 19. Jahrhundert überall in Europa die Nationalstaaten ihre jeweiligen Kirchen unter ihre Botmäßigkeit bringen (aaO, S. 112 ff). Selbst die katholische Kirche kann dem nicht entgehen, auch wenn der Vatikan seine Beziehungen mit den Regierungen durch bilaterale Konkordate geregelt hat und der Katholizismus wie in Spanien zur Staatsreligion wird. Im katholischen Bayern wird durch die strikte Unterordnung der Kirche das bestehende Konkordat voll ausgeschöpft. „Die Hirtenbriefe der Bischöfe mußten von staatlichen Stellen genehmigt werden und ihr Briefverkehr mit Rom unterlag der behördlichen Kontrolle“ (aaO, S. 118).

Die Einigung Italiens wird gegen den erklärten Willen des Papstes erzwungen. Der italienische Nationalismus verweist die katholische Kirche aus dem eigentlichen Zentrum politischer Entscheidungen.

In den protestantischen Ländern ist es nicht anders. In den Niederlanden wird 1816 vom König eine strikte Kirchenordnung für die reformierte Kirche erlassen. In den skandinavischen Königreichen werden die lutherischen Kirchen seit der Reformation Staatskirchen und damit dem jeweiligen König unterstellt. In England ist die anglikanische Amtskirche strikt an den Staat gebunden. Seine Macht, im 19. Jahrhundert die der britischen Krone, endet nicht bei den Fragen der Liturgie und der Kirchendisziplin. Im „Heiligen Russland" beherrscht der Zar das Leben der Kirche vollständig. Alle orthodoxen Kirchen Osteuropas sind „Annexe" ihrer jeweiligen Herrschaft.

Religion als nationalistischer Überbau

Diese Nationalisierung der europäischen Kirchen verdeckt im 19. und 20. Jahrhundert den Rückgang der Kirchlichkeit. Solange sie aber die politische Macht der Nation mit ihren Repräsentanten legitimieren, genießen die Kirchen das Wohlwollen der Herrschenden und können sich den Gehorsam und die Gefolgschaft der Mehrheit der Menschen erhalten. Aber diese Bindung an die Nation und ihren Nationalismus ist für die Essenz des christlichen Glaubens ein gefährlicher Irrweg. Nur für Polen und Irland ist diese Bindung zukunftsstark, retten doch ihr starker katholischer Glaube und ihre angstfreien Kirchen in der Zeit ihrer Teilung und Unterjochung ihre nationale Identität und halten ihre politische Zukunft solange offen, bis ein nationaler Neuanfang möglich wird.

Überall sonst sind die Kirchen „nationalisiert" und liefern vor allem den religiösen Überbau für den überbordenden Nationalismus. Das muss bei Beginn und im Verlauf des Ersten Weltkrieges für die beteiligten Staaten und ihre Kirchen katastrophale Folgen haben. Denn im Laufe des 19. Jahrhunderts hatte sich ein folgenschwerer Wandel vollzogen. Die Rhetorik während der Befreiungskriege war vor allem auf die damaligen gewaltsamen Auseinandersetzungen um die Befreiung ausgerichtet. Es sollten Parolen des Krieges sein, die aber nicht die Rückkehr zum Frieden und zum normalen Miteinander der Völker blockieren sollten. „Gegen Ende dieses Jahrhunderts hatte sich dieses Bild aber grundlegend verändert. Krieg war nunmehr tendentiell Vernichtungskrieg und religiöses Denken wurde benutzt, den politischen Feind als das absolut Böse zu klassieren“ (Krumeich, aaO, S. 5).

Die Kirchen, insbesondere in Deutschland aber auch in Frankreich, stellen sich bei Kriegsbeginn uneingeschränkt hinter ihren nationalen Staat und seine Kriegsziele. Nachdenkliche Minderheiten unter den Geistlichen kommen nicht zu Wort oder werden überhört. Theologen, Sozialdemokraten, Konservative, Junge, Alte lassen sich 1914 von diesen Kriegsemotionen davontragen. Nationales Sendungsbewusstsein und volkskirchlicher Glaube gehen eine verhängnisvolle Symbiose ein. Kriegsdienst sei Gottesdienst, so heißt es immer wieder. Sowohl in Deutschland als auch in Frankreich lassen sich die Kirchen in den Dienst der offiziellen Kriegspolitik ihres Landes nehmen. Bis zum bitteren Ende, als längst klar ist, dass der Krieg für die Deutschen nicht mehr zu gewinnen ist, treten die beiden Kirchen uneingeschränkt für einen deutschen Siegfrieden ein (Krumeich, aaO, S. 259).

Die Militarisierung der nationalen Gesellschaften lange vor Ausbruch des Ersten Weltkrieges verändert ihren Blickwinkel. Nicht nur im deutschen Kaiserreich werden die nationalen Streitkräfte zu einem zentralen Symbol mit Kultcharakter. Die allgemeine Wehrpflicht „des Volks in Waffen“ unterstreicht das unauflösliche Band zwischen den Streitkräften und der nationalen Gemeinschaft, von den nationalen Kirchen religiös erhöht und gesegnet.

Bereits 1870/71 werden die auf beiden Seiten Gefallenen zu Helden und ihr Sterben zum individuellen Opfertod für die

Nation erhöht. Die katholische Kirche Frankreichs „inszeniert“ die große Mehrzahl solcher Trauer- und Gedenkfeiern. Nach dem verlorenen Krieg geht es so weiter. „In die Erinnerungsmesse wurden Elemente der Totenmesse und des Begräbnisrituals übernommen. Die Hoffnung auf Auferstehung implizierte immer eine nationale Interpretation der Rückkehr der verlorenen Provinzen“ (Elsass-Lothringen) (E. Francois, „Nation und Emotion“, S. 224). Im deutschen Kaiserreich sind es vor allem die jährlichen Feiern am Sedanstag, dem 2. September, dem Jahrestag der französischen Kapitulation, an dem sich militärisches Gepränge und religiöse Überhöhung miteinander verbinden.

Der Erste Weltkrieg und seine Folgen

Der Erste Weltkrieg ist ideologisch, religiös gut vorbereitet. Allerdings sind die Nationen, ihre Bürger, die Kirchen auf die zeitliche Länge, die Brutalität, das Massensterben, die große Not der Menschen nicht eingestellt. Während die Kirchen wenigstens offiziell bis zum Ende des Krieges daran festhalten, ihre christliche Botschaft mit dem Schicksal ihrer Nation zu verknüpfen, rücken zumindest in Deutschland Zivilisten und Frontsoldaten von dieser Art von Verkündigung ab.

„Die Kirchen hatten schon seit geraumer Zeit vor allem wegen ihrer nationalen Durchhaltepropaganda, aber auch wegen ihrer kritiklosen Haltung gegenüber den staatlichen Autoritäten einen guten Teil ihrer moralischen Autorität verloren. Das Kirchenvolk wollte schon länger nicht mehr vom Krieg hören, und auch nicht länger im Namen Gottes zum Durchhalten ermutigt werden. Die Folge dieses Kurses war, daß die Kirchen ihre Rolle als Sachwalter und Pfleger der religiösen Bedürfnisse und der religiösen Empfindungen der Bevölkerung teilweise einbüßten. Christliche Gesinnung und Religiosität wanderten gleichsam aus der kirchlichen Arena aus" (Krumeich, aaO, S. 260).

Besondere Schwierigkeiten ergeben sich für die Militärgeistlichen aller Nationen, wenn sie sich vor die Aufgabe gestellt sehen, getötete Soldaten mit ihrem Segen zu beerdigen. Schließlich sind auch die Soldaten des Kriegsgegners Christen. Christen töten Christen. Wer stirbt den Opfertod und wofür? Können angesichts von Millionen Toten vor Verdun und an der Somme im Sommer 1916 die bisherigen religiösen Rechtfertigungen dieses „Abschlachtens" von Menschen, von Christen, beibehalten werden? Die ideologische Einheitsfront bröckelt, aber nicht die Unterstützung der Kirchen für den „Siegfrieden".

Das Kriegsende führt in Frankreich bei allem nationalen Stolz und Selbstverständnis, dem Jubel über die Rückkehr von Elsass-Lothringen, dem anhaltenden Hass auf den besiegten Kriegsgegner und seine gewollte Demütigung und Niederhaltung zu einer in dieser Zeit beginnenden Krise des Patriotismus im 20. Jahrhundert: „Da die Krise des Patriotismus kaum geleugnet werden kann, erscheint es uns an dieser Stelle sinnvoller, ihre Ursachen aufzulisten, als die Symptome zu beschreiben. An erster Stelle in der chronologischen Reihenfolge steht der Erste Weltkrieg, der vielleicht auch die wichtigste Rolle in diesem Prozeß spielte. Die von ihm verursachten ungeheuren Leiden ließen in der französischen Gesellschaft vor allem eine Abscheu vor dem Krieg entstehen. Diese war in gewisser Weise dem Patriotismus, der das Führen und Erdulden des Krieges überhaupt erst möglich gemacht hatte, ebenso abträglich wie die durch diesen hervorgerufene pazifistische Haltung" (Francois, aaO, S. 60).

Das hat schwerwiegende Konsequenzen für die europäische Politik im Kampf gegen den aggressiven deutschen Nazistaat. Die Provokationen des Dritten Reiches, die militärische Besetzung des entmilitarisierten Rheinlands, die forcierte Aufrüstung und damit der Bruch des Versailler Vertrages, die schrittweise Zerschlagung der Tschechoslowakei werden hingenommen, auch die Drohungen des Deutschen Reiches gegenüber Polen. „Mourir pour Danzig?" Das war in Frankreich die polemische Antwort. Und als man 1939 zusammen mit Großbritannien den deutschen Überfall auf Polen mit einer Kriegserklärung quittieren muss, bleibt man an Frankreichs Ostgrenze militärisch untätig und schaut zu, wie Polen besiegt wird. Als sich dann im Mai 1940 die deutsche Kriegsmaschinerie auf Frankreich stürzt, ist es zu spät.

Nach dem Ersten Weltkrieg kann die katholische Kirche in Frankreich aufatmen. Der Herrgott hatte Frankreich den Sieg geschenkt. Der offizielle Antiklerikalismus kehrt nicht zurück (Rémond, aaO, S. 156 f). Nach der Kapitulation Frankreichs im Juni 1940 und der Übernahme der Macht durch Marschall Pétain hofft die große Mehrheit der Franzosen, neutral und möglichst ohne schwere materielle Opfer durch den Krieg zu kommen. Natürlich kommt es anders. Die protestantischen Kirchen und die große katholische Kirche unterstützen das Vichy-Regime nachhaltig (J.-P. Azéma und Olivier Wieviorka „Vichy 1940-1944", Paris 2000, S. 130, 186). „Das Episkopat hat bis zum bitteren Ende die Legitimität des Regimes des Marschalls anerkannt" (aaO, S. 178).

Für die deutschen Kirchen ist die Lage nach dem Ersten Weltkrieg verzweifelt.

„Wo bleibt Gottes Gerechtigkeit?"

„Sehen wir nicht einen Triumph der Lüge und einen Erfolg der Gemeinheit, wie er selbst in den dunkelsten Zeiten der Geschichte selten war?" So fragen viele Evangelische (Klaus Scholder, „Die Kirchen und das Dritte Reich", Band 1, S. 8).

Die Niederlage als geistige Katastrophe betrifft die Katholiken weniger. Sie hatten sich nicht so eng an das kaiserliche Deutschland angelehnt und das Papsttum hilft ihnen auch aus der nationalen Verzweiflung heraus.

„Im Blick auf die schwierige Lage der katholischen Kirche im republikanischen Frankreich hatte Leo XIII. 1881 in der

Enzyklika ,Diuturnum illud' zum ersten Mal angedeutet, daß auch die Demokratie ,eine kirchlich tolerable Staatsform' darstelle. Vier Jahre später, 1885, wurde in der berühmten Enzyklika ,Immortale Dei' die Freiheit der Kirche gegenüber jeder Staatsform grundsätzlich festgestellt. Die Herrschergewalt, so hieß es, sei ,mit keiner Staatsform notwendig verbunden' (necessario copulatus); sie könne ,die eine oder andere Form annehmen, wenn diese das gemeinsame Wohl und Gedeihen wirksam' fördere. Nun war die gleiche Situation wie in Frankreich auch in Deutschland eingetreten, und die Lehren Leos XIII. erhielten damit für die deutschen Katholiken eine überraschende Aktualität. Denn so schwierig die Auslegung im Einzelnen sein mochte, grundsätzlich war damit auch für den deutschen Katholizismus der Weg zur Mitarbeit in der Republik freigegeben. In der Tat übernahm das Zentrum von der ersten Stunde an die politische Mitverantwortung für den neuen Weg, den das Reich nun zu gehen hatte" (Scholder, aaO, S. 16).

Die Evangelischen haben es schwieriger. Jahrhunderte lang waren sie durch die Allianz von „Thron und Altar" gegängelt worden. Sie bleiben auch nach dem Ersten Weltkrieg zersplittert, in viele Landeskirchen aufgeteilt. Das gibt zwar nun auch die Chance, die Lage, den Weg und das Ziel des deutschen Protestantismus dezentral neu zu sehen, aber die große Linie fehlt trotz einer offiziell bekundeten Mitarbeit zum Wohle der deutschen Republik.

Durch die Friedensverträge im Jahre 1919 wird die Schaffung von Nationalstaaten zur Richtschnur der neuen europäischen Friedensordnung. Europa wird in Nationalstaaten zerlegt, koste es, was es wolle. Für viele Kirchen werden damit neue Bezüge vorgegeben. Auch für die Katholiken verstärkt sich noch einmal der Segregationsdruck. Ihre Schwächung setzt sich fort. Überall sind bereits oder werden staatliche Personenstandsregister eingerichtet, die Geburt, Hochzeit und Beerdigung von der Verwaltung durch die Kirchen ablösen und sie auf eine „zweitrangige“ Rolle verweisen. Die Möglichkeiten von Ehescheidungen verändern sich gegen den anhaltenden Protest vor allem der katholischen Kirche. Die moralischen und ethischen Vorgaben der christlichen Kirchen verlieren im Ehe- und Familienrecht und im nationalen Strafrecht schrittweise an Einfluss. Religion wird schrittweise Privatsache. Der Staat garantiert die freie Religionsausübung. Der Kampf um die Schule intensiviert sich.

Diese Entwicklung hat aber auch positive Seiten für die nationalen Kirchen Westeuropas. In den Demokratien, und nur dort können sie ihre Fesseln schrittweise abstreifen, gewinnen sie ihre Selbstständigkeit zurück: in ihrer Theologie, ihrer Personalpolitik, in ihren Äußerungen zur gesellschaftlichen und politischen Entwicklung ihrer Völker. Die Zeit zwischen den Weltkriegen ist allerdings zu kurz, um diesen Wandel zum Tragen kommen zu lassen. Heute kennen wir in Europa kein Land mehr, das sich ohne Not „das Recht herausnimmt, in innerkirchliche Angelegenheit einzugreifen“ (Rémond, aaO, S. 249). Aber was nutzt das den Kirchen, die am gesellschaftlichen Rand angesiedelt sind?

Nicht erkannt wird von den nationalen Kirchen und von Rom die zentrale Bedeutung der freiheitlichen Demokratie für die Autonomie der Kirchen, für die individuelle Entfaltung des Einzelnen in der Gesellschaft und für den Frieden unter den Völkern. Die in der Französischen Revolution verkündeten Menschenrechte werden von den Kirchen weiterhin zurückgewiesen, umso mehr als sie mit der Forderung nach Religionsfreiheit einhergehen. Aus der Sicht der Kirchen kann es keine individuellen Menschenrechte geben, da der Mensch in seinem Leben an Gott und seine Gebote gebunden ist, Gott und nicht sein sündhaftes Wollen sein irdisches Dasein leiten soll.

Und so bleiben die Kirchen anfällig für die Sirenenklänge autoritärer Regime in Spanien und Portugal, da sie die Rückkehr zu ihren Moralvorstellungen versprechen. Denn es geht ihnen eben nicht um die Menschenrechte des freien Individuums in einer demokratischen Gesellschaft, sondern um Gemeinschaftsbindungen des sündigen Menschen und um seine Pflichten gegenüber dem Staat und seiner Kirche.

Die Weimarer Republik hat keine echten Chancen, sich auf Dauer in den Herzen der Mehrheit ihrer Bürger zu verankern. Das gilt auch für die Kirchen. Als Hitler seine Machtübernahme am 21. März 1933 in der Potsdamer Garnisonskirche mit deutsch-nationalen Elementen christlich-protestantischer Provenienz zelebriert, bleibt Weimar bei der Mehrheit der deutschen Protestanten unbeachtet und unbeweint auf der Strecke. „Die Botschaft der preußischen Kirchenleitung, die Millionen evangelischer Christen an Ostern 1933 hören, lautet: Die Osterbotschaft von dem auferstandenen Christus ergeht in Deutschland in diesem Jahr an ein Volk, zu dem Gott durch eine große Wende gesprochen hat. Mit allen evangelischen Glaubensgenossen wissen wir uns eins in der Freude über den Aufbruch der tiefsten Kräfte unserer Nation zu vaterländischem Bewußtsein, echter Volksgemeinschaft und religiöser Erneuerung“ (Scholder, aaO, S. 299). Erneut haben sich die deutschen Protestanten zum Büttel deutschen Nationalismus gemacht. Dafür werden sie in den nächsten 12 Jahren teuer bezahlen.

Aus der Sicht der Kirchen kann es keine individuellen Menschenrechte geben, da der Mensch in seinem Leben an Gott und seine Gebote gebunden ist, Gott und nicht sein sündhaftes Wollen sein irdisches Dasein leiten soll.

Die deutschen Katholiken halten sich besser. Aber Kardinal Faulhaber berichtet am 20. April 1933 von einer Romreise. „In Rom beurteilt man den Nationalsozialismus wie den Faschismus als einzige Rettung vor dem Kommunismus und Bolschewismus“ (Scholder, aaO, S. 307). Schwierige Wochen folgen. Die katholische Zentrumspartei stimmt am 23. März 1933 dem Hitlerschen Ermächtigungsgesetz zu. Am Sonntag, dem

29. März nimmt die katholische Bischofskonferenz zur neuen Reichsregierung öffentlich Stellung und nimmt ihr gegenüber eine Reihe bisher formulierter Verbote und Warnungen zurück. Auch sie kapituliert und hat dafür einen hohen Preis zu zahlen.

3. Was soll aus Deutschland werden?

Wie soll die Welt mit dem militärisch, politisch und moralisch geschlagenen Deutschen Reich nach seiner bedingungslosen Kapitulation im Mai 1945 umgehen? Die Antwort auf die Frage hatten vor allem die Alliierten zu geben. Seit mindestens zwei Jahren wussten sie, dass sie den Zweiten Weltkrieg gewinnen würden. Aber was dann? Deutschland musste auf jedem Fall so verändert werden, dass es niemals wieder eine Gefahr für den Weltfrieden werden könnte. Doch die Interessen der Siegerstaaten waren zu unterschiedlich, als dass es möglich war, sich auf mehr als eine vollständige Entmilitarisierung, die Entnazifizierung, die Zerschlagung der bisherigen Herrschaftsstrukturen zu einigen. Restdeutschland wurde in Besatzungszonen aufgeteilt. Doch damit waren zwei zentrale Grundfragen nicht beantwortet. Sollte Deutschland bestraft werden, massiv zahlen müssen für seine Taten, oder sollte ihm wenigstens mittelfristig eine Perspektive eröffnet werden, in den Kreis der europäischen Demokratien zurückzukehren? Roosevelt und Churchill wollten die Fehler des Versailler Friedensvertrages nach dem Ersten Weltkrieg vermeiden. W. R. Smyser schreibt in seinem Buch „From Yalta to Berlin" über die Potsdamer Konferenz der drei Alliierten – Großbritannien, Sowjetunion, Vereinigte Staaten von Amerika – vom 17. Juli bis 2. August 1945: „In Potsdam endete der Kampf *gegen* Deutschland und der Kampf *um* Deutschland begann" (S. 25).

Schon im Mai 1946 warnt der britische Außenminister Ernest Bevin das britische Kabinett: „Die Gefahr, die von Rußland ausgeht, ist genau so groß, wahrscheinlich größer geworden, als sie von einem wiedererstandenen Deutschland ausgehen würde" (Smyser, aaO, S.47). Er will Deutschland westlich der späteren innerdeutschen Grenze administrativ vereinigen. Zum 1.1.1947 kommt es zu „Bizonesien", dem Zusammenschluss der britischen und der amerikanischen Besatzungszone. Im April 1949 kommt die französische Besatzungszone hinzu. Wir singen als unsere „Nationalhymne" den Karnevalsschlager: „Wir sind die Eingeborenen von Trizonesien."

Doch dahinter steckt bestenfalls Galgenhumor. Uns geht es miserabel. Wir hungern, wir haben nichts anzuziehen, wir frieren im Winter erbärmlich. Wenigstens die große Mehrheit der Deutschen. Denn die uns zugeteilten rund 1.000 Kalorien täglich liegen deutlich unter dem auf Dauer erforderlichen Minimum. Wir haben andere Sorgen als die Probleme der deutschen Zukunft. Nur eins bestimmt fast alle: Die Angst und die Ablehnung des Kommunismus. Die Sowjets hatten bereits damals durch ihre Behandlung der Deutschen bei ihrem Einmarsch und durch ihr Verhalten in ihrer Besatzungszone, der SBZ, die Möglichkeit verspielt, die Auseinandersetzung um Deutschland mit friedlichen Mitteln zu gewinnen.

„Du kannst heiraten, wen du willst, aber keine Katholikin."

Die Kirchen stehen vor ganz neuen Herausforderungen. Die Vertreibung der Deutschen aus dem Osten bringt die fest gefügten Konfessionsgrenzen durcheinander. Millionen von Katholiken bilden neue Gemeinden in evangelischen Regionen. Umgekehrt ist es genauso. Das schafft vorübergehend Probleme. Mein Vater zu mir: „Du kannst heiraten, wen du willst, aber keine Katholikin."

Die schnell abnehmende Bindungskraft der Kirchen relativiert die Problematik solcher „Mischehen" und der religiösen Erziehung der Kinder aus solchen Verbindungen.

Die Kirchen gelten in Deutschland als nicht belastet durch

die zwölf Jahre Nazidiktatur. Das ist zwar nicht völlig zutreffend, hilft ihnen aber, sich organisatorisch zu stärken und auf die Politik, nicht zuletzt über die CDU/CSU wirkungsvoll Einfluss zu nehmen. Nordamerikas Kirchen senden Millionen von Care-Paketen. In der SBZ dagegen entfachen sowjetische Besatzungsmacht und SED sehr früh einen zunehmenden Kampf gegen die Kirchen.

Westdeutschland als westliches Bollwerk

Es geht Schlag auf Schlag. Am 20. Juni 1948 die Währungsreform, die erfolglose Berliner Blockade durch die Sowjet-Union vom 29. Juni 1948 bis zum 12. Mai 1949. Die Schaffung der Nato am 4. April 1949. Am 23. Mai 1949 das Grundgesetz der Bundesrepublik Deutschland, am 18. August 1949 die ersten Bundestagswahlen. Konrad Adenauer wird Bundeskanzler. Der Überfall Nordkoreas auf Südkorea am 25. Juni 1950.

Und das alles wenige Jahre nach der totalen Niederlage des Nazi-Reiches. Ich werde nicht die militärische Entwicklung im Nordatlantischen Bündnis nachzeichnen. Umso mehr, als die Entwicklung der Nato bis heute vor allem durch die transatlantischen Beziehungen geprägt ist. Mir geht es um die europäische Einigung.

Frankreich, aber auch die Benelux-Staaten hatten in diesen Jahren keineswegs die Schrecken des Zweiten Weltkrieges vergessen. Der Hass auf die Deutschen ist groß. Auch Westdeutschlands Kirchen trauen sie nicht über den Weg trotz anders lautender Lippenbekenntnisse. Sie verfolgen die Entwicklung hin zu einem neuen deutschen Staat mit Sorge, vielleicht sogar mit Angst. Frankreich zögert den Anschluss seiner Besatzungszone an „Trizonesien“ so lange hinaus, wie es geht.

Am 30. August 1945 hatte Frankreich das Saarland wegen seiner Steinkohlegruben und seiner Stahlwerke von seiner Besatzungszone abgetrennt und schrittweise wirtschaftlich an seinen Wirtschaftsraum angeschlossen. Ab 1. April 1948 gibt es eine Zollunion zwischen dem Saarland und Frankreich, ab 15. Juli 1948 eine, wenn auch international nicht anerkannte saarländische Staatsbürgerschaft. Das ist einer der Preise, die für Frankreichs Zustimmung zur Schaffung der Bundesrepublik Deutschland zu zahlen sind. Und so kommt es zu dem Kuriosum, dass unsere Fußballnationalmannschaft bei einem ihrer Qualifikationsspiele für die Weltmeisterschaft 1954 in der Schweiz gegen die Nationalmannschaft des Saarlandes antreten muss. Das von Paris und Bonn ausgehandelte Saarstatut vom 23. Oktober 1954, das eine Europäisierung des Saarlandes vorsieht, wird bei einer Volksabstimmung am 23. Oktober 1955 mit großer Mehrheit abgelehnt. Das Saarland wird Teil der Bundesrepublik.

Wesentlich schärfere Auseinandersetzungen gibt es um die Zukunft des industriellen Herzens an Rhein und Ruhr. Die Sowjetunion fordert schon sehr früh, das Ruhrgebiet unter Viermächte-Kontrolle zu stellen. Das lehnen die Westmächte ab. Frankreich benutzt diese Debatte allerdings, um seinen Forderungen nach einer Sonderrolle für das Saarland Nachdruck zu verleihen. Hinsichtlich des Rheinlandes fordert es, es von Deutschland abzutrennen und das Ruhrgebiet unter internationale Kontrolle zu stellen. Allerdings ohne Erfolg. Die USA und Großbritannien lehnen jeden Einfluss der Sowjetunion außerhalb ihrer Besatzungszone ab. Eine Zerstückelung Deutschlands an Rhein und Ruhr kommt für sie nicht infrage.

Damit stellt sich allerdings die Frage, in welchem internationalen Rahmen die westdeutsche Kohle- und Stahlindustrie, für viele Basis deutschen Imperialismus der Vergangenheit, eingebettet und damit auch kontrolliert werden könnte? Jean Monnet hatte bereits Ende des Zweiten Weltkrieges in den USA über die Probleme des Nachkriegseuropas gearbeitet.

Die europäischen Staaten müssten Elemente ihrer nationalen Souveränität an eine Art Europäische Union abtreten. Deutschland, Frankreich und Großbritannien sollten die Kernstaaten werden.

Das ist die Antwort Jean Monnets auf ein Kernproblem Europas: die internationale Kontrolle der deutschen Montanindustrie. Frankreich, Italien, die drei Beneluxstaaten und die Bundesrepublik Deutschland beschließen, die Europäische Gemeinschaft für Kohle und Stahl zu verwirklichen. Der französische Außenminister Robert Schumann, als Elsässer im Ersten Weltkrieg Offizier in der deutschen Armee, und Konrad Adenauer sind es, die den Vertrag in ihren nationalen Parlamenten durchsetzen. Die deutschen Sozialdemokraten stimmen im Bundestag im Jahre 1952 bei der Ratifizierung des Montanvertrages dagegen. Kurt Schumacher sieht in diesem Vertrag ein weiteres französisches Manöver zur Kontrolle der deutschen Industrie. Dieses Projekt sei „konservativ, klerikal, kapitalistisch und kartellistisch“. Besonders der Vorwurf „klerikal“ ist absurd. Frankreichs „Laiceté“ lässt das nicht zu. Die Saarfrage und die Debatte um die westdeutsche Aufrüstung verschärfen die innerdeutsche Debatte.

Der Entwurf Jean Monnets für eine Europäische Union ist seine Antwort auf ein Kernproblem: die internationale Kontrolle der deutschen Montanindustrie.

Natürlich führen die supranationalen Regelungen des Vertrages zu strikten Vorgaben für die deutsche Montanindustrie aus Luxemburg, dem Sitz der Hohen Behörde für Kohle und Stahl. Doch im Gegensatz zu allen anderen möglichen einseitigen Regelungen für die deutsche Montanindustrie gilt der Vertrag auch für die Montanindustrien der anderen Mitgliedsländer. Die Bundesrepublik ist insofern gleichberechtigt. Für die Gefährdung der möglichen Wiederherstellung der deutschen Einheit durch diesen Vertrag, für die es damals zu keinem Zeitpunkt eine realistische Chance gab, handeln wir einen ersten Schritt der Rückkehr zur nationalen Souveränität ein. Und was viel wichtiger ist: Frankreich findet einen neuen, konstruktiven Ansatz, seine Furcht vor seinem deutschen Nachbarn zu überwinden. Nicht mehr durch die Kontrolle und die Schwächung Deutschlands, sondern durch die Einbindung dieses Landes in die europäische Integration. Dafür ist Frankreich auch bereit, gewisse „Fesseln" der nationalen Souveränität auch für sich zu akzeptieren. Der Streit darüber, wie weit dabei „La grande Nation" gehen sollte, bestimmt die französische Europapolitik bis heute.

Insofern ist der Vertrag über die Gründung der Europäischen Gemeinschaft von Kohle und Stahl mehr als nur ein supranationaler „Industrievertrag". Tatsächlich handelt es sich um eine tief greifende moralische, vor allem aber politische Kehrtwendung europäischer Politik. Weg von dem Prinzip Macht und Gegenmacht, Kampf um die Vormacht in Europa, Krieg als Mittel zur Erreichung nationaler Ziele. Auch Frankreich hatte aus den verheerenden Fehlern des Versailler Vertrages als Wegbereiter der Hitler-Diktatur gelernt. Die Bundesrepublik kann nun schrittweise zurückkehren in den Kreis der westeuropäischen Demokratien.

Und dennoch kann dieser Weg nur deshalb so schnell und erfolgreich beschritten werden, weil die Sowjetunion Resteuropa und den Weltfrieden bedroht. Die westlichen Staatsmänner erkennen unterschiedlich schnell, dass dieser Bedrohung Europas ohne die westdeutsche Mitarbeit nicht begegnet werden kann. Adenauer ist dazu bereit, auch zur westdeutschen Aufrüstung, fordert und erreicht dafür für uns wesentliche Gegenleistungen.

Die Präambel zum Montanvertrag macht die Motive der Westintegration deutlich: „In der Erwägung, dass der Weltfriede nur durch schöpferische, den drohenden Gefahren angemessene Anstrengungen gesichert werden kann, in der Überzeugung, dass der Beitrag, den ein organisiertes und lebendiges Europa für die Zivilisation leisten kann, zur Aufrechterhaltung friedlicher Beziehungen unerlässlich ist, in dem Bewusstsein, dass Europa nur durch konkrete Leistungen, die zunächst eine tatsächliche Verbundenheit schaffen, und durch die Errichtung gemeinsamer Grundlagen für die wirtschaftliche Entwicklung aufgebaut werden kann, … entschlossen, an die Stelle der jahrhundertealten Rivalitäten einen Zusammenschluss ihrer wesentlichen Interessen zu setzen, durch die Errichtung einer wirtschaftlichen Gemeinschaft den ersten Grundstein für eine weitere und vertiefte Gemeinschaft unter Völkern zu legen, die lange Zeit durch blutige Auseinandersetzungen entzweit waren, und die institutionellen Grundlagen zu schaffen, die einem nunmehr allen gemeinsamen Schicksal die Richtung weisen können."

Der schnelle Weg in den Kreis der westeuropäischen Demokratien konnte nur deshalb von Deutschland erfolgreich beschritten werden, weil die Sowjetunion den Weltfrieden bedrohte.

Vor allem geht es um die gemeinsamen Anstrengungen zur Abwehr der sowjetischen Drohungen als Gefahr für den Weltfrieden. So brutal formulieren natürlich Diplomaten nicht, umso mehr als in Italien und Frankreich starke kommunistische Parteien und Gewerkschaften die innenpolitischen Landschaften mitbestimmen. Die Verfasser des Vertrages sind sich durchaus darüber im Klaren, dass die antideutschen Ressentiments weit verbreitet sind. Sie wissen, „dass Europa nur durch konkrete Leistungen … zunächst eine tatsächliche Verbundenheit schaffen (kann)". Die europäischen Rivalitäten sollen ein Ende haben. Wir wollen „ein allen gemeinsames Schicksal die Richtung weisen".

Als ich im Jahre 1958 in die Dienste des Europäischen Parlaments in Luxemburg trete, dreizehn Jahre nach dem Ende des Zweiten Weltkrieges, sind die Vorbehalte uns gegenüber mit Händen zu greifen. Die Hauseigentümerin macht ihre großen Vorbehalte gegen uns Deutsche klar. Sie vermietet uns die

Neubauwohnung in Luxemburg-Stadt mit dem Nachsatz: „Ich mache das nur, weil die deutschen Hausfrauen so sauber sind."

Die hehren Worte von Präambeln und den vielen anderen europäischen Festreden waren und sind bis heute bei den Bürgern des vereinten Europas nicht angekommen. Wenn allerdings heute ein deutscher Politiker vom „perfiden Albion" oder vom „Erzfeind Frankreich" reden sollte, würde man ihn schlicht für geisteskrank halten oder ihn überhaupt nicht verstehen. Viele der schrecklichen Vorurteile aus vergangener Zeit haben ihren Inhalt verloren. Wir verstehen einander besser und sehen dennoch auf unseren nationalen Vorteil.

Damals in den fünfziger Jahren wird für dieses Europa der Sechs das karolingische Erbe beschworen. Karl der Große (2. April 749 – 28.August 814), auf Französisch „Charlemagne", herrschte in der Tat über weite Teile der damaligen EWG. Er hat die spätere historische Entwicklung Europas mitgeprägt. Seine auf Rom bezogene Katholizität hat sein Reich und die weitere europäische Entwicklung beeinflusst. Doch was bedeutet das in der Realität dieser Jahre nach dem Zweiten Weltkrieg? Natürlich ist die große Mehrheit der Bürger der Gemeinschaft der Sechs katholisch. Doch Einfluss auf den Gang des europäischen Einigungswerkes hat das nicht. Konrad Adenauer und Robert Schumann, dazu der Italiener Alcido de Gaspari, alle drei Katholiken und Mitglieder ihrer nationalen christlich orientierten Parteien arbeiten für den Einheitswillen Europas, nicht für eine christlich definierte Politik. Sie genau zu definieren, war stets nicht möglich. Sie waren sicherlich Antikommunisten, Politiker der Mitte mit nationaler und europäischer Weitsicht, aber keine engstirnigen christlichen oder gar katholischen Bannerträger.

Allerdings sind in diesen frühen Jahren in den sechs EWG-Ländern viele moralische und gesellschaftspolitische Vorgaben noch selbstverständlich: Ehescheidung war zwar möglich, aber gesellschaftlich verpönt. Ohne Trauschein zusammenzuleben, war faktisch unmöglich. Abtreibung war strafbar. Die Pille gab es noch nicht. Die Kirchen mahnen, ihre Schäfchen sind ziemlich brav. Der Glaube und der Einfluss der großen Kirchen hatten augenscheinlich die zwölf schrecklichen Jahre gut überlebt. Der Einfluss der christlichen Parteien auf die nationale Politik ist in allen sechs Gründungsmitgliederstaaten stark. Da gibt es keine besondere Veranlassung, sich um dieses Sechsereuropa zu sorgen und es speziell in seine kirchenpolitischen Überlegungen einzubeziehen. Es ist eindeutig antikommunistisch. Und darauf kommt es an.

Die hehren Worte von Präambeln und den vielen anderen europäischen Festreden waren und sind bis heute bei den Bürgern des vereinten Europas nicht angekommen.

Und man kann an die guten, alten Zeiten anknüpfen. Selbst in den Perioden des exzessiven Nationalismus waren die Ströme des kulturellen Austauschs niemals versperrt. Kunst, Literatur, Wissenschaft sind niemals in der nationalen Periode der europäischen Geschichte im abschließenden Sinne geformt worden. Diese Kraft unserer abendländischen Kultur bestimmt aber auch die nordamerikanische Gesellschaft und, verborgen unter der damaligen Phraseologie des kommunistischen Osteuropas, auch unsere osteuropäischen Nachbarn. Insofern existiert so etwas wie eine „abendländische Kultur" mit ihren christlichen Wurzeln. Sie ist aber bei allen wechselseitigen Bezügen national geprägt.

Ökonomische und politische Erfahrungen bestimmen den weiteren Gang der europäischen Entwicklung. Das deutsche Wirtschaftswunder nach der Währungsreform des Jahres 1948 und unsere starke DM werfen zusätzliche Fragen auf, wie unsere Nachbarn mit dieser schnell erstarkenden Wirtschaftsmacht umgehen sollten? Die Hoffnung der deutschen Linken auf einen friedlichen Ausgleich mit der Sowjetunion und eine „gesamtdeutsche" Perspektive verbrennen zu Asche. Am

17. Juni 1953, ostdeutsche Arbeiter gehen wegen der angekündigten Normerhöhungen, wegen der miserablen Lebensbedingungen und der anhaltenden sowjetischen Demontagen auf die Straße. Schnell breitet sich dieser Volksaufstand aus. Freie Wahlen und die deutsche Wiedervereinigung werden gefordert. Gnadenlos walzen die sowjetischen Panzer die Rebellion nieder. Deutschland wird endgültig geteilt. Die Bundesrepublik wird Mitglied der Nato. Die DDR wird in den Warschauer Pakt eingebunden.

Kampf dem Atomtod

In Westdeutschland bricht eine leidenschaftliche Debatte über die Wiederbewaffnung, insbesondere über die Atomwaffen der Nato aus. Mit der Parole „Kampf dem Atomtod" will die Friedensbewegung zusammen mit der SPD und Teilen der evangelischen Kirche die atomare Bewaffnung verhindern. Nur mit Mühe gelingt es, über die Frage der theologischen Legitimation der Aufrüstung die Einheit des deutschen Protestantismus zu bewahren. Die Auseinandersetzungen gewinnen eine neue Qualität, als die neue Problematik der Atomwaffen, ihre mögliche Stationierung auf dem Boden der Bundesrepublik, die etwaige Ausrüstung der Bundeswehr mit diesen Waffen, das politische und damit auch das theologische Klima anheizt.

Ich stelle zwei der vielen kontroversen, ja unversöhnlichen Standpunkte gegenüber. Helmut Gollwitzer erklärt 1958: „Die neuen Waffen erlauben als Kriegsziel nur die Vernichtung des Gegners, die sie durch Überfall zu bewirken suchen, sie erlauben keine andere Forderung als die der bedingungslosen Kapitulation. Sie entsprechen einer Gesinnung, die dem Gegner das Lebensrecht abspricht und außer dem Schema des Freund-Feind-Verhältnisses keine andere Sehweise mehr anerkennt, die also jede menschliche Beziehung zum Gegner, jede Verantwortung auch für ihn ableugnet, jede Relativierung des Gegensatzes schon als Verrat ansieht. Es ist die Gesinnung des Menschen, der nur noch sich selbst und darum die Vernichtung der Gegenwelt will. ... Die neuen Waffen machen uns in unserer Gesinnung alle zu Mördern; denn nur in mörderischer Gesinnung kann man sie herstellen und anwenden" (Helmut Gollwitzer, „Die Christen und die Atomwaffen", Januar 1958, in: „Atomwaffen und Ethik", München 1981, S. 53).

Helmut Thielicke hält dagegen: Wir haben nicht das Recht, uns durch den Verzicht auf Atomwaffen sowjetischen Drohungen und möglichen Angriffen mit ihren entsprechenden Waffen auszusetzen. „Es kann zwar sehr wohl mein persönlicher Auftrag sein, einem anderen Menschen nicht Gleiches mit Gleichem zu vergelten, sondern im Ertragen seines Angriffes, also in der Setzung eines neuen Anfanges und in der Initiative der Liebe die Chance entstehen zu lassen, daß wir beide aus dem Teufelszirkel des Vergeltungsprinzips herausfinden. Ich kann dieses Wagnis der Liebe aber nicht zum Prinzip der Weltordnung und also der Politik werden lassen. Denn in diesem Bereiche trage ich nicht nur die Verantwortung für mich selbst, sondern auch für die Ordnung als solche und außerdem für Menschen und Güter, die mir anvertraut sind. Hier würde ich durch ein bloßes Ertragen nur das Recht des Stärksten und des Zynischsten triumphieren lassen. Der biblische Gedanke, daß der Staat eine göttliche Ordnung und daß er mit Macht ausgerüstet sei, um zu wehren und zu schützen, ist die schärfste Antithese gegenüber diesem ideologischen Pazifismus. ... Wir dürfen die Welt nicht anders sehen wollen, als sie ist. Und sie ist eben ein Zustand zwischen Sündenfall und Jüngstem Gericht. Wer sie zur Hölle macht – und das könnte ja durch eine ungesteuerte Atomrüstung geschehen –, vergreift sich ebenso an diesem ihrem Wesen wie derjenige, der sie vorzeitig zu einem Himmel machen möchte, wie das der pazifistische Träumer tut. Der eine dient dem Götzen der Angst und der andere dem Götzen der Illusion" (Helmut Thielicke, „Was heißt Verantwortung im Atomzeitalter?" aaO, S. 46).

Der Kampf gegen die Wiederbewaffnung, insbesondere gegen die Atomwaffen im westlichen Bündnis hat schlussendlich keinen Erfolg. Das hat viel mit der brutalen Sowjetisierung Mittel- und Osteuropas zu tun, aber auch damit, dass sich die Wähler bei jeder Bundestagswahl mit eindeutigen Mehrheiten für die Parteien entscheiden, die Garanten für die politische und die militärische Westbindung der Bundesrepublik sind. So wird auch die SPD in ihrer Militär- und Sicherheitspolitik zu einer drastischen Kurskorrektur gezwungen, nachdem sie drei Bundestagswahlen – 1949, 1953, 1957 – verloren hatte.

In jedem Falle haben diese tief greifenden Auseinandersetzungen Konsequenzen. Der deutsche Protestantismus kann für lange Zeit kein realistisches Verhältnis zur Bundeswehr, zur Nato und damit auch zur europäischen Integration gewinnen. Die Angst vor Deutschland bekommt bei unseren Nachbarn einen ganz anderen Charakter. Aus den deutschen Imperialisten werden nun für sie Menschen, deren emotionale Grundlagen und damit auch ihre politische Orientierung unberechenbar werden. „Lieber rot, als tot", so tönt es vielerorten, auch bei „frommen" Christen. Noch herrscht Adenauer. Aber was kommt danach? Selbst Willy Brandt, der Fels in der Brandung nach dem Berliner Mauerbau am 13. August 1961, hatte es später bei seiner Ost- und Deutschlandpolitik nicht leicht, unsere westlichen Freunde von der Eindeutigkeit seiner Absichten und seiner Bindungen an den Westen zu überzeugen.

Deutschland einbinden

So gibt es viele Gründe, einen weiteren Schritt zu Europas Einigung zu tun. Einmal mehr geht es um die Einbindung der Bundesrepublik, damit sie kein „Wanderer zwischen den Welten“ wird. Zum anderen soll die Wirtschaftskraft dieses Wirtschaftswunderlandes genutzt werden. Und so kommt es zu zwei weiteren Verträgen der Sechs, der Europäischen Atomgemeinschaft (Euratom) und der Europäischen Wirtschaftsgemeinschaft. Die Europäische Atomgemeinschaft hat die Aufgabe, die friedliche Verwendung der Kernenergie in Europa zu fördern, durch eine gemeinsame Finanzierung, einheitliche Sicherheitsnormen, durch eine geeignete Überwachung, sodass die Grenzen zu militärischer Nutzung der Kernenergie nicht überschritten werden.

Es ist nur noch eine Frage der Zeit, bis die aktuelle Energiepolitik Deutschlands den Ausstiegskurs aus der Kernenergie wieder revidieren muss.

Kernenergie als Energie der Zukunft? Die Bundesrepublik verlässt Jahrzehnte später diesen Weg. Sie will aus der Kernenergie aussteigen. Teile der Evangelischen Kirche Deutschlands sind bei den oft gewalttätigen Protesten gegen den Bau der KKW stets mit von der Partie. Es ist nur noch eine Frage der Zeit bis die aktuelle Energiepolitik Deutschlands den aktuellen Ausstiegskurs revidieren muss.

Zum 1. Januar 1958 treten beide Verträge in Kraft. Zentrales Element ist der in Rom ein Jahr vorher unterzeichnete Vertrag zur Gründung der Europäischen Wirtschaftsgemeinschaft. Ein Jahrzehnt später werden die Organe der Montanunion und von Euratom mit ihr verschmolzen. Von Anbeginn an wird darüber gestritten, welchen Charakter die EWG nun eigentlich hat bzw. anstreben sollte. Dass kein Einheitsstaat nach französischem Vorbild angestrebt wird, ist für alle Beteiligten von Anfang an klar. Doch die einen plädieren für das Modell des Bundesstaates nach deutschem Vorbild, so der erste Präsident der Kommission der Europäischen Wirtschaftsgemeinschaft Walter Hallstein. Aus Frankreich klingt es so: Wir wollen ein l'Europe des patries, ein Europa der Vaterländer, besser wohl ein Europa der Nationen. Mit der Wahl von Charles de Gaulle am 21. Dezember 1958 zum ersten Präsidenten der 5. Republik scheint diese Frage entschieden. Er schließt mit Konrad Adenauer am 22. Januar 1963 den deutsch-französischen Freundschaftsvertrag. Er soll die Stimmen der beiden Länder im EWG-Ministerrat bündeln, sodass keine Mehrheiten gegen Frankreichs Interessen zustande kommen können. Als ihm der deutsche Bundestag einen Strich durch die Rechnung macht, kommt es zur französischen Politik „des leeren Stuhls".

Da aber de Gaulle ein starkes antiamerikanisches Europa, natürlich unter französischer Führung, anstrebt, müssen er, vor allem aber seine Nachfolger, Kompromisse eingehen, die den Charakter „Europas" ambivalent machen. Manchmal ähnelt es in seiner Funktionsweise, so bei der gemeinsamen Agrarpolitik, einem Bundesstaat. Der Agrarkommissar hat eine starke Stellung. Die Mitgliedstaaten entscheiden mit qualifizierter Mehrheit. Die Finanzierung der gemeinsamen Agrarpolitik – sie verbraucht fast die Hälfte der Mittel der Gemeinschaft, 2006 mehr als 50 Mrd. Euro, werden von allen Mitgliedstaaten gemäß ihrem Anteil am Bruttoinlandsprodukt der Gemeinschaft aufgebracht, auch wenn die wirtschaftlich unbedeutende Agrarwirtschaft der Mitgliedsländer sehr unterschiedlich davon profitiert. Frankreich profitiert enorm, wir zahlen kräftig drauf.

Das Europa der Vaterländer finden wir in Reinkultur in unserer heutigen Zeit bei der „gemeinsamen Verteidigungspolitik". Die nationale Ausrichtung der Sicherheitspolitik der Mitgliedsstaaten, nicht alle gehören der Nato an, wird nicht berührt. Die Beschlüsse verlangen Einstimmigkeit. „Maßnahmen mit militärischen und verteidigungspolitischen Bezügen“ werden nicht aus dem Haushalt der EU bezahlt, sondern national finanziert.

Dazwischen findet sich eine Vielzahl von Spielarten zur Festlegung der gemeinsamen EU-Politiken. Es geht dabei vor allem um das Zusammenspiel und die Machtverteilung zwischen dem Europäischen Parlament, der Brüsseler Kommission und dem Ministerrat.

Frankreich profitiert enorm von der europäischen Agrarpolitik, Deutschland zahlt kräftig drauf.

Das Europäische Parlament, seit 1979 im fünfjährigen Rhythmus von den Bürgern direkt gewählt, hat im Laufe der mehr als 50-jährigen Geschichte seinen Einfluss auf Inhalt und Richtung der europäischen Integration deutlich verstärken können. Musste es sich zu Beginn seiner Arbeit im Wesentlichen darauf beschränken, vor Entscheidungen vom Ministerrat angehört zu werden, so hat es heute weit reichende Rechte der Mitwirkung, selbst der Mitbestimmung. Und dennoch bleiben mindestens zwei gravierende Einschränkungen bestehen: Es hat kein parlamentarisches Initiativrecht und seine Zusammensetzung ist nicht repräsentativ. Deutschland hat mehr als 82 Millionen Einwohner und 99 EU-Parlamentarier. Jeder von ihnen vertritt 830.000 Bundesbürger. Luxemburg hat 400.000 Einwohner und sechs EU-Abgeordnete. Jeder von ihnen vertritt 67.000 Einwohner. Beides schwächt die demokratische Legitimation des Parlaments erheblich.

Die Brüsseler Kommission, ihre Vorgängerin in der Montanunion heißt noch „Hohe Behörde“ und hatte zentrale Entscheidungsbefugnisse, ist in ihrer Rolle, ihren Aufgaben und Befugnissen nicht nach traditionellen nationalen Maßstäben zu definieren. Eine europäische Regierung ist sie nicht, denn sie wird nicht vom Europäischen Parlament gewählt. Jedes Mitgliedsland benennt sein Mitglied. So ist die Zahl der Brüsseler Kommissare von 6 auf 27 gewachsen. Der Ministerrat benennt den Präsidenten der Kommission. Das Europäische Parlament muss ihn und alle Mitglieder der Kommission durch eine geheime Abstimmung bestätigen. Bei der Geschäftsverteilung auf die Kommissare – derzeit neben dem Kommissionspräsidenten 26 an der Zahl – gibt es kaum für alle sinnvolle Arbeitsfelder. Was macht zum Beispiel der Kommissar für Tourismus? Er ist vor allem Anlaufstelle für die Interessen seines Heimatlandes, die er in der Kommission beachten soll. Nach ihrer Einsetzung arbeitet die Kommission aufgrund der Vorgaben des Vertrages. Seit 1957 hat sich der dazu formulierte Text in den europäischen Verträgen nicht verändert. Die Kommission soll vor allem Motor des europäischen Einigungswerkes sein. Die Entscheidungen fallen aber anderswo.

Deutschland hat 99 EU-Parlamentarier. Jeder vertritt 830.000 Bundesbürger. Luxemburg hat sechs EU-Abgeordnete. Jeder vertritt 67.000 Einwohner. Beides schwächt die demokratische Legitimation des Parlaments.

Entscheidungen fallen im Ministerrat. Zwar hat das europäische Parlament seit 1958 zunehmend an politischem Einfluss gewonnen. Nur noch in wenigen Sachbereichen, so bei der gemeinsamen Agrarpolitik und der Außen- und Sicherheitspolitik, beschränkt sich seine Rolle auf die Anhörung durch den Ministerrat. Ansonsten geht es um die Mitentscheidung oder sogar um die Zustimmung des Parlaments. In diesen Fällen kann es ein Gesetzvorhaben sogar scheitern lassen. Es hat ein Vetorecht. Aber von sich aus Gesetzesvorhaben durchsetzen können die Abgeordneten nicht. Wenn sie zum Beispiel ein Werbeverbot für Zigaretten durchsetzen wollen, geht das nur, wenn sie eine entsprechende Vorlage zur Zustimmung erreicht. In jedem Falle wandern die Dossiers strittiger Vorhaben monatelang zwischen Kommission, Rat und Parlament hin und her, bis ein politischer Kompromiss gefunden wird. Das allerletzte Wort bei den Gesetzen der EU hat auch heute noch der Ministerrat, also das Organ der Interessenvertretung der Mitgliedstaaten. Wurden vor fast 50 Jahren im Europa der Sechs vor allem einstimmige Entscheidungen gefordert, so haben die Vertragsänderungen in den vergangenen Jahrzehnten die Bereiche, in denen qualifizierte Mehrheitsentscheidungen des Ministerrats zur Beschlussfassung ausreichen, deutlich ausgeweitet. Zentrale Entscheidungen müssen aber weiter einstimmig gefasst werden, u.a. bei der Steuerpolitik, der Sozialpolitik, der Finanzierung der Union, der Aufnahme neuer Mitglieder.

Die Europäische Verfassung ohne Gott

Die Europäische Verfassung, die die 25 Staats- und Regierungschefs am 21. Juni 2004 beschlossen haben und die nur nach langem Tauziehen zustande kam, sollte die Europäische Union nach mehreren Anläufen – dem Vertrag von Maastricht von 1992, dem Vertrag von Amsterdam von 1997 und dem Vertrag von Nizza von 2001 – in die Lage versetzen, die von 15 auf 27 Mitglieder gewachsene Gemeinschaft funktionsfähig zu halten. Ferner sollte bei dieser Gelegenheit die im Dezember 2000 von einem Expertengremium erarbeitete Charta der Grundrechte der Union in die europäische Verfassung aufgenommen werden.

Wenn auch nur eines der 25 Mitgliedsländer die Europäische Verfassung ablehnt, ist sie hinfällig. Die Franzosen und die Niederländer haben das bei ihren Plebisziten besorgt. Nun gilt wieder der Vertrag von Nizza. Dennoch sollen sich noch weitere Mitgliedsländer zur Europäischen Verfassung äußern können.

Die Gründe für dieses Nein von zwei Gründungsmitgliedern der EWG, heute EU, sind hinlänglich bekannt. Es ging auch darum, den Regierenden für ihre nationale Politik einen

Denkzettel zu verpassen. Maßgeblich für das mehrheitliche Nein war aber der politische Leichtsinn der nationalen Regierungen, der Brüsseler Instanzen und des Europäischen Parlaments, auf einen Schlag alle die Länder hineinzulassen, die um Aufnahme nachsuchten. Als dann auch noch die Türkei zu Beitrittsverhandlungen eingeladen wurde, war der Sargdeckel für die Verfassung gezimmert. Insbesondere die Jüngeren stimmen in Frankreich und in den Niederlanden gegen die Europäische Verfassung.

In den EU-Ländern Deutschland, Frankreich, Großbritannien, Polen und Spanien glaubt Anfang Oktober 2005 nur eine begrenzte Zahl der Bürger, dass es ihnen durch die EU-Mitgliedschaft ihres Landes besser geht: 57 Prozent der Spanier, 33 Prozent der Deutschen und der Briten, 22 Prozent der Franzosen und 18 Prozent der Polen. Europa soll seine Außenpolitik vereinheitlichen, gemeinsam den Terrorismus bekämpfen, das befürworten außer den Briten große Mehrheiten. Aber bei den individuellen Fragen der sozialen Sicherheit wird der EU weniger zugetraut. Nur in Spanien und in Polen sind 48 bzw. 42 Prozent dafür, Maßnahmen auf europäischer Ebene zu ergreifen. Das lehnen 66 Prozent der Deutschen, 69 Prozent der Franzosen, 70 Prozent der Briten ab. Deutliche Mehrheiten lehnen eine europäische Steuerpolitik ab. In diesen Ländern sehen deutliche Mehrheiten der Befragten ihre nationale und ihre kulturelle Identität durch die europäische Identität gefährdet.

> **Als von der EU die Türkei zu Beitrittsverhandlungen eingeladen wurde, war der Sargdeckel für die Verfassung gezimmert.**

Trotz aller verbalen Versuche, eine erneute Debatte über die abgelehnte Verfassung zu beginnen, wird sie nicht reanimiert werden können. Kleine, auch institutionelle Verbesserungen der EU-Maschinerie sind denkbar, auch gebotene Reformen der EU-Politik, insbesondere der gemeinsamen Agrarpolitik.

Europa wird nicht auseinander fallen. Seine wirtschaftlichen Verflechtungen, auch seine politischen Bindungen sind dazu zu stark. Europa muss sich aber im eigenen Interesse dezentralisieren. In jedem Falle werden die Mitgliedsländer weiterhin eine zentrale Rolle spielen.

Mit der Ablehnung der Europäischen Verfassung bleibt die Charta der Grundrechte der Europäischen Union ein zwar wichtiges, aber verfassungsrechtlich unwirksames Dokument. Damit gelten für uns Deutsche uneingeschränkt und ohne europäische Überlagerung unsere Grundrechte im Grundgesetz. Ich begrüße das. Ein Verlust ist für uns dadurch nicht entstanden. Denn doppelt genäht hält nicht immer besser. Manches gehört nicht in eine Charta der Grundrechte z.B.: „Die unternehmerische Freiheit wird nach dem Unionsrecht und den einzelstaatlichen Rechtsvorschriften und Gepflogenheiten anerkannt." Oder: „Die Union anerkennt und achtet das Recht älterer Menschen auf ein würdiges und unabhängiges Leben und auf Teilnahme am sozialen und kulturellen Leben."

Nicht wirksam wird auf europäischer Ebene die Absicherung der Gedanken-, Gewissens- und Religionsfreiheit: „Jede Person hat das Recht auf Gedanken-, Gewissens- und Religionsfreiheit. Dieses Recht umfasst die Freiheit, seine Religion oder Weltanschauung zu wechseln, und die Freiheit, seine Religion oder Weltanschauung einzeln oder gemeinsam mit anderen öffentlich oder privat durch Gottesdienst, Unterricht, Bräuche und Riten zu bekennen. Das Recht auf Wehrdienstverweigerung aus Gewissensgründen wird nach den einzelstaatlichen Gesetzen anerkannt, welche die Ausübung dieses Rechts regeln."

Doch diese Grundrechte sind auch ohne die Europäische Verfassung in allen EU-Ländern wirksam.

Eine harte Auseinandersetzung gab es um den sog. Gottesbezug in der Präambel der Verfassung. Sie verweist lediglich auf das „gemeinsame kulturelle, religiöse und humanistische

Erbe“ Europas. Von Gott wird im Gegensatz zu unserem Grundgesetz nicht gesprochen. Insbesondere Frankreich hatte diesen Bezug abgelehnt und mit seiner laizistischen Verfassung für nicht vereinbar erklärt. Da Einstimmigkeit erforderlich war, war anderes nicht durchsetzbar. Die Aufregung war groß. Ganz zu verstehen ist das nicht. Diese Europäische Verfassung wäre nicht an die Stelle der nationalen Verfassungen mit ihren sehr unterschiedlichen Bezügen zu Gott und zum Christentum getreten. Nun ist die Europäische Verfassung Geschichte und der gültige Vertrag von Nizza versucht gar nicht erst, solche Fragen anzufassen.

In den drei bevölkerungsreichsten EU-Ländern Deutschland, Frankreich und Großbritannien sieht eine Mehrheit der Einwohner ihre nationale und kulturelle Identität durch die EU gefährdet.

Kurz nach der Ablehnung der Europäischen Verfassung gelang es nicht, sich auf das mittelfristige Budget der EU für die Jahre 2007 bis 2013 zu einigen. Die Nettozahler, allen voran die Niederlande, Großbritannien und Deutschland waren nicht bereit, noch stärker ihre nationalen Budgets für die EU zu belasten. Deutschland zahlt 2005 brutto 22 Mrd. Euro. Nach den Zahlungen aus Brüssel ergibt sich für uns eine Nettobelastung von 10 Mrd. Euro. Die Briten fordern die Reform der gemeinsamen Agrarpolitik, die fast die Hälfte der EU-Ausgaben verbraucht, zugunsten der gemeinsamen Forschung und Entwicklung im Kampf gegen die Arbeitslosigkeit. Und sie wollen an ihrem Beitragsrabatt von 1985 festhalten. Das kann Frankreich als größter Agrarproduzent der EU nicht hinnehmen.

Kurz vor Weihnachten 2005 gibt es nach einem heftigen Streit unter den 25 Staats- und Regierungschefs der EU einen Kompromiss. Nach Anhören der Proteste des Kommissionspräsidenten Barosso, der wesentlich mehr Geld für die Jahre 2007 bis 2013 fordert, gehen die 25 Bosse zur Tagesordnung über. Der Kuhhandel beginnt. Man trifft sich zu zweit, mal zu dritt hinter verschlossenen Türen. Es geht vor allem darum, Tony Blair dazu zu bringen, auf Milliarden Euro seines Beitragsrabatts zugunsten der EU-Kasse zu verzichten. Das gelingt teilweise. Zuhause in Großbritannien zahlt Tony Blair dafür einen hohen Preis. Die Medien fallen über ihn her. Nun ist auch für ihn klar, dass er bei der nächsten Unterhauswahl nicht mehr antreten kann.

Chirac verspricht Frankreichs Bereitschaft zu einer Reform der EU-Agrarpolitik. Sie wird der Gemeinschaft sowieso durch unsere Welthandelspartner abgetrotzt werden. Angela Merkel schlichtet den Streit zwischen Chirac und Blair auf Kosten der deutschen Steuerzahler. Unsere Bruttozahlungen an Brüssel werden sich bis 2013 von 22 Mrd. auf 33 Mrd. Euro erhöhen.

So wird dreierlei sichtbar: Zum einen, wer in Europa Koch und wer Kellner ist. Die Nationalstaaten, vertreten durch ihre Chefs, entscheiden. Zum anderen, auch sie können sich Kompromissen nicht entziehen und nur die nationale Karte ziehen. Und schließlich: Wir Deutschen ziehen uns wieder einmal die Spendierhosen an.

Europa kann nicht scheitern. Der nationale Preis dafür wäre zu hoch. Und so haben sie sich geeinigt. Die nationalen Krämerseelen haben Europas Weihnachtsstimmung gerettet.

Die Deutschen und Europa

Was ist dieses Europa im Kern? Es wird nach der Erweiterung um Bulgarien und Rumänien 22 Amtssprachen haben. Dahinter stehen nationale Kulturen, die nur in Grenzen durch die europäische Geschichte und heute durch die europäische Integration aufeinander zugehen. Dahinter stehen Volkswirtschaften mit sehr unterschiedlichem Entwicklungsstand, Wohlstandsniveaus und Lohnhöhen. Im gemeinsamen Binnenmarkt ist es den Unternehmen nicht vorzuwerfen, wenn sie ihre Produktion dorthin verlagern, wo sie kostengünstiger ist. Schließlich müssen sie sich mit ihren Erzeugnissen im globalisierten Wettbewerb aber auch auf dem europäischen Binnenmarkt behaupten. Das kann das Ansehen der europäischen Integration in den Augen der Deutschen nicht stärken.

Die Politiker Berlins argumentieren doppelbödig und unehrlich. Sie forcieren die Osterweiterung und schlagen alle Warnungen in den Wind. Wenn es dann zu den erwarteten Konsequenzen im eigenen Land kommt, versuchen sie in Brüssel gegenzusteuern, ihre eigenen Beschlüsse wenigstens teilweise wieder zurückzudrehen. Vor allem beschimpfen sie in ihrer politischen Ohnmacht die nationalen Unternehmer, die doch nur den von der Politik geschaffenen ökonomischen Rahmenbedingungen Rechnung tragen.

Im Nationalstaat fühlen sich die wirtschaftlich Schwächeren einigermaßen geborgen. Nun kommen auf viele neue soziale Unsicherheiten zu, Folge der Ausweitung der Europäischen Union. Warum sollen sie Opfer bringen für die wirtschaftlich noch Schwächeren in den osteuropäischen Beitrittsländern? Schon die Hilfe für Ostdeutschland – jährlich mehr als 80 Mrd. Euro netto – löst keine Begeisterung aus, wird aber als nationale Aufgabe murrend akzeptiert. Die Brüsseler Willensbildungsprozesse werden nicht durchschaut. Und so wachsen die Vorbehalte gegen die EU, gegen das Mit- und Gegeneinander der nationalen und der europäischen Bürokratien, das Geschacher der Mitgliedstaaten um nationale Vorteile, die Uneinigkeit über die Unterstützung der US-Invasion im Irak. Andererseits erfahren wir tagtäglich, direkt oder indirekt, wie weit die europäische Integration in unser Leben eingreift. Sie legt die Gesundheitsnormen für unsere Nahrungsmittel fest. Sie öffnet die Außengrenzen für billige Schuh- und Textileinfuhren, gut für unser Portemonnaie, schlecht für die Arbeitnehmer in diesen Branchen. Sie verbietet unserer Regierung, Not leidenden Unternehmen materiell zu helfen. Sie hat unsere DM durch den Euro ersetzt. Sie soll den deutschen Finanzminister daran hindern, immer neue „Schuldengebirge" zur Finanzierung unseres Bundeshaushalts aufzubauen, fordert aber gleichzeitig mehr Geld für die EU-Osterweiterung.

Im Gegensatz zu den Bundestagswahlen schenken die Bundesbürger – aber auch die Wähler der anderen EU-Länder – den Europawahlen keine besondere Bedeutung und Aufmerksamkeit. Sie wissen, dass sie bei dieser Wahl auf den Kurs der Europäischen Einigung bestenfalls nur indirekt Einfluss nehmen können. Eine sich auf eine parlamentarische Mehrheit im Europäischen Parlament stützende Regierung kommt nicht zustande. Obwohl der Einfluss des Europäischen Parlaments in den vergangenen Jahrzehnten deutlich zugenommen hat, ist er im Vergleich zu den Rechten der nationalen Parlamente weiterhin deutlich eingeschränkt. Es handelt sich für die Bürger um so empfundene „Nebenwahlen".

Die Bundesbürger können sehr wohl differenzieren. 12 Prozent halten die Bundestagswahlen für nicht wichtig. Dieses Urteil geben für die Europawahlen 40 Prozent der Wahlberechtigten ab. Wenn dann obendrein noch, wie bei den letzten Europawahlen am 13 Juni 2004, dieser Urnengang zu einem Plebiszit über die aktuelle Politik der Bundesregierung denaturiert, wird ein solcher Urnengang umso problematischer. Im Übrigen: Auch in den anderen EU-Ländern wird stets versucht, diesen Wahlgang national zu missbrauchen.

„Als Ursache des schwachen Interesses an der Gemeinschaftspolitik sowie dem für viele Bürgerinnen und Bürger nicht erkennbaren Nutzen der transnationalen Kooperation wurde neben demokratischen, legitimatorischen und prozessualen Defiziten sowie mangelnder Transparenz zahlreicher Institutionen und Verfahren lange Jahre auch ein Fehlen identitätsstiftender Merkmale diagnostiziert. Solche gemeinsamen Merkmale basieren in der Regel auf einer gemeinsamen kulturellen Basis, die sich wiederum durch gemeinsame Normen, Werte und Symbole auszeichnet. Nach 58 % im Jahr 1996 und

52 % im Jahr 2000 meinten zuletzt noch 46 % der Deutschen, dass es ‚trotz der kulturellen Unterschiede zwischen den einzelnen europäischen Ländern so etwas wie eine gemeinsame europäische Kultur' gibt. Zum ‚europäischen Symbol' des integrierten Staatenbundes ist mittlerweile – und wie erwartet – seine gemeinsame Währung avanciert: Zumindest dort, wo der Euro vor gut zwei Jahren als Bargeld eingeführt wurde und damit auch greifbar und völlig alltäglich in die Sphären der Bürgerinnen und Bürger vorgedrungen ist, wird das neue Geld als äußeres Kennzeichen des partiell integrierten Kontinents begriffen." (Dieter Roth/Bernhard Kornelius, „Europa und die Deutschen. Die untypische Wahl am 13. Juni 2004" in: „Aus Politik und Zeitgeschichte" B 17/2004, S. 47 f).

Allerdings gewinnt der Euro seit 1997 nur wenig an Strahlkraft hinzu. Die Einführung des Euros finde ich gut, sagen damals 30 Prozent der im Politbarometer Befragten, heute sind es knapp 40 Prozent. 50 Prozent trauern immer noch der guten, alten DM nach und finden die Einführung des Euros nicht gut. Diese Einstellung spiegelt sich auch in der Frage wider, ob unsere Mitgliedschaft in der EU uns eher Vorteile oder eher Nachteile bringt. 2004 entscheiden sich 40 Prozent für „eher Nachteile". Gut 20 Prozent erwarten „eher Vorteile". Allerdings sind alle diese Umfragen nur wenig relevant, weil deutlich wird, wie wenig sich die Befragten im „europäischen Dickicht" auskennen.

Wesentlich für eine gute Zukunft Europas ist, dass der Euro eine stabile Währung bleibt. Seine Einführung war der von Deutschland zu zahlende Preis für seine Wiedervereinigung. Ein starkes Deutschland und die allzu starke DM, das waren die Befürchtungen, könnte Europa nicht ertragen. Deutschland muss gebändigt und eingebunden werden. Das gelingt. Doch Deutschland erfüllt nicht die damaligen Befürchtungen. Es wird wirtschaftlich schwach.

Mit der deutschen Einheit und dem Verfall des Ostblocks ändert sich das „Innenleben" der Gemeinschaft. Die Erweiterung der EU hatte sich bis dahin auf westeuropäische Staaten begrenzt, die in ihrer Mehrzahl wohlhabend waren. Spanien, Portugal und Griechenland verlangten zwar materielle Hilfe, aber in einem beherrschbaren Umfang. Auch wenn die Bindung an den christlichen Glauben und die Kirchen von Land zu Land sehr unterschiedlich waren, standen sich damals in der Zeit des Kalten Krieges wenigstens in den Verlautbarungen zweitausend Jahre christliche Geschichte und Gegenwart mit ihren Normen und ihrem Gesellschaftsverständnis, der individuellen Freiheit und der Verantwortung vor Gott und den Mitmenschen und ein diese Grundlagen verachtendes totalitäres System gegenüber. Westeuropa wusste, wofür es stand, auch wenn sich der Kanon seiner überkommenen Werte abschwächte und deutlich an Prägekraft verlor.

Westeuropa wusste in der Zeit des Kalten Kriegs, für welche Werte es stand.

Das ist heute anders. Die Beendigung des Kalten Krieges hat nicht nur durch die überhastete Osterweiterung der EU neue schwere ökonomische und soziale Lasten gebracht, sondern auch ein zunehmendes Maß an geistiger Leere offenbart. Wird das vereinte Europa Bestand haben können, wenn es lediglich das Produkt eines technokratischen, eines marktwirtschaftlichen Fusionsprozesses ist, der für die meisten Vorteile bringen soll? Es kommt ganz darauf an, was der jeweilige Betrachter von Europa erwartet. Soll Europa zu einem Machtpol in der Weltpolitik werden, dann muss es mehr sein als eine Wirtschaftsunion. Dann kann es sich aber auch an solchen Zielen überheben und scheitern. Denn bei solchen Zielsetzungen tritt Europa nolens volens ein in einen knüppelharten Wettbewerb mit den USA und mit China. Europa muss dann nicht nur mit einer Stimme sprechen. Es muss seine Ausgaben für seine militärischen Fähigkeiten massiv aufstocken. Derzeit geben die 25 EU-Mitgliedstaaten für Verteidigung rund 150 Mrd. Euro jährlich aus. Das sind deutlich weniger als 40 Prozent der US-Ausgaben. Und dann sind unsere Ausgaben auch noch unwirtschaftlich, weil sie an den nationalen Streitkräftestrukturen festhalten. Großmannssucht kann nackte Fakten nicht ersetzen. Das gilt insbesondere für Deutschland und seine Forderung nach einem ständigen Sitz im Weltsicherheitsrat der UNO. Im Jahre 2004 gibt es 1,4 Prozent seines Bruttoinlandsproduktes für Verteidigung aus. Die Bundeswehr ist eindeutig unterfinanziert. Die Vergleichszahlen: Frankreich 2,6 Prozent, Großbritannien 2,8 Prozent, Italien 1,8 Prozent, die USA 4,1 Prozent. Derzeit können nur die USA weltweit eingreifen und die unkontrollierte Ausweitung der Massenvernichtungswaffen und damit die drohende Apokalypse verhindern.

Um was handelt es sich völkerrechtlich bei der Europäischen Union? Das Bundesverfassungsgericht stellt dazu 1993 fest: „Das Demokratieprinzip hindert die Bundesrepublik Deutschland nicht an einer Mitgliedschaft in einer – supranational organisierten – zwischenstaatlichen Gemeinschaft. Voraussetzung der Mitgliedschaft ist aber, dass eine vom Volk ausgehende Legitimation und Einflussnahme auch innerhalb des Staatenverbundes gesichert ist. Vermitteln – wie gegenwärtig – die Staatsvölker über die nationalen Parlamente demokratische Legitimation, sind der Ausdehnung der Aufgaben und Befugnisse der Europäischen Gemeinschaft vom demokratischen Prinzip her Grenzen gesetzt. Dem Deutschen Bundestag müssen Aufgaben und Befugnisse von substantiellem Gewicht verbleiben. Der Unionsvertrag begründet einen Staatenverbund zur Verwirklichung einer immer engeren Union der – staatlich organisierten – Völker Europas (Art.A EUV), keinen sich auf ein europäisches Staatsvolk stützenden Staat. Art. F Abs. 3 EUV ermächtigt die Union nicht, sich aus eigener Macht die Finanzmittel oder sonstige Handlungsmittel zu verschaffen, die sie zur Erfüllung ihrer Zwecke für erforderlich erachtet."

Die Europäische Union ist also ein „Staatenverbund“, kein Staat mit einem Staatsvolk. Die Union verwirklicht einen gemeinsamen Binnenmarkt mit den dazu nötigen gemeinsamen Regeln. Sie werden im Ministerrat mit qualifizierter Mehrheit festgelegt. Eine eigene Finanzpolitik hat die Union nicht. Einstimmig müssen die Mitgliedstaaten festlegen, welche Mittel der Union aus dem nationalen Steueraufkommen – die sog. eigenen Einnahmen – der Gemeinschaft zufließen. Eine Reihe weiterer Politikbereiche verlangen ebenfalls für gemeinsame Regelungen Einstimmigkeit.

Quo vadis Europa? Die Chance zur politischen Vertiefung ist nach der massiven Erweiterung der Union vertan. Kann Europa in zentralen Fragen der Weltpolitik mit einer Stimme sprechen? Zu hoffen ist es. Wird es einen harten Kern unter den EU-Ländern geben, die vorangehen? Das erwarte ich. Und so kann dann die Osterweiterung wenigstens teilweise wieder „eingefangen“ werden.

4. Die Grundlagen Europas

Die EU ist ohne die nicht angenommene Europäische Verfassung keineswegs ohne eine vertragliche Grundlage. Denn der Vertrag von Nizza gilt weiter. Die durch die Ablehnung der Verfassung eingetretenen „Verluste“ im Vergleich zu den Regelungen im Nizza-Vertrag sind geringer als behauptet. Die Kommission verliert ihr Initiativrecht für EU-Regelungen, die erst durch die Europäische Verfassung in den Zuständigkeitsbereich der Europäischen Institutionen hineingeholt werden sollten, so für Teilbereiche der gemeinsamen Außen- und Sicherheitspolitik und der humanitären Hilfe für Drittländer.

Wie bisher entscheidet der Ministerrat und mit ihm das Europäische Parlament. Seine Rechte wären in einigen Politikbereichen etwas ausgeweitet worden. Der Ministerrat hätte bei einigen Politikbereichen auf das Prinzip der Einstimmigkeit verzichtet. Auch in der Europäischen Verfassung wäre es aber für weite Bereiche bei der Einstimmigkeit geblieben: die gesamte Außenpolitik, wichtige Teile der Innen- und Justizpolitik, die Steuerpolitik, die Sozialpolitik, die Finanzierung der EU, die Aufnahme neuer Mitglieder. Zwei neue Posten werden nun nicht geschaffen. Einen EU-Präsidenten und einen EU-Außenminister wird es nicht geben.

Das eigentlich Neue in der Verfassung wäre die Grundrechte-Charta gewesen, die eine Arbeitsgruppe um Altbundespräsident Roman Herzog 1999 erarbeitet hatte und die nun Teil der Europäischen Verfassung werden sollte. Dennoch: Um eine Europäische Verfassung im eigentlichen Sinne des Wortes ging es nicht. Auch dieser Vertrag war kaum mehr als ein weiterer Schritt souveräner Staaten, um die Union funktionsfähiger zu machen. Europa bleibt mit oder ohne Europäische Verfassung eine Union unabhängiger Staaten, die sich verpflichtet haben, in einer Reihe von Politikfeldern eng zusammenzuarbeiten und die dazu gefällten Brüsseler Entscheidungen in ihrem Lande umzusetzen. Ein europäischer Bundesstaat mit einem europäischen Volk steht deutlich außerhalb der aktuellen realistischen Perspektiven der Europapolitik.

Komplizierter bleiben nach Ablehnung der Verfassung die Abstimmungsmodalitäten im Ministerrat bei Entscheidungen der 27 Mitglieder mit qualifizierter Mehrheit. Der Nizza-Vertrag sieht vor, dass dazu mindestens 258 von 345 der im Ministerrat vorhandenen Stimmen erforderlich sind, wenn es sich um eine Vorlage der EU-Kommission handelt. Deutschland mit seinen 82 Millionen Einwohnern hat 29 Stimmen, ebenso wie Frankreich, Großbritannien und Italien mit ihren jeweils etwa 60 Millionen Bürgern. Die Kleinen sind massiv überrepräsentiert. Luxemburg hat vier und Malta drei Stimmen für jeweils rund 400.000 Einwohner.

Jedes Mitgliedsland kann nach einem Beschluss im Rat überprüfen lassen, ob die Mitgliedsstaaten, die diese qualifizierte Mehrheit bilden, mindestens 62 Prozent der Gesamtbevölkerung der EU repräsentieren. Falls das nicht der Fall ist, ist dieser Beschluss unwirksam. Mehrheitsentscheidungen kommen bei 27 Mitgliedern bei strittigen Vorlagen also nicht aufgrund inhärenter Sachlogik zustande, sondern erst nach zeitraubenden Verhandlungen und Kompromissen zwischen den Mitgliedsländern. So repräsentieren zwar Deutschland, Frankreich, Großbritannien, Italien und Spanien mehr als 62 Prozent der Bevölkerung der EU, sie verfügen aber zusammen im Ministerrat lediglich über 143 Stimmen. Ihnen fehlen noch 115 Stimmen für eine qualifizierte Mehrheit. Ihr Stimmpaket würde aber ausreichen, um einen positiven Beschluss zu blockieren.

Auch die Gegner Europas wissen, dass es eine Rückkehr in die nationalstaatliche Idylle nicht geben kann. Es geht darum, sowohl die nationalistischen Ideologen als auch die europäischen Träumer zu stoppen. Den Nationalisten muss klar werden, dass alle Staaten in einem System von wechselseitigen Abhängigkeiten eingebunden sind, das ihnen anhaltend materielle aber auch ideelle Vorteile gewährt hat und das nur unter extrem hohen Kosten aufgelöst werden kann. Es ist dieses „Europa", das alle Mitgliedstaaten an ihre demokratischen Strukturen bindet, denn der EU stehen beachtliche Sanktionen zur Verfügung, um auf die Verletzung dieser Grundsätze eines Mitgliedslandes zu reagieren.

Den Europaträumern muss klar werden, dass die Europäische Integration ihre geographischen Grenzen haben muss und dem Nationalstaat vor allem im Bewusstsein der Bürger noch lange nicht der Abschied gegeben werden kann. Wer die Marschgeschwindigkeit auf dem Wege zu weiterer Einheit forciert, kann ganz schnell sein eigenes Endziel „Europa" gefährden.

In dieser schwierigen Gemengelage befinden wir uns. Weiterhin haben die Bürger für die absehbare Zukunft eine nationale Identität. Nicht mehr in der Aggressivität der schrecklichen europäischen Vergangenheit, aber in Sachfragen durchaus spürbar. Insbesondere, wenn es um wirtschaftliche und soziale Vor- oder Nachteile geht. Da löst sich die sicherlich rudimentär vorhandene europäische Identität sofort ganz oder teilweise auf. Die „Alteuropäer" der westeuropäischen Fünfzehner-Gemeinschaft haben untereinander eine größere europäische Identität, auch eine Bereitschaft zur Solidarität mit ihren Partnern als gegenüber den neu Hinzugekommenen. Jede weitere Erweiterung der EU führt zwangsläufig zu einer wenigstens vorübergehenden Schwächung der europäischen Identität.

Europas Seele

Im Jahre 2005 hat die von der EU-Kommission eingesetzte „Europäische Gruppe zu Fragen der Ethik in den Wissenschaften und den neuen Technologien“ in ihrem Tätigkeitsbericht 2000-2005 auch die Frage untersucht, ob die Europäische Union gemeinsame Werte benötigt? Ihre Antwort ist eindeutig: „Was hält eine Union von Staaten zusammen? Keineswegs nur die Geographie, keineswegs nur ein herausragender Führer, keineswegs nur der Besitz beherrschender Waffen, nicht einmal eine gemeinsame Vergangenheit. Tatsächlich spielen Normen und Werte die zentrale Rolle bei der Integration der Mitglieder der Europäischen Union.“

„Eine Gesellschaft kann nur auf Dauer überleben, wenn sie über ein Minimum an gemeinsamen Werten verfügt. Sonst zerfällt sie wieder in ihre sozialen Bruchstücke.“

Die Europäische Union muss dieses Minimum gemeinsamer Werte ausbauen. Auch wenn wir wissen, dass diese multikulturelle und multiethische Gemeinschaft in absehbarer Zeit keine einheitliche Wertegemeinschaft werden kann. Hier liegt ihre Schwäche, aber auch ihr besonderer Charakter. Gefragt nach der eigenen Identität fühlen im Jahre 2004 sich 79 Prozent der befragten Jugendlichen zwischen 18 und 25 Jahren sehr stark ihrer Heimatnation verbunden, so das Ergebnis einer von der EU-Kommission in Auftrag gegebenen Untersuchung. Das EU-Europa ist für sie weit weg und kaum zu verstehen.

Die Entwicklung der in Ansätzen vorhandenen europäischen Identität ist nur im ökonomischen und im außen- und sicherheitspolitischen Kontext möglich. Um die Entwicklung einer europäischen Identität im Bereich der Kultur und der Religion geht es noch lange nicht. Identität lässt sich nicht von oben verordnen. In der Wirtschafts- und der Sozialpolitik wie in der Außen- und der Sicherheitspolitik erfahren die Bürger Europas, dass dieser Kontinent gemeinsame Anliegen und gemeinsame Interessen hat. Das schafft die Basis für eine sich entwickelnde europäische Identität.

In den Bereichen Kultur und Religion ist das anders. Europäische Identität muss neben den bestehenden Identitäten zu Familie, Freundeskreis, Heimat und Nation wachsen. „Europa eine Seele geben", kann als Fernziel gewollt werden, dazu können günstige Rahmenbedingungen mithelfen. Doch auch in diesem Falle kann „Seele" nicht von außen verordnet werden. Europas „Seele" wird vielschichtig bleiben. Die 22 EU-Sprachen sind ihr „Humus". Eine europäische Leitkultur wird es nicht geben. Und das ist gut so.

Eine künftige europäische Identität könnte auf das gemeinsame Erbe des Kontinents zurückgreifen, das heute allerdings durch die unverzichtbaren Grundwerte der Demokratie, der Freiheit, der Gleichheit der Bürger vor dem Gesetz Weltgeltung erlangt und in die internationalen Verträge Eingang gefunden hat. Problematisch ist es, die Identität der Europäer auf das christliche Erbe zurückführen zu wollen. Mit diesem „christlichen Erbe" haben nicht nur die Laizisten in Frankreich ihre Probleme, auch die Historiker können bei genauem Hinsehen nur wenig vom gemeinsamen christlichen Erbe entdecken. Die Völker haben seit Jahrhunderten im Namen der national missbrauchten heiligen Dreieinigkeit immer wieder brutal aufeinander eingeschlagen. Und die Kirchen haben dabei auf der Seite der Kriegsparteien kräftig und nationalistisch mitgewirkt.

Auch die Kirchen wissen heute, dass ein simpler Bezug auf das christliche Erbe Europas weder der Wahrheit entspricht, noch eine Antwort auf die Herausforderungen unserer Zeit ist. Geschichte wiederholt sich nicht. Eine europäische Religion gibt es nicht. Dieser Kontinent hat viele, in der Zahl weiter zunehmende Religionsgemeinschaften. Sie alle sind – auch die römisch-katholische Kirche – in der jeweiligen regionalen oder nationalen Kultur eingesiedelt. Die geschaffenen Verbindungen nationaler Kirchen auf der Ebene der EU ändern daran nichts. Sie sind kaum mehr als Clearingstellen zum wechselseitigen Meinungsaustausch und dienen der Interessenvertretung gegenüber den europäischen Institutionen. Dabei geht es mehr um die Wahrung der nationalen Interessen als um ihren sowieso recht begrenzten Einfluss auf den weiteren Prozess der europäischen Integration.

Eine europäische Identität kann nicht von oben herab verordnet werden. Eine europäische Leitkultur wird es deshalb nicht geben.

Gilt das auch für die katholische Kirche mit ihrem Papsttum? Auch sie hat sich ein besonderes EU-Instrument zugelegt, um auf die Brüsseler Politik ein sorgfältiges Augenmerk werfen zu können. Eine Weltkirche kann ihre durchaus unterschiedlichen Regionalinteressen nicht allein zentral in Rom wahrnehmen.

Im Europa der 25 sind Mitte 2005 nach den Angaben des Vatikans mehr als 50 Prozent seiner Bürger Katholiken. Fast 30 Prozent sind nicht religiös, gut 13 Prozent sind Protestanten. Danach folgen die Muslime mit 4 Prozent, 3 Prozent sind Orthodoxe. Daraus leitet die katholische Kirche ihre besondere Verpflichtung ab für die Zukunft dieses Europas, aber auch für die Versöhnung und die Zusammenarbeit der Christen in der EU.

„Drei Voraussetzungen müssen gegeben sein, um den Dialog zwischen den unterschiedlichen Konfessionen fruchtbar werden zu lassen:

1. Notwendig ist die Bereitschaft zur Selbstkritik. ... Wir alle brauchen Versöhnung und Vergebung für unsere eigenen Fehler und die der katholischen Kirche. ...

2. Wir müssen unsere Bereitschaft zur Übernahme von Verantwortung füreinander weiterentwickeln. ... Ich bin dankbar für den positiven Beitrag, den die katholische Kirche bei den neuesten konstruktiven und kritischen Debatten mit der Öffentlichkeit und den politischen Entscheidungsträgern über den Artikel 51 des Entwurfs der Europäischen Verfassung (Gottesbezug) geleistet hat.

3. Das Ziel des Gemeinwohls muss uns immer wieder beschäftigen. Das Gemeinwohl findet seine Quelle in der christlichen Lehre und will alle gesellschaftlichen Gruppen einbeziehen. ...“ (Adrianus van Lyn, in „L'Europe une societé a inventer“, Paris 2003, S. 95).

Wenn die katholische Kirche vom Christentum spricht und davon, dass Europa eine Seele braucht, stellt sie sich selbst in das Zentrum ihrer Hoffnungen auf eine christlich geprägte EU. Ihre Überzeugung ist eindeutig. Sie vertritt bei allen Irrungen und Fehlern in der Vergangenheit christliche Gegenwart und Zukunft. Wenn ihre Vertreter heute von Ökumene sprechen, denken sie vor allem an die Rückkehr der anderen in das gemeinsame Haus der katholischen Kirche.

Und das ist ihre Überzeugung: „Eine gemeinsame europäische Kultur und eine europäische Wertegemeinschaft sind nur auf der Grundlage des Christentums möglich. Daraus ergibt sich die Forderung nach einer Neu-Evangelisierung Europas. Die katholische Europaidee knüpft an die karolingische Reichsidee an. Sie ist im Ansatz monistisch. Die Kirche ist dabei für die geistigen Grundlagen zuständig. Sie sichert die Gemeinsamkeit von Glaube und Kultur und stiftet so eine europäische Identität. Mit dieser imponierenden Konzeption verglichen stellt Europa für den Protestantismus eine Verlegenheit dar. ...

An die Stelle des Einheitskonzepts eines christlichen Abendlandes tritt seine kulturelle und geistige Vielgestaltigkeit. Diese Vielfalt verbindet sich schließlich mit den nationalen und kulturellen Besonderheiten und Selbstbildern europäischer Völker und Staaten. Evangelische Kirchen sind landeskirchlich ausgerichtet. Es gibt keinen übergreifenden europäischen Protestantismus. Dies befördert kleinteiliges Denken. Eine evangelische Blockbildung in Europa ist allein schon deshalb ausgeschlossen. Von einem spezifisch protestantischen Europakonzept kann deshalb nur ansatzweise die Rede sein. Bessere ökumenische Zusammenarbeit der evangelischen Kirchen in Europa wird allerdings angestrebt und vorangetrieben. Dazu fehlen zum Teil noch institutionelle Strukturen der Kooperation und Kommunikation. Problematisch wäre es überdies, wenn der Protestantismus in Europa sich nur als Anwalt des ‚sozialen' Europas verstehen und betätigen wollte und die kulturelle Aufgabe vernachlässigen würde. Ohne Selbstverständigung und Klärung unter den evangelischen Kirchen in Europa kommt kein bedeutsamer protestantischer Beitrag zustande." (Martin Honecker, „Profile-Krisen-Perspektiven – Zur Lage des Protestantismus", Göttingen 1997, S. 198 f).

Diese protestantische „Bescheidenheit" ist allerdings fehl am Platze. Die monolithische katholische europäische Kirche gibt es in der Realität nicht. Sie hat zwar eine mächtige Zentrale mit beachtlichen Einfluss- und Weisungsmöglichkeiten. Daraus entsteht aber keineswegs automatisch christliche Macht in den Mitgliedsstaaten der EU und auf der Ebene der EU und damit Macht und Einfluss auf die nationale Politik zuhause und in Brüssel und auf das Gewissen und das Verhalten ihrer Kirchenmitglieder. Ihre Stellung ist von Land zu Land sehr unterschiedlich. Auch für die nationalen katholischen Kirchen gilt: Die Erosion der Großkirchen wird sich, wenn auch von Land zu Land durchaus unterschiedlich ausgeprägt, fortsetzen. Der christliche Glaube muss darunter nicht leiden. Der kirchliche Einfluss auf das individuelle Sexualverhalten sehr wohl. Die gesellschaftlich bindenden Grundwerte, ohne die ein Land nicht leben kann, werden sich weiterentwickeln. In dem einen europäischen Land deutlich stärker von den christlichen Grundwerten geprägt als in dem anderen.

Nach den Ergebnissen eines Sonder-Eurobarometers der EU-Kommission vom Juni 2005 stimmen zwar 51 Prozent der Befragten dem Satz zu: „Ich glaube, dass es einen Gott gibt". Doch diese Zahl verdeckt ein breites Spektrum. 95 Prozent der befragten Bürger Maltas aber nur 16 Prozent der Bürger Estlands bejahen diese Frage. Deutschland besetzt mit 48 Prozent einen Platz im Mittelfeld.

Zu einem ähnlichen Ergebnis kommt eine Umfrage aus dem Jahre 2003 des Washingtoner Pew Research Center (siehe Michael Mertes, „Europäische Sonderwege, Die westliche Wertegemeinschaft lebt sich auseinander", in: „Internationale Politik", November 2005, S. 117 ff). Auf die Frage „muss man an Gott glauben, um moralisch zu sein", antworten 60 Prozent der Polen, 66 Prozent der Deutschen und 86 Prozent der Franzosen mit Nein. Dazu stehen die Türken und die Bürger der USA in klarem Gegensatz. 84 Prozent der Türken sagen Ja, lediglich 15 Prozent Nein. In den USA ist die Relation 58 zu 40 Prozent.

In Europa verliert Gott in den Herzen seiner Bürger zunehmend seine zentrale Bedeutung.

Gott verliert zunehmend in Europa in den Herzen seiner Bürger seine zentrale Bedeutung. Werden wir zu einem laizistischen Kontinent? Befinden wir uns damit auf einem Sonderweg, der uns von den USA und dem Rest der Welt unterscheidet? Eins allerdings ist klar: „Der Rest der Welt strebt nun einmal nicht nach postreligiösen und postnationalen Ufern. Ob man das begrüßt oder bedauert – es bekräftigt die nicht mehr ganz neue Einsicht, daß die Welt wenig Neigung hat, an Europas Wesen zu genesen" (Mertes, aaO, S. 123).

Europas Kirchen

Friedenssicherung im Kalten Krieg

Die Aufgabe der Friedenssicherung durch den Zusammenschluss Westeuropas hat „Europa" bis zum Ende des kalten Krieges erfüllt. Westdeutschland wurde eingebaut, die sowjetische Bedrohung beherrscht. Immer wieder haben sich Moskaus Herrscher durch Drohgebärden um den Fortgang der westeuropäischen Integration verdient gemacht. Und in diesem Kalten Krieg hat sich die katholische Kirche im Gegensatz zu den unsicheren Kantonisten, den „fellow travellers“ im protestantischen Lager, durchaus profiliert und Verdienste erworben.

Über lange Zeit haben sich die Kirchen nur sehr wenig für die europäische Integration interessiert. Sie war vor allem ein Instrument, um die Volkswirtschaften ihrer Mitgliedsländer zu verbinden zum Nutzen der Wohlfahrt ihrer Bürger. Das muss nicht unbedingt das offizielle Interesse der Kirchen wecken. Anregender war da schon der Beitrag, den „Europa“ im Kampf gegen den sowjetischen Totalitarismus mit seinen atheistischen Überzeugungen leisten sollte. Es verwundert nicht, dass die katholische Kirche schon sehr frühzeitig die Auseinandersetzungen um die geistigen Grundlagen der europäischen Integration aufnimmt. Es geht für sie um die angeblich im Christentum begründeten Bürgerrechte im Kampf gegen die inhumanen Kräfte der marxistischen Reaktion.

Dazu erklärt Kardinal Höffner 1978: „Der wirtschaftliche Austausch, der soziale Ausgleich und die übergreifenden politischen Institutionen werden auf die Dauer nur lebensfähig sein, wenn sich die Völker und Nationen auf ihr gemeinsames geistig-kulturelles Fundament besinnen, wenn Europa seine Kraft aus jenen Wertgrundlagen schöpft, die zwar im Laufe einer langen Geschichte häufig verdunkelt und verschüttet wurden, die aber trotz der zahlreichen Streitigkeiten und Kriege, trotz der Eifersüchteleien und Gegensätze, trotz aller Theorien und Ideologien die Seele Europas geprägt haben und die auch heute und morgen eine Hoffnung für die ganze Welt sein können. Die Seele Europas ist von vielen geistigen Einflüssen mitgeformt worden, von den Werten, die die griechischen, die römischen, die keltischen, die germanischen und die slawischen Völker eingebracht haben. Wenn wir aber von einem gemeinsamen Erbe, das uns Auftrag und Verpflichtung ist, sprechen, ist es vor allem der christliche Glaube, der über alle Unterschiede und Grenzen hinweg als einheitstiftende Kraft gewirkt hat“ (Rauscher (Hg), „Christen in Europa“, S. 147).

Der Kampf um die Seele Europas musste allerdings bereits damals vor allem auf nationaler Ebene geführt werden gegen den Säkularismus, den Atheismus im Allgemeinen, dann aber speziell gegen den italienischen Euro-Kommunismus, den Neo-Marxismus in Westdeutschland, die marxistische Versuchung der französischen Katholiken. Deutlich wird damit: Das Ringen um Europas Seele, besser um die geistige Orientierung der Bürger der Europäischen Union kann nicht abstrakt und damit losgelöst von den nationalen Milieus geführt werden. Das gilt bereits 1978 dem damaligen Kleineuropa, und umso mehr heute dem Europa der Siebenundzwanzig.

Friedenssicherung heute

Doch um was geht es beim Grundwert der Friedenssicherung heute? Wir können weiterhin nicht auf die Bereitstellung militärischer Gewalt für die weltweite Friedenssicherung verzichten. Doch sie hat nur dann einen Sinn, wenn sie die Voraussetzungen dafür schafft, die Ursachen für Völkermord, Ausbeutung, Verletzung der Menschenrechte zu beseitigen. Die Uno, die Nato, Koalitionen von Nationalstaaten spielen hier eine besondere Rolle. Die EU kommt auch ins Spiel, doch eher als eine Exekutive der Absichten der Nationalstaaten als eine originäre Kraft europäischen Willens.

Die Kirchen müssen einen wichtigen Part übernehmen. Das Liebesgebot steht im Mittelpunkt der christlichen Lehre. So müssen die Kirchen für die Nächstenliebe, die Toleranz dem Nächsten gegenüber eintreten, dem individuellen und dem nationalen Egoismus entgegenwirken. Europa darf nicht zu einer Wohlstandsfestung gegenüber der Dritten Welt werden. Das Liebesgebot verbindet sich aber auch mit der demokratischen

Forderung nach Religionsfreiheit. Nur wenn die Mehrheit der europäischen Bürger und Europas Kirchen die multiethische und die multikulturelle Gesellschaft akzeptieren, kann der innere und der äußere Friede gewahrt bleiben. Deshalb ist es auch wichtig, dass alle Kirchen der EU die Religionsfreiheit akzeptieren als wesentliches Recht im Kanon der unveräußerlichen Menschenrechte.

Die Menschenrechte müssen nach dem Willen der Kirchen von der Europäischen Union gesichert werden. Sie muss weltweit für ihre Durchsetzung kämpfen. Weltweit können das immer noch eher die Nationalstaaten machen, vielleicht auch gemeinsam über die EU-Institutionen. Innerhalb der Union wird es andererseits kaum Auseinandersetzungen über die Durchsetzung der Menschenrechte in der EU geben. Sie sind Teil der Verfassungen der Mitgliedsländer und waren in die obsolet gewordene Europäische Verfassung aufgenommen worden.

Europa darf nicht zu einer Wohlstandsfestung gegenüber der Dritten Welt werden.

Am 22. April 2001 haben in Straßburg die Präsidenten der KEK (Konferenz Europäischer Kirchen) und des Rats der COMECE (Rat der katholischen Europäischen Bischofskonferenzen) die Charta Occumenica unterzeichnet: „Als Kirchen wollen wir gemeinsam den Prozess der Demokratisierung in Europa fördern. Wir engagieren uns für eine Friedensordnung auf der Grundlage gewaltfreier Konfliktlösungen. Wir verurteilen jede Form von Gewalt gegen Menschen, besonders gegen Frauen und Kinder. Zur Versöhnung gehört es, die soziale Gerechtigkeit in und unter allen Völkern zu fördern, vor allem die Kluft zwischen Arm und Reich sowie die Arbeitslosigkeit zu überwinden. Gemeinsam wollen wir dazu beitragen, dass Migranten und Migrantinnen, Flüchtlinge und Asylsuchende in Europa menschenwürdig aufgenommen werden. Wir verpflichten uns, jeder Form von Nationalismus entgegenzutreten, die zur Unterdrückung anderer Völker und nationaler Minderheiten führt und uns für gewaltfreie Lösungen einzusetzen; die Stellung der Gleichberechtigung der Frauen in allen Lebensbereichen zu stärken sowie die gerechte Gemeinschaft von Frauen und Männern in Kirche und Gesellschaft zu fördern."

Diese Forderungen der europäischen Kirchen am 22. April 2001 haben keinen spezifischen EU-Hintergrund, auch wenn sie ein wichtiges politisches Leuchtfeuer für ihre Mitgliedsländer sind. Sie übernehmen einzeln und auch gemeinsam die Verantwortung dafür, dass diese Forderungen in die politische Realität umgesetzt werden und soweit wie möglich über Europa hinaus weltweite Geltung erlangen.

Europa hat die Perversionen seiner Vergangenheit, den Marxismus-Leninismus und den menschenverachtenden Faschismus hoffentlich auf Dauer überwunden, aber nur dank der Mithilfe und Opferbereitschaft der USA. Grundwerte europäischer Identität haben überlebt und sind zur Abwehr zukünftiger Gefahren totalitärer Bedrohung Elemente der europäischen Integration geworden. Das ist ein wichtiger Teil europäischer Gemeinsamkeit. Und dennoch schafft das keine spezifisch europäische Identität, insbesondere nicht in einer freiheitssichernden Außen- und Sicherheitspolitik, die ohne die USA nicht handlungsfähig wird.

Dieser Kontinent ist nicht mehr unverwechselbar gegenüber den anderen Zivilisations- und Kulturkreisen. Die US-Einflüsse auf Europa nehmen zu, von der Vielfalt der christlichen Religionsgemeinschaften, die bei uns erfolgreich missionieren, über Kleidung und Musik bei den Jungen bis hin zu der zunehmenden Rolle US-amerikanischer Anglizismen in der Vielfalt der europäischen Sprachen. Selbst Asien wirkt wie im Mittelalter weiter auf unsere europäische Identität, insbesondere im Bereich unseres Glaubens. Kann es angesichts dieser Einflüsse überhaupt eine europäische Seele geben, die diesem Kontinent eigen ist?

Die größte Herausforderung unserer Zeit ist der wachsende, ungebremste Egoismus, die Individualisierung des menschlichen Handelns nach dem Motto: „Ich, ich und nochmals ich."

Der Mensch ist von seiner Bestimmung und seiner Anlage her ein Wesen, das nach Gesellung strebt. Das muss sich dann aber auch in seinem Verhalten seinen Mitmenschen und der ihn umgebenden Gesellschaft gegenüber ausdrücken. In diesem Bereich liegt die zentrale Aufgabe der Kirchen. Mit Gesetzen und der Polizei kann kaum etwas geändert werden. „Warum soll ich gut sein, wenn es keinen Gott gibt? … So ist das Christentum die einzig gesellschaftlich relevante Gruppierung, die noch eine Begründung dafür liefert, warum man eigentlich keine Bank ausräumen soll – wenn es absolut sicher wäre, dass man nicht erwischt würde" (Manfred Lütz, „Der blockierte Riese", München 2001, S. 129 f).

Diese Verknüpfung von Christentum und gesellschaftlicher wie individueller Moral ist allerdings gewagt. Ist die US-Gesellschaft mit ihrem eindrucksvollen Bezug auf Gott so viel moralischer als die Menschen und ihre Gesellschaften in Westeuropa? Präsident Bush führt im Irak einen hoffnungslosen Krieg, den er und seine Regierung mit Lug und Trug vorbereitet haben und der für viele Menschen Elend und Tod zur Folge hat. Seine Bezüge auf unseren Herrgott sind für mich blasphemisch. Die Verletzung der Menschenrechte Terrorverdächtigen gegenüber macht deutlich, dass christliches Bekenntnis und die Beachtung christlicher Grundwerte sehr wohl auseinander fallen können.

Die Kirchen haben die Aufgabe, in allen EU-Ländern für die Sicherung der menschlichen Grundwerte einzutreten und damit gleichzeitig ihre christliche Botschaft zu verbinden und zu verkünden. Bequem und angenehm ist das nicht immer. Und es gelingt auch nicht immer. Den Armen materiell zu helfen, das ist Nächstenliebe. Das müssen die Kirchen fordern.

Wenn sie die immer wieder in den Dreck getretene eheliche Treue nicht anmahnen, wer soll das dann an ihrer Stelle tun? Sie muss den Mut zum Kind und damit zur ernsthaften Mutter- und Vaterschaft fordern, dabei aber auch mit allem Nachdruck die unabdingbaren ideellen und materiellen Hilfen der Gesellschaft und des Staates einklagen und selbst mit gutem Beispiel vorangehen. Allein hier wird deutlich, dass das Aktionsfeld der Kirchen fast ausschließlich im nationalen Bereich liegt. Und wie unterschiedlich sich die Lage von Land zu Land darstellt. Europas Seele ist bestenfalls die Summe der nationalen Werte, die allerdings durchaus aufeinander einwirken.

Die Amerikaner führen im Irak einen hoffnungslosen Krieg, den ihre Regierung mit Lug und Trug vorbereitet hat.

Papst Benedikt XVI. hat für die Seele Europas drei Grundwerte reklamiert, die unverzichtbar sind und die für europäische Identität stehen: die uneingeschränkte Menschenwürde, die Menschenrechte, die über jeder staatlichen Gesetzgebung zu stehen haben. Die Ehrfurcht vor Gott, die auch demjenigen zumutbar ist, der nicht an ihn glaubt. Ehe und Familie als grundlegende Ordnungsgestalt des Verhältnisses von Mann und Frau. In diesem Punkte scheiden sich im besonderen Maße die Geister. Der Papst bedauert die Entwicklung zur Ehescheidung als Normalfall, zum Zusammenleben ohne Trauschein. Für ihn ist die Homoehe eine Verletzung der bisherigen moralischen Geschichte der Menschheit und die Auflösung des christlichen Menschenbildes mit schwerwiegenden Folgen für unsere Gesellschaft und ihren Zusammenhalt.

Eine Reihe von EU-Staaten ist bereits diesen kritisierten Weg gegangen, darunter auch mehrheitlich katholisch geprägte. Eine Reihe protestantischer Kirchen hat die faktische Gleichstellung der Homoehe mit der von Gott gewollten Verbindung von Mann und Frau vollzogen. Beide können kirchlich in gleicher Weise gesegnet werden. Nichts macht deutlicher, wie weit sich die EU-Länder moralisch auseinander entwickeln und wie wenig es möglich wäre, Europa eine einheitliche Seele zu geben.

Ihre nationalen Anker

Wie sollen sich die Kirchen angesichts ihrer nationalen Verankerung zur Europäischen Union stellen? Wir haben es in Europa mit sehr unterschiedlichen nationalen Kulturen auch Religionskulturen zu tun. Das hat viel mit den sehr unterschiedlich gestalteten Beziehungen zwischen Staat und Kirche zu tun. Die strikte Trennung zwischen Staat und Kirche, die laicité, hat in ihren historischen Ausprägungen bis in unsere Zeit hinein sehr spezielle Konsequenzen für die nationalen Religionskulturen. Ihnen stehen Länder gegenüber, die über die Jahrhunderte Staatskirchen hatten und faktisch auch heute noch haben. Daneben treffen wir auf Mischformen, die vor allem dadurch bestimmt sind, dass der Staat für die großen Kirchen Leistungen erbringt wie die Einziehung der Kirchensteuern oder die Finanzierung ihrer theologischen Ausbildungsstätten an den nationalen Universitäten.

Einerseits wollen die Kirchen die Europäische Union theologisch nicht „links liegenlassen". Andererseits haben sie genauso wie die Mitgliedstaaten und viele ihrer Bürger große Sorgen davor, dass der „Moloch Europa" immer neue Befugnisse an sich reißt und damit ihre nationalen Besonderheiten, insbesondere ihre Privilegien antastet. Und so unterstreichen die Kirchen in ihren Stellungnahmen die folgende Festlegung Brüssels: „Die Europäische Union achtet den Status, den Kirchen und religiöse Vereinigungen in den Mitgliedsstaaten nach deren Rechtsvorschriften genießen und beeinträchtigen ihn nicht. Die Europäische Union achtet den Status von weltanschaulichen Gemeinschaften in gleicher Weise."

Mit dieser Erklärung erkennt die Europäische Union die

Bedeutung und Vielfalt der unterschiedlichen staatskirchenrechtlichen Systeme in den Mitgliedsstaaten an, „mit der Folge, dass die Auslegung und Anwendung des Gemeinschaftsrechtes die Stellung der Religionsgemeinschaften nach mitgliedstaatlichem Recht nicht beeinträchtigen darf." (Müller-Graff, (Hg), „Kirchen und Religionsgemeinschaften in der EU", S. 167).

Völlig zufrieden gestellt sind die Kirchen nicht. Ihre Befürchtungen konzentrieren sich vor allem auf mögliche Gegensätze zwischen dem Recht der EU im Kampf gegen jedwede Diskriminierung und der nationalen, auch deutschen Rechtspraxis, die die rechtlichen Spielräume der nationalen Kirchen durchaus einengen können. Denn das wissen die Kirchen natürlich auch: Wenn die 27 Mitgliedsstaaten im weiteren Vollzug der europäischen Integration darauf bestehen sollten, integral an ihren nationalen Rechtsordnungen festzuhalten, insbesondere Partikularinteressen zu schützen, wird das Werk scheitern. Da das kein Mitgliedsland ertragen kann, werden europäische Regelungen gefunden werden müssen. Das kann dann auch nationale Sonderregelungen der Kirchen berühren.

Als Beispiel wird darauf hingewiesen, dass die beiden großen Kirchen genauso wie alle anderen Religionsgemeinschaften in Übereinstimmung mit dem deutschen Arbeitsrecht darauf bestehen, dass ihre Beschäftigten – es handelt sich allein in Deutschland um Hunderttausende – ihrer Religionsgemeinschaft angehören müssen, wollen sie ihren Arbeitsplatz behalten. Das gilt auch für eine entsprechende Lebensführung, die der jeweiligen Position der Kirche entspricht. Bisher haben die beschlossenen EU-Regelungen diesen Tatbeständen Rechnung getragen. Es gibt aber die nicht unberechtigte Sorge, dass Europa auf lange Sicht solche „diskriminierenden" Sonderregelungen abbauen wird. Denn solche Sonderregelungen zugunsten der Kirchen gibt es in anderen EU-Ländern nicht. Das laizistische Frankreich hält sich da raus. Daraus, dass ein Kirchenfunktionär zum Islam übertritt, lässt sich vor Gericht kein Kündigungsgrund ableiten.

Eine europäische Staatlichkeit und auch ein real wirkendes europäisches Bürgertum wird es zu unseren Lebzeiten nicht geben. Damit fehlt den Kirchen auf der europäischen Ebene ihr Gegenüber. Ihre personellen Bezüge zu ihren Gläubigen und den Gemeinden bleiben regional oder national. Insofern ist die Formel vom christlichen Abendland inhaltslos. Die Mehrheit der Bürger Europas bezeichnet sich immer noch als Christen. Der Einfluss der Kirchen ist dagegen weiter auf dem Rückzug.

Wie sollen sich die großen europäischen Konfessionen zur Europäischen Union stellen? Organisatorisch sind sie gut aufgestellt. Die katholische Kirche verfügt über die COMECE (Kommission der Bischofskonferenzen der Europäischen Union). Die Orthodoxie, die anglikanische Kirche, evangelische, reformierte und evangelisch-freikirchliche Kirchen haben sich in der KEK (Konferenz Europäischer Kirchen) zusammengeschlossen. Daneben gibt es eine Reihe weiterer Institutionen, die die kirchliche Arbeit vernetzen und Sonderaspekte bearbeiten sollen.

Eine wesentliche Aufgabe dieser Institutionen besteht darin, die Interessen der ihnen angeschlossenen Kirchen bei den relevanten Brüsseler Beschlüssen zu vertreten. In den Verträgen ist allerdings keine Form der Anhörung der Kirchen, auch nicht die Vorlage kircheneigener Vorschläge, vorgesehen (Fürst, (Hg) „Christenheit-Europa 2000", S. 189). Das unterscheidet die Religionsgemeinschaften von den Sozialpartnern, deren Anhörung im Vertrag verbindlich vorgeschrieben ist. Die Kirchen können allerdings auf den Dialog mit den europäischen Institutionen hoffen.

Um was geht es dabei vor allem? Die Kirchen werben dafür, dass sich die Europäische Union nicht wirtschaftlich und sozial abschottet. Sie soll ihre weltweit ökonomische und ökologische Verantwortung übernehmen. Damit wird deutlich, dass aus Sicht der Kirchen Europa eine besondere Verantwortung für die Welt gegeben ist. Die Verbindungslinien zum bestehenden weltweiten Engagement der Kirchen werden sichtbar. Eine „Festung Europa" darf es nicht geben. Europa ist reich genug, um am Ziel weltweiter Gerechtigkeit auch durch eigene Opfer mitzuarbeiten.

Europa soll nach der Überzeugung der Kirchen im Innern zu einem neuen Sozialraum werden. Dabei geht es um Solidarität, Partizipation, Gleichheit und Offenheit als Grundpfeiler für eine europäische Sozialordnung. Mit solchen Forderungen sind die Kirchen weit von den Realitäten der EU entfernt. Die Sozialpolitik bleibt weiterhin in der Zuständigkeit der Mitgliedsstaaten, wenn auch die Freizügigkeit der EU-Bürger gesichert ist. Mitbestimmung und der Einfluss der Arbeitnehmer, die Rechte der Gewerkschaften sind von Land zu Land sehr unterschiedlich. Der Streit um die Transferzahlungen, also um die Finanzierung der EU zeigt überdeutlich, wie stark der Solidarität zwischen den Mitgliedsländern Grenzen gesetzt sind.

Die Union gründet sich ‚im Bewusstsein ihres geistig-religiösen Erbes'. Pikant ist, dass sich dieser Begriff in den anderen Amtssprachen des Vertrages nicht wiederfindet.

Die Katholiken vermissen in der obsolet gewordenen Europäischen Verfassung die Festschreibung der besonderen Bedeutung von Ehe und Familie, wohl auch um die Gleichstellung homoerotischer Partnerschaften mit der Ehe durch die Gesetzgebung einer Reihe von Mitgliedstaaten abzuwehren. Doch genau das ist nicht von Brüssel, sondern von ihnen zu regeln.

Die katholische Kirche hat sich nicht durchsetzen können mit ihrer Forderung für eine Präambel der europäischen Verfassung mit einem ausdrücklichen Bezug auf Gott. Vordergründig ist diese Forderung an der französischen Position der

Sicherung der „laicité" auch in der EU-Verfassung gescheitert. Wesentlicher ist aber für diese nur mäßig von den anderen EU-Ländern unterstützten Forderung eines Gottesbezuges die Tatsache, dass für die meisten Regierungen eine solche Formulierung nicht bedeutend genug war, um dafür den großen Streit mit Frankreich auszulösen.

Nun müssen sich die Christen damit zufrieden geben, dass sich die Union gründet „im Bewusstsein ihres geistig-religiösen Erbes". Pikant ist, dass sich der Begriff „religiöses Erbe" in den anderen Amtssprachen der Charta der Grundrechte von 2002 nicht wiederfindet. Im Englischen heißt es „spiritual and moral heritage", im Französischen „patrimoine spirituel et moral".

Wachsender Realismus

Die Forderung: „Europa eine Seele geben", kommt vor allem aus dem Zeitabschnitt europäischer Integration, in dem die Europäische Wirtschaftsgemeinschaft wenigstens aufgrund der beschlossenen Vertragstexte, erstmals durch den Vertrag von Maastricht im Jahre 1992, zur Europäischen Union mutiert. Neu in der Tat ist der Euro, der eine Reihe nationaler Währungen ersetzt. Ansonsten geht es um viel europäische Schaumschlägerei. Denn die europäische Sicherheits- und Außenpolitik ebenso wie die polizeiliche und justizielle Zusammenarbeit haben noch einen langen und unsicheren Weg vor sich, ehe sie einen Beitrag zur Stärkung der europäischen Identität leisten können. Einmal mehr ist in „Europa" der Wunsch der Vater des Gedankens. Die überstürzte Osterweiterung der EU lässt die Forderung nach einer europäischen Identität, gar „Europa eine Seele geben" deutlich in den Hintergrund treten. Ganz zu schweigen von der Absicht einer Reihe von Mitgliedstaaten, auch der bundesdeutschen, die Türkei als Vollmitglied aufzunehmen.

Kann es also überhaupt so etwas wie eine Seele Europas geben und was können die Kirchen dazu beitragen? Die rituelle Beschwörung der europäischen Geschichte führt in die Irre, insbesondere auch deshalb, weil die europäische Geschichte auch und insbesondere durch anhaltende religiös begründete Kriege zeigt, was das christliche Abendland auch war: Der brutale Kampf um Vormacht ohne Rücksicht auf die europäischen Menschen und ohne Beachtung christlicher Nächstenliebe.

Die katholische Kirche scheint vorsichtig von ihren Forderungen nach europäischer Identität als einem Wesensmerkmal der europäischen Seele abzurücken. Diese Forderung von Jacques Delors beinhaltete schließlich auch den Versuch der Funktionalisierung von Religion für den europäischen Einigungsprozess, die aber angesichts der vielen Religionsgemeinschaften in der EU schwerlich möglich ist, wenn man von allgemeinen Plattitüden absieht. Und sie widerspricht den nationalen Realitäten. Christliche Religiosität ist eben keineswegs mehr das beherrschende Element im Bewusstsein und im Verhalten der Europäer.

Und so wird immer stärker die Sicherung der Menschenrechte als Ausdruck der „europäischen Seele“ in den Mittelpunkt der Debatte gerückt. Das aber bedeutet nichts anderes, als dass damit die künstliche Trennung zwischen dem EU-Europa und Europas Staaten ohne EU-Mitgliedschaft irrelevant wird. Die Schweiz, Norwegen, in minderem Maße auch Russland und die GUS-Staaten gehören zu Europa und ruhen auf seinem Erbe.

Europa ist die Wiege des Christentums und der späteren Aufklärung. Die europäische Kultur hält sich nicht mit den meist willkürlichen politischen Grenzen auf. Sie lässt sich auch nicht geographisch eingrenzen. Europas Wissenschaft überspringt die Kontinente. Das gilt auch für die vom Kapitalismus ausgelöste wirtschaftliche Dynamik. Dieser Kontinent gebiert aber auch den rigiden Nationalismus und Kriege neuer Qualität und Brutalität.

Es ist von Land zu Land sehr unterschiedlich, welche Rolle das Christentum für die nationale Identität spielt. Seine weltweite Entwicklung ist heute dynamischer als auf dem alten Kontinent. Wissenschaft und Forschung, die kulturelle Entwicklung, die wirtschaftliche Globalisierung, der Kampf um die Menschenrechte sind heute weltweite Phänomene ohne eine spezifisch europäische Note.

Die europäische Kultur lässt sich nicht durch meist willkürlich gesetzte politische Grenzen aufhalten.

Die EU wird geboren zur Sicherung des Friedens, dem Erhalt der Demokratie, der Sicherung der Menschenrechte, dem wachsenden Wohlstand. Schafft das eine neue europäische Identität? Wohl kaum. Manche meinen, dass der Dreiklang von ökonomischer Rationalität, einer glaubhaften Umweltpolitik und der Sicherung des Sozialstaates ein europäisches Eigengewächs sei. Japan pfeife auf die Umwelt, die USA wolle nur den Wohlstand steigern ohne Rücksicht auf Verluste. Hier findet sich ein Element europäischer Identität. Aber bleibt das so und reicht das aus?

Die Durchsetzung der unveräußerlichen Menschenrechte, sie sind untrennbar mit jedem einzelnen Individuum verbunden, musste gegen den massiven Widerstand der katholischen Kirche vorgenommen werden. Heute verteidigt sie die Menschenwürde. In einem Beitrag für die Süddeutsche Zeitung vom 13. April 2005 sagt Kardinal Ratzinger: „Diese allem politischen Handeln und Entscheiden vorangehende Gültigkeit der Menschenwürde verweist letztlich auf den Schöpfer: Nur er kann Rechte setzen, die im Wesen des Menschen gründen und für niemanden zur Disposition stehen. Insofern ist hier wesentlich christliches Erbe in seiner besonderen Art von Gültigkeit kodifiziert. Dass es Werte gibt, die für niemanden manipulierbar sind, ist die eigentliche Gewähr unserer Freiheit und menschlicher Größe; der Glaube sieht darin das Geheimnis des Schöpfers und der von ihm dem Menschen verliehenen

Gottebenbildlichkeit. So schützt dieser Satz ein Wesenselement der christlichen Identität Europas in einer auch dem Ungläubigen verstehbaren Formulierung."

Gott hat den Menschen nach seinem Ebenbild geschaffen. Er ist frei, auch frei, sich für das Böse zu entscheiden. Gott gibt ihm seine Vorgaben, vor allem in den Zehn Geboten. Aber Gott zwingt den Menschen nicht auf den Weg der Tugend. Wir wissen um unsere Schwäche, um unsere moralischen Defizite. Deswegen bauen wir auf Gottes Gnade, wissen aber auch, dass wir uns dem Jüngsten Gericht stellen müssen. Diese Bindung engt unsere individuelle Freiheit ein, gibt unseren unveräußerlichen Menschenrechten einen Rahmen. So diese Argumentation.

Von hier leitet sich die Überzeugung der katholischen Kirche ab, dass es natürlich um jeden einzelnen Menschen geht, ihm eine klare an Jesus orientierte Identität zu geben. Sonst wird sein Leben der moralischen und damit auch der persönlichen und sozialen Beliebigkeit ausgeliefert. Ohne diese Bezüge wird der Mensch „leer" und steht den großen Herausforderungen seines Lebens – Krankheit, Tod, selbst Arbeitslosigkeit – fassungslos gegenüber. Deshalb geht es der katholischen Kirche um jeden Menschen. Es geht um seine Freiheit in der christlichen Bindung.

Kardinal Ratzinger weiß, auf welchen Kampf er sich da einlässt. „Wenn das autonome Subjekt das letzte Wort hat, dann muss es einfach alles wollen können. Dann will es vom Leben soviel einpacken, wie man überhaupt davon haben kann. … Ich muss vor allen Dingen mein Stück vom Leben an mich reißen, mich selbst verwirklichen können und da darf mir niemand hereinreden. Wer mich in diesem Zugriff aufs Leben beengen will, der ist ein Feind meiner selbst" (Joseph Ratzinger, „Salz der Erde", 6. Auflage, München 2004, S. 178).

Hier liegt die zentrale Herausforderung für die katholische Kirche. Soll sie sich wie eine Reihe protestantischer Großkirchen den Menschen angenehm machen und dem Zeitgeist nachlaufen oder nicht?

Sie hat sich entschieden. Bei aller Bereitschaft, sich zur Gesellschaft zu öffnen, veränderte Einstellungen und Ordnungen in der Gesellschaft zu beachten, bleibt sie bei ihrer Treue zu Gottes Geboten. Nur sie können dem Menschen Halt geben, seine Würde vor Gott und den anderen Menschen bewahren, ihn herausnehmen aus den Strudeln und Untiefen seiner Zeit. Dadurch wird sie aber Minderheitenkirche werden, auch dort, wo sie noch mitten in einer katholisch geprägten Gesellschaft steht.

Nur Gottes Gebote können den Menschen Halt geben, seine Würde vor Gott und den anderen Menschen bewahren, ihn herausnehmen aus den Strudeln und Untiefen seiner Zeit.

Das führt die katholische Kirche nicht dazu zu resignieren, den Kampf um eine von ihr zu prägenden Gesellschaft aufzugeben. Denn „Demokratie ohne religiöse, ‚sakrale' Grundlage gibt es nicht" (Ratzinger, aaO, S. 242). Wenn sie fehlt, werden die archaischen Mächte des Bösen – im 20. Jahrhundert der Kommunismus und der Nationalsozialismus – hervorbrechen können und unsere demokratischen Grundstrukturen und damit unsere Bürgerrechte abschneiden. Deshalb reicht es nicht, dass der Einzelne bei Jesus bleibt oder zu ihm zurückfindet. Die Kirche will ihn in eine christlich geprägte Gesellschaft einbetten.

Hier aber liegt das zentrale Problem: Die katholische Kirche will ihre Grundüberzeugungen der Gesellschaft vermitteln. Doch sie ist oder wird Minderheitenkirche. Hilft da das Gleichnis vom Senfkorn, die Hoffnung auf eine neue, christlich geprägte Gesellschaft? Da ist sich die Kirche nicht so sicher. Doch sie kämpft. Sie lässt die Menschen nicht in Ruhe. Unsere Gesellschaft mag sich weiter entchristlichen. Die Kirche bleibt bei ihrem Auftrag. „Mit empirisch gestützter Gewissheit können wir sagen, wenn plötzlich die sittliche Macht, die der christliche Glaube darstellt, aus der Menschheit weggerissen würde, dann würde sie wie ein an einen Eisberg gerammtes Schiff taumeln und dann bestünde höchste

Gefahr für das Überleben der Menschheit" (Ratzinger, aaO, S. 242 f).

„Die möglichen Beiträge der katholischen Kirche oder anderer Akteure zur europäischen Wertediskussion über den EU-Grundrechte-Charta-Prozess hinaus führen uns zurück zur Ausgangsfrage, der viel beschworenen ‚Seele für Europa'. Denn diese Debatte und ihre Ergebnisse können mithelfen, der europäischen Einigung ein menschliches Gesicht und eine geistige Dimension zu geben, die man als ‚Seele' bezeichnen könnte. Der Begriff ‚Seele' ist nicht unproblematisch. Seine Konnotationen im europapolitischen Kontext erinnern fatal an exklusive Vorstellungen vom ‚christlichen Abendland', vom Europa als ‚Club der Christen'. Eine solche ‚Wertefestung Europa' wäre klar abzulehnen. Aber gerade die EU-Grundrechte-Charta könnte die Europäische Integration ‚beseelen', europäische Identität stiften, ja sogar Grundlage eines europäischen Verfassungspatriotismus werden" (Graff, aaO, S. 112 f).

Die protestantischen Kirchen Europas haben den geistlichen, den ideologischen Überbau der Einigung Europas stets wesentlich nüchterner betrachtet. Das liegt natürlich auch darin begründet, dass sich der Protestantismus nicht auf eine einheitliche Theologie abstützt, sondern miteinander im reformatorischen Pluralismus lebt. Dieser Pluralismus bestimmt auch ihren Dialog mit den anderen Kirchen, insbesondere mit der römisch-katholischen Kirche und den erst beginnenden Dialog mit der Orthodoxie. Für die Protestanten geht es vor allem darum, Europa als ein soziales, wirtschaftliches Projekt zu verstehen und auf seine Entwicklung Einfluss zu nehmen. Das lässt sich auf die Formel bringen: Das gemeinsame europäische Haus mitgestalten.

Die plurale Gesellschaft mit ihren Zerklüftungen und egoistischen Auswirkungen wird akzeptiert. Da die Kirche keinerlei Chance sieht, unser Christentum erneut zur Wegweisung unserer Gesellschaft zu machen, aber dennoch nicht übersehen kann, was das für den Menschen und unsere Gesellschaft bedeutet, weicht sie der Brisanz solcher Fragen aus.

Sie neigt dazu, die großen gesellschaftlichen Veränderungen zu akzeptieren und in ihre christlichen „Angebote" zu übernehmen, auch wenn sie durch das Neue Testament verweigert werden. Ende 2003 beschließen Bischofsrat und Landeskirchenamt der Evangelisch-Lutherischen Landeskirche Hannovers, dass künftig Fürbitte-Andachten für gleichgeschlechtliche Paare möglich sein sollen, wenn diese aufgrund der neuen gesetzlichen Regelung (Lebenspartnerschaftsgesetz) bei ihrem Standesamt eingetragen sind. Und so begründet Frau Bischöfin Käßmann diesen Beschluss: „Wir können doch nicht so tun, als gäbe es dieses Gesetz nicht" (idea Spektrum 49/2001). Diese Aussage hat einen Vorteil: Sie ist eindeutig! Die Kirche zieht nach, wenn der Staat beschließt, auch wenn seine Beschlüsse gegen das Evangelium stehen. Das staatliche Sein bestimmt das kirchliche Bewusstsein.

Der Begriff „kirchlicher Pluralismus" ist eine verlogene Umschreibung des Aufgebens grundlegender Inhalte evangelischen Glaubens.

Auch dem einzelnen Christen soll kirchlicher Pluralismus – eine verlogene Umschreibung der Aufgabe der unveränderbaren Inhalte unseres Glaubens – helfen. „Es kommt darauf an, die Pluralität von Lebensentwürfen und Lebensstilen anzuerkennen und sich zu ihnen fruchtbar in Verbindung zu setzen. … In der Postmoderne stellt kirchlicher Pluralismus kein Defizit dar, sondern ist ein Reichtum, den es zu nutzen gilt" (Grötzinger, „Die Kirche ist sie noch zu retten?", S. 45).

Bedeutet das „Christentum à la carte"? Augenscheinlich! Verbindliche Vorgaben gibt es nicht mehr. Daraus folgert fast zwangsläufig: „Der kirchliche Beitrag kann nicht darin bestehen, Europa eine Seele zu geben. Dieses Bild ist von tiefer theologischer Zweideutigkeit. Wer Seelen schafft, der will einem toten Körper Leben einhauchen. Das ist ein Akt der Schöpfung, der nach evangelischer Vorstellung Gott vorbehalten ist. Nein, Europa hat längst eine Seele; sie ist schon lebendig, in Literatur, Kultur, Geschichte, Philosophie, Religion, in unendlich vielfältigen Facetten. Und die evangelischen Kirchen tragen dazu bei: Sie tun es ganz schlicht darin, indem sie ihre unverwechselbare Aufgabe als Kirchen wahrnehmen. Genau damit halten sie die Seele Europas am Leben. Es kommt nur darauf an, daß diese europäische Seele ihren politischen Körper findet“ (Graff, aaO, S. 72).

Die Religionsfreiheit stellt sicher, dass Europa keine geschlossene Wertefestung wird, in der sich die christlichen Konfessionen einrichten können. Die „europäische Seele“ wird eine offene Bürgergesellschaft widerspiegeln, vor der viele Konservative in Europa Angst haben und die mit der europäischen Identität, wie sie vor dem Zusammenbruch des Kommunismus in Westeuropa gewollt wurde, nichts mehr zu tun hat.

Die plurale Gesellschaft

Die Lebensführung der meisten Europäer, insbesondere der Jungen, ist in zunehmendem Maße durch eine wachsende Individualisierung und Privatisierung ihrer religiösen und moralischen Grundwerte gekennzeichnet. Sie bleiben auch im Laufe ihres Lebens nicht unbedingt konstant. Das Wort „Patchwork“-Religiosität soll diesen Trend beschreiben. Wahrscheinlich hat es dieses religiöse Auf und Ab immer gegeben. Doch in der Vergangenheit hat der wirksame gesellschaftliche Druck dafür gesorgt, dass er nicht sichtbar und damit auch nicht wirksam wurde.

„Eben diese Einbindung in die Christenheit als überlieferte, sichernde Lebenseinheit ist dem Individuum im Zeitalter der

Moderne weitestgehend abhanden gekommen. Mehr noch: die neue moderne Welt, die sich in Europa herausgebildet hat, ist ihrem Selbstverständnis nach im Grunde a-religiös. Das heutige Weltbild rekurriert nicht mehr auf seine geistigen Quellen und spirituellen Reichtümer. Das Christentum und seine Werte – Jahrhunderte lang in Wissenschaft, Bildung, Erziehung, Staat, Kultur und Wirtschaft tradiert – hat aufgehört, der Urgrund von Sinn- und Heilserfahrung zu sein. Die damit einhergehende Relativierung aller bislang geltenden Normen führt beim Individuum oftmals zu einer offenen Ablehnung jeglicher Verantwortung gegenüber Gott oder gegenüber Dritten. Das Ergebnis ist eine Art egozentrischer Opportunismus, der den allgemeingültigen Maßstäben von Gut und Böse zugunsten einer hedonistischen „Selbstverwirklichung" eine radikale Ansage erteilt – das innere Erleben des Einzelnen, die radikale Subjektivität wird zum einzigen Maßstab des Handelns" (Honecker, aaO, S. 146).

1976 stellt der ehemalige Bundesverfassungsrichter Ernst Böckenförde fest: „Der freiheitlich säkularisierte Staat lebt von Voraussetzungen, die er selbst nicht garantieren kann. Das ist das große Wagnis, das er um der Freiheit willen eingegangen ist." Und er fährt fort: „Als freiheitlicher Staat kann er nur bestehen, wenn sich die Freiheit, die er seinen Bürgern gewährt, von innen her, aus der moralischen Substanz des Einzelnen und der Homogenität der Gesellschaft reguliert."

Das bedeutet nichts anderes, als dass unsere Gesellschaft im Rahmen der von unserem Grundgesetz vorgegebenen Grenzen gemeinsame Werte benötigt, die dem Einzelnen wie unserer Gesellschaft eine dauerhafte Grundorientierung geben. Die sog. sozialistischen Staaten des Ostblocks sind auch deshalb zusammengebrochen, weil hinter ihren Phrasen nur moralische Leere und individueller Egoismus standen.

Alle Mitgliedsländer der EU sind plurale Demokratien. Meinungs- und Religionsfreiheit sind durch ihre Verfassungen gewährleistet. Der Einfluss der christlichen Grundwerte auf die jeweiligen nationalen Gesellschaften ist unterschiedlich stark. Doch keines dieser Länder kann auf einen Kanon von Grundwerten verzichten, soll die jeweilige Gesellschaft nicht implodieren. Eine uneingeschränkte Rückkehr zu den christlichen Grundwerten ist in pluralen Gesellschaften weder wünschbar noch realisierbar. Grundwerte einer Gesellschaft sind nicht statisch, sie entwickeln sich weiter und unterliegen unterschiedlichen Wertvorstellungen. Die zentrale Aufgabe der Kirchen ist es, notfalls auch „widerborstig" unsere christlichen Wertvorstellungen und Grundwerte in unserer Gesellschaft zu vertreten. Ergeben sie sich allerdings dem Zeitgeist, geben sie sich selbst auf, leisten uns nicht den von ihr geforderten Dienst. Sie werden zumindest gesellschaftspolitisch überflüssig.

Die Staaten des Ostblocks sind auch deshalb zusammengebrochen, weil hinter ihren Phrasen nur moralische Leere und individueller Egoismus standen.

Die Demokratie unserer Zeit organisiert die unterschiedlichen politischen Ausdrucksformen der pluralen Gesellschaft zum gemeinsamen staatlichen Handeln. Damit steht sie vor der Aufgabe, durchaus unterschiedliche Gemeinschaftsformen mit ihren spezifischen gesellschaftlichen Zielsetzungen und Moralitäten – Kirchen, Gewerkschaften, Umweltverbände … – mit den gesamtgesellschaftlichen Normen zu verbinden. Der unserer Demokratie zugrunde liegende Pluralismus – Voraussetzung für unsere Bürgerrechte – ist nicht etwas Selbstverständliches. Im Gegenteil, es handelt sich um ein hochgefährdetes Gut, das wir im Interesse unserer individuellen und gesellschaftlichen Freiheit pflegen und schützen müssen gegen alle Versuche, uns gegen unseren Willen Vorgaben zu machen, die wir ablehnen.

Doch auch, wenn unsere ureigenen Ideologien und moralisch-ethischen Grundüberzeugungen definitiv „siegen" könnten, müsste das im Interesse unserer pluralen und demokratischen Grundordnung vermieden werden. Die Erfahrungen der Vergangenheit schrecken. Und so verlangt die Sicherung des gesellschaftlichen Pluralismus eine besondere Disziplin aller beteiligten Gruppen.

Eine besondere Dialektik wird sichtbar: Einerseits ist es legitim, ja notwendig, für die Durchsetzung des Ethos der eigenen Gruppe in der Gesamtgesellschaft einzutreten. Andererseits zu erkennen, dass die Grundüberzeugungen anderer gesellschaftlicher Gruppen ihre volle Berechtigung haben und nur der offene Diskurs eine Weiterentwicklung der Demokratie und ihrer Normen erwarten lässt. Deshalb müssen Kirchen und die anderen Großgruppen an der Sicherung des Pluralismus interessiert sein. Ihre Konkurrenz um Einfluss, um die Weiterentwicklung der Normen menschlichen Zusammenseins hat Grenzen und darf die pluralen Strukturen nicht beseitigen.

Die Nationalstaaten geben durch ihre Verfassungen der pluralen Demokratie einen Rahmen vor, der vor allem die unveräußerlichen Menschenrechte sichern soll. Er ist im Kern unveränderbar, kann aber auch an neue Grundströmungen angepasst werden. So stellt unser Grundgesetz Ehe und Familie unter seinen besonderen Schutz. Dennoch wurden die Voraussetzungen für eine Ehescheidung weiterentwickelt. Selbst der Ehebrecher kann unter Umständen Unterhaltsansprüche an seinen ehemaligen Ehepartner geltend machen. Die Homoehe ist in einer Reihe von EU-Ländern verwirklicht. Zwar hat jeder ein Recht auf Leben. Die Abtreibungsregeln schränken das aber ein. Die aktive Sterbehilfe hat bereits in einigen europäischen Ländern Rechtskraft erlangt. Auch bei uns hat sie bereits beachtliche Unterstützung, so bei den Pastoren der Evangelischen Kirche Berlin/Brandenburg (siehe Jörns, aaO, S. 252).

Damit wird klar, dass es nicht möglich ist, einen gesellschaftlichen Wertekanon auf Dauer rechtlich festzuschreiben. Das kann das Recht nicht leisten. Er ist aber in jeder Gesellschaft erforderlich, sollen die Kohäsionskräfte der Gesellschaft bewahrt werden. Das ist auch für den Einzelnen wichtig, denn ohne solche „Vorgaben“ hätte er noch größere Schwierigkeiten, sein Leben zu organisieren.

Wie sollen sich die Kirchen auf eine solche Gesellschaft einlassen? Sie müssen ihre Pluralität akzeptieren, notfalls zusammen mit anderen verteidigen. Damit akzeptieren sie auch die Religionsfreiheit und geben ihren Monopolanspruch auf, die sittlichen Grundwerte für die Gesellschaft zu bestimmen. In dieser pluralen Gesellschaft müssen die Kirchen ihre Unverwechselbarkeit sicherstellen, sich nicht anbiedern. Sie dürfen nicht den wechselnden Moden und dem Zeitgeist nachlaufen. Und dennoch wissen sie: Eine nur christlich geprägte Gesellschaft wird nicht wiederkommen. Vielleicht können sie aus ihrer Sicht „Schlimmeres“ verhindern.

Im Übrigen kann jede Glaubensgemeinschaft in unserer Gesellschaft nach ihren Regeln leben, soweit sie nicht den Rechtsrahmen verletzt.

Mischen sich die Kirchen in die Tagespolitik ein, so müssen sie sich fragen lassen, woher sie für spezielle Sachfragen den Sachverstand haben und wer ihnen für ihre Stellungnahmen ein Mandat erteilt hat. Diese Einmischungen führen vor allem zur Selbstsäkularisierung der Kirche Jesu Christi.

Was können und müssen die Kirchen in diesen gesellschaftlichen Dialog einbringen? Sie müssen Gerechtigkeit anmahnen, ohne sich im Sumpf der Tagespolitik zu verlieren. Sie haben die Menschenwürde zu verteidigen. Sie findet auch ihren Ausdruck in der zweiten Tafel der Zehn Gebote. Sie haben Solidarität als Ausdruck christlicher Nächstenliebe einzufordern.

Die Kirchen können nicht zurück in einen blutleeren Traditionalismus vergangener Jahrzehnte. Sie können sich um unserer Gesellschaft willen auch nicht schlicht anpassen. Sie müssen ihre Botschaft verbreiten, unabhängig davon, welches aktuelle Echo folgt. Vor allem aber müssen sie sich um jeden einzelnen Menschen kümmern. Wir brauchen in dieser pluralen Gesellschaft Halt und Wegweisung hin zu Jesus Christus.

Die beste aller pluralen Welten, die wir Christen zu erwarten haben, sieht so aus, dass die Kirchen einen unübersehbaren Einfluss auf die in unserer Gesellschaft prävalenten Grundwerte haben. Natürlich sind sie nicht statisch. Solche Grundelemente des menschlichen Lebens und Zusammenlebens – sie sind die Bausteine unserer Gesellschaft – können sich weiterentwickeln. Auch das können und müssen die Kirchen positiv begleiten, ohne allerdings ihre ureigene Botschaft zu verraten.

Wir brauchen in dieser pluralen Gesellschaft Halt und Wegweisung hin zu Christus.

Diese Grundwerte verkörpern „jenes Ethos, in dem die pluralistische Gesellschaft ihre Einheit findet" (J. Isensee, „Ethische Grundwerte im freiheitlichen Staat", 1978, S. 134). Das kann nicht zentral vorgegeben und verordnet werden. Es muss sich im staatlichen Handeln, im Vorbild seiner politischen und gesellschaftlichen Repräsentanten, dem Verhalten der großen gesellschaftlichen Gruppen widerspiegeln und die Bürger überzeugen. Die Deutsche Bischofskonferenz versteht unter den Grundwerten jene Werte, die „für die Entfaltung der menschlichen Person in der gesellschaftlichen Ordnung unverzichtbar" sind. Sie nennt in diesem Zusammenhang Würde und Freiheit der menschlichen Person, Solidarität, soziale Gerechtigkeit, Gemeinwohl, Subsidiarität und Religionsfreiheit (Gottlieb Brunner, „Grundwerte als Fundament der pluralistischen Gesellschaft", Freiburg 1989, S. 108).

Ein freiheitlicher Rechtsstaat kann nur die Grundwerte garantieren, die den verschiedenen Weltanschauungen gemeinsam sind. Das kann zu minimalistischen Regelungen führen. Dann müssen die Kirchen nachdrücklich mahnen und ihre eigenen sittlichen Positionen sichtbar machen. Das bedeutet, dass sie die „Spielregeln“ der pluralistischen Gesellschaft anerkennen müssen, ohne deshalb Abstriche an den eigenen moralischen und sittlichen Grundpositionen zu machen.

Der Einzelne spielt für die Zukunft unserer pluralen Demokratie eine besondere Rolle. Er benötigt für sein Leben ein Mindestmaß an gesellschaftlichen Vorgaben, um seine Zeit in ruhigen Bahnen leben zu können und mit seinen Nachbarn und Kollegen immer wieder „modi vivendi“ zu finden. Er ist aber vor allem der Träger der Grundwerte und ihrer Veränderung, nicht in seiner Vereinzelung, aber als Teil der Gesellschaft. Wenn er die christliche Botschaft in ihrem Kern ad acta legt, ist sie in großer Gefahr.

Ein freiheitlicher Rechtsstaat kann nur die Grundwerte garantieren, die den verschiedenen Weltanschauungen gemeinsam sind.

Viele Menschen werden aber auch weiterhin bei ihrer Suche nach dem Sinn des Lebens auf Jesus Christus stoßen. Die offene Frage ist, welche Rolle dann noch die Großkirchen spielen werden? Für sie selbst ist das eine existentielle Frage. Für die Gesellschaft weniger. Denn eine christlich starke Minderheit kann in der schwach und widersprüchlich fundierten pluralen Gesellschaft mehr ausrichten, als sie sich selbst zutraut.

Grundwerte, die auf ihre Weise Identität schaffen, können nur dort wirksam werden, wo Menschen in einem historisch gefügten Rahmen auf Dauer zusammenleben und ihren Werterahmen weiterentwickeln können. Das sind die Nationalstaaten. Grundfragen des menschlichen Zusammenlebens sind in den EU-Mitgliedsländern durchaus unterschiedlich geregelt. So ist die Abtreibung in Irland (und Portugal noch) verboten, in den Niederlanden stark liberalisiert. In den anderen EU-Ländern hat der Gesetzgeber Möglichkeiten der Abtreibung innerhalb von zeitlichen Fristen und medizinischen Voraussetzungen geschaffen. Solche sehr unterschiedlichen nationalen Regelungen sind auch ein Spiegelbild der jeweiligen Werte und der sich auch daraus ableitenden politisch-parlamentarischen Mehrheiten. Es mag sein, dass sich in Europa eine Entwicklung anbahnt, die zu mehr Übereinstimmung in solchen ethischen Grundfragen führt. Vielleicht auch deshalb, weil stringente nationale Regelungen in Europa gefahrlos durch eine Art „Abtreibungstourismus“ unterlaufen werden können.

Ganz andere Probleme ergeben sich bei einem anderen Grundrecht, dem Recht auf Asyl bei politischer Verfolgung im Heimatland. Allein aus praktischen Gründen muss es in der Europäischen Union zu einem Mehr an einheitlichen Regelungen als bisher kommen. Das Ziel muss ein einheitliches europäisches Asylrecht sein. Die Europäische Union hat das Ziel, Dritten gegenüber einheitlich aufzutreten. Im Innern der EU herrscht Freizügigkeit auch für Asylbewerber. Dennoch wird es schwer sein, zu einheitlichen Regeln zu kommen.

Subsidiarität

Das Subsidiaritätsprinzip begleitet die europäische Integration seit Jahrzehnten. Grundsätzlich soll die Union nur dann tätig werden, wenn sie dazu vertraglich die ausschließliche Kompetenz hat. In allen anderen Fällen nur dann, wenn die Politik der Mitgliedstaaten zu Ergebnissen führen wird, die qualitativ nicht ausreichen, um den Anforderungen der Gemeinschaft aber auch der Mitgliedstaaten gerecht zu werden. Darüber lässt sich trefflich und äußerst kontrovers streiten.

„Art. 3b (Subsidiaritätsprinzip) Die Gemeinschaft wird innerhalb der Grenzen der ihr in diesem Vertrag zugewiesenen Befugnisse und gesetzten Ziele tätig. In den Bereichen, die nicht in ihre ausschließliche Zuständigkeit fallen, wird die Gemeinschaft nach dem Subsidiaritätsprinzip nur tätig, sofern und soweit die Ziele der in Betracht gezogenen Maßnahmen auf Ebene der Mitgliedstaaten nicht ausreichend erreicht werden können und daher wegen ihres Umfangs oder ihrer Wirkungen besser auf Gemeinschaftsebene erreicht werden können. Die Maßnahmen der Gemeinschaft gehen nicht über das für die Erreichung der Ziele dieses Vertrags erforderliche Maß hinaus" (Vertrag von Maastricht).

Das Subsidiaritätsprinzip ist vor allem Ausdruck politischer Verlegenheit. National wird exakt geregelt, welche staatliche Ebene – Nationalstaat, Länder bzw. Regionen, Kommunen – welche Kompetenzen hat. Das ist für die Gemeinschaft bisher nur sehr unvollkommen gelungen. Die Agrarpolitik, der Aufbau und die Sicherung des Binnenmarktes und die Handelspolitik sind zum Beispiel Vollkompetenzen der EU. Aber auch hier haben die Mitgliedstaaten beträchtliche Mitwirkungsrechte. Ansonsten bleibt es offen, wer das letzte Wort hat. Die Kraft fehlt für klare Regelungen. Die Zauberformel heißt Subsidiarität. Sie ist eigentlich inhaltsleer und soll vor allem verschleiern. Denn wer bestimmt eigentlich, ob Gemeinschaftsregelungen besser sind als nationale Lösungen. Große Länder sehen das sicherlich auch anders als EU-Zwerge.

Die Europäische Union hat 1997 durch die Konferenz der Vertreter der Mitgliedstaaten im Zusammenhang mit der Verabschiedung des Amsterdamer Vertrages insgesamt 51 Erklärungen einvernehmlich verabschiedet. In ihnen geht es um sehr unterschiedliche Sachverhalte wie die Abschaffung der Todesstrafe, die verbesserte Zusammenarbeit der EU mit der Westeuropäischen Union, Erklärungen zu Personen mit einer Behinderung, zum Sport. In diesem Rahmen findet sich auch die „11. Erklärung zum Status der Kirchen und weltanschaulichen Gemeinschaften: Die Europäische Union achtet den Status, den Kirchen und religiöse Vereinigungen oder Gemeinschaften in den Mitgliedstaaten nach deren Rechtsvorschriften genießen, und beeinträchtigt ihn nicht. Die Europäische Union achtet den Status von weltanschaulichen Gemeinschaften in gleicher Weise."

Man kann das als Durchbruch bewerten. Für mich zeigt

sich dadurch auch, dass Europa unter strikter Beachtung des Subsidiaritätsprinzips einmal mehr die Religionsgemeinschaften der Ebene der Mitgliedsstaaten zuordnet. Das bedeutet allerdings keineswegs, dass den Kirchen kein Einfluss auf den Gang der europäischen Integration zuerkannt wird, obwohl auch er vor allem von unten über die Nationalstaaten heranwachsen muss.

Das europäische Erbe in sehr unterschiedlicher nationaler Prägung zeichnet sich aus durch den christlichen Glauben, den Humanismus, die Forderungen nach der Verwirklichung der Menschenrechte, die Ideenwelt der Freiheit, die wissenschaftliche Rationalität. ... Säkularisierung und Nationalisierung gingen in Europa Hand in Hand. Und dennoch hat es stets eine übergreifende europäische Kultur im umfassenden Sinne dieses Begriffs gegeben. Für sie ist dieser Kontinent weltweit als Missionar aufgetreten. Sie beeinflusst in dieser Allgemeinheit auch heute wieder nach der Überwindung des Totalitarismus unseren Kontinent. Sie hat sich im Laufe der Geschichte verändert. Doch das gemeinsame kulturelle Erbe ist immer wieder spürbar geworden.

Unter dem Begriff Kultur versammeln sich auch seltsame Vorstellungen. Was hat die Nacktkultur mit unserem kulturellen Erbe zu tun? Nichts! Es handelt sich bei der Wahl des Begriffs „Kultur" wohl eher um den Versuch einer Provokation gegenüber den Vertretern der Hochkultur. Selbst sie kann nicht in ihrem Umfang und ihrer Tragweite exakt definiert werden. Sie steht zudem im Wettbewerb und im Austausch mit den anderen Kulturkreisen auf unserer Erde. „Keine Kultur könnte ihre Eigenart bewahren, stünde sie nicht in permanenter Abgrenzung zu anderen und gäbe es nicht die Möglichkeit, an dieser Differenz die eigene Besonderheit zu erfahren. Sowohl das Abschotten gegenüber anderen Kulturen als auch die allzu leichte Übernahme anderer Wertmuster und Verhaltensnormen führt zur Destabilisierung der eigenen Kultur. Im einen Fall droht eine Identitätskrise im Innern, im anderen Fall ein Identitätsverlust aufgrund einer beschleunigten Auflösung von Verbindlichkeiten, die alle Angehörigen der Kultur akzeptieren" (Memorandum der Bertelsmann Stiftung „Dialog der Kulturen", zitiert nach: „Internationale Politik" 3/1996, S. 88).

Was beinhaltet der Begriff „westliche" Kultur, in Europa geboren, heute? Die Sicherung der Menschenrechte und der Demokratie als Lebensform und Steuerungselement unseres Lebens, das Recht auf Selbstbestimmung, die Pflege und Weiterentwicklung unserer religiösen, ethischen, sozialen Traditionen und unserer überkommenden Mechanismen der Sicherung der gesellschaftlichen Kohäsion, der Bereitschaft zur Toleranz und damit zur Friedenssicherung. Ob diese Aufzählung vollständig ist, kann offen bleiben. Es führt auch nicht weiter, eine Aufzählung der gesellschaftlichen Institutionen zu versuchen, die Träger der Kultur und ihrer Weiterentwicklung sind. Eins wird allerdings deutlich: Dieser vage Kulturbegriff, diese westliche Kultur, bestimmt auch die Mitgliedsländer der Europäischen Union. Eine europäische Kultur der EU, losgelöst von dieser Basis, kann es nicht geben.

Kann der in die Verträge seit „Maastricht" (1992) aufgenommene Kulturartikel daran etwas ändern, oder steht er in den Verträgen nur deswegen, weil eine Europäische Union auch über Aussagen zur Kultur verfügen muss?

„Titel XII. Kultur. Art. 151 (Beitrag der Gemeinschaft; einstimmige Beschlussfassung)

(1) Die Gemeinschaft leistet einen Beitrag zur Entfaltung der Kulturen der Mitgliedstaaten unter Wahrung ihrer nationalen und regionalen Vielfalt sowie gleichzeitiger Hervorhebung des gemeinsamen kulturellen Erbes.

(2) Die Gemeinschaft fördert durch ihre Tätigkeit die Zusammenarbeit zwischen den Mitgliedstaaten und unterstützt und ergänzt erforderlichenfalls deren Tätigkeit in folgenden Bereichen:

- Verbesserung der Kenntnis und Verbreitung der Kultur und Geschichte der europäischen Völker,
- Erhaltung und Schutz des kulturellen Erbes von europäischer Bedeutung,
- nichtkommerzieller Kulturaustausch,
- künstlerisches und literarisches Schaffen, einschließlich im audiovisuellen Bereich.

(3) Die Gemeinschaft und die Mitgliedsstaaten fördern die Zusammenarbeit mit dritten Ländern und den für den Kulturbereich zuständigen internationalen Organisationen, insbesondere mit dem Europarat.

(4) Die Gemeinschaft trägt bei ihrer Tätigkeit aufgrund anderer Bestimmungen dieses Vertrages den kulturellen Aspekten Rechnung, insbesondere zur Wahrung und Förderung der Vielfalt ihrer Kulturen.

(5) Als Beitrag zur Verwirklichung der Ziele dieses Artikels erlässt der Rat
- gemäß dem Verfahren des Artikels 251 und nach Anhörung des Ausschusses der Regionen Fördermaßnahmen unter Ausschluss jeglicher Harmonisierung der Rechts- und Verwaltungsvorschriften der Mitgliedstaaten. Der Rat beschließt im Rahmen des Verfahrens des Artikels 251 einstimmig;
- einstimmig auf Vorschlag der Kommission Empfehlungen."

Kultur wird in diesem Artikel eng gefasst. Es geht nicht um die großen Werte der westlichen Kultur. Sie sollten vor allem im Grundrechtskatalog der Europäischen Verfassung aufgenommen werden und dort die Verfassungswirklichkeit der Mitgliedstaaten widerspiegeln. Hier geht es um die Fragen, die normalerweise unter dem technischen Begriff „Kultur" subsumiert werden. Konkret kann es u.a. dabei darum gehen, durch die Darstellung der Kultur und der Geschichte der europäischen Völker klarzustellen, dass es trotz aller Unterschiede ein gemeinsames kulturelles Erbe und auch gemeinsame Werte gibt. Eine sowieso nicht mögliche Angleichung ist ausdrücklich ausgeschlossen. Im Gegenteil: In Europa sollen sich die Kulturen der Mitgliedstaaten entfalten können.

Es geht vor allem um einen kulturellen Dialog innerhalb der Europäischen Union auf der Basis unseres gemeinsamen kulturellen Erbes. Etwaige Maßnahmen unter Ausschluss jeglicher Harmonisierung der nationalen Regelungen der Mitgliedstaaten müssen einstimmig beschlossen werden. Außerdem handelt es sich bei allen Beschlüssen lediglich um Empfehlungen an die Mitgliedstaaten, die es ihnen freistellen, ob sie ihnen Folge leisten oder nicht. Es darf allerdings nicht übersehen werden, dass die Verwirklichung der Europäischen Union unübersehbare Konsequenzen für die Kulturpolitik der Mitgliedstaaten und der Künstler hat. Das geht von der Niederlassungsfreiheit, dem Urheberrecht bis hin zur Frage, wie lange Deutschland und Österreich noch die Preisbindung der zweiten Hand für den Verkauf von Büchern in Brüssel verteidigen können. Außerdem kann Europa auch als Kofinanzier und Anreger gemeinsamer Programme wirksam werden. Wesentlich ist aber die Erkenntnis, dass die europäische Vielfalt der Sprachen, der Kulturen, der Religionen, der Mentalitäten, nicht durch die Grenzen der Europäischen Union eingefasst werden, sondern auch darüber hinausragen. Die Union muss sich deshalb weltoffen zeigen und den Dialog der Kulturen annehmen. Nur so kann Europa einen Beitrag dazu leisten, die Spannungen zwischen ihnen abzubauen. Bei einem solchen Dialog wird Europa, allein schon aufgrund seiner disparaten Machtmittel, davon absehen, seine westlichen Werte anderen überstülpen zu wollen, wie das die USA derzeit versuchen.

5. Die Zukunft unseres Glaubens

Können wir Menschen ohne Religion leben? Bevor wir versuchen, auf eine solche Frage Antwort zu geben, müssen wir uns Klarheit darüber verschaffen, was Religion ist und ob es den „homo religiosus“, wie den von Adam Smith konstruierten „homo ökonomicus“, gibt. Selbst Adam Smith hat seine Thesen relativiert und deutlich gemacht, dass der Mensch mehr ist als ein wirtschaftlicher „Roboter“, der nur eins tut, dauerhaft seinen Gewinn zu maximieren. Und so gibt es auch den „homo religiosus“ nicht. Der Mensch hat viele Antriebe, die sein Leben bestimmen. Die Tiere mögen Emotionen haben, zur Liebe und Treue fähig sein. Doch vernunftbegabt sind sie nicht. Der Mensch kann subjektiv rational entscheiden. Doch er strebt auch nach Erkenntnis für die großen Fragen seines Lebens, die sich seiner Rationalität letztlich entziehen. Warum das ganze „Getriebe“ auf dieser Erde? Warum Geburt und Tod? Kommt etwas danach? Die modernen Naturwissenschaften können uns erklären, wie das vielfältige Leben auf der Erde entstanden ist. Doch reicht das? Steckt hinter diesem Prozess nicht doch eine ordnende Hand? Und wohin geht die Reise? Alle Versuche, unser individuelles und unser gesellschaftliches Leben, unsere Vergangenheit und unsere Zukunft mit den großen Ideologien des 19. und des 20. Jahrhunderts zu erklären und in den Griff zu bekommen, sind kläglich gescheitert und haben vielen Millionen Menschen Tod, Elend, Erniedrigung, Vertreibung gebracht.

„Religion erklärt Unerklärliches, Unglück, Tod, aber auch das Vorhandensein der Welt. Religion integriert die Gesellschaft und verleiht ihr Identität, nicht zuletzt auch durch Abgrenzung gegen die Alterität anderer Religionen. Religion hilft dem Einzelnen, Ängste abzubauen und mit den Ereignissen und Problemen seines Lebens zurecht zu kommen“ (Wolfgang Reinhard, „Lebensformen Europas“, S. 559 f).

Ich habe bisher keinen überzeugenden Atheisten kennen gelernt. Irgendein Hintertürchen hatte sich jeder offen gelassen. Mit Erstaunen habe ich zur Zeit der sowjetischen Herrschaft immer wieder erfahren, dass insbesondere Breschnew christliche Bezüge in seinen Äußerungen hergestellt hat. Wir Menschen wollen unserer Welt eine sinnhafte Ordnung geben. Das können und konnten die „menschheitsbeglückenden“ Ideologien des 19. und 20. Jahrhunderts nicht leisten, weil sich vor allem durch ihre Diesseitigkeit und ihr primitives Menschenbild sehr schnell ihre Prämissen erschüttern lassen und nur brutaler Zwang die gesellschaftliche aber auch die individuelle Realität mit ihren Aussagen und Erwartungen in Übereinstimmung bringen lassen. In dieser akuten „Gefahr“ befinden sich die transzendentalen Religionen nicht. Übersehen dürfen wir aber nicht, dass brutaler Zwang und Menschenverachtung immer wieder Teil der christlichen Kirchen war, um die Menschen zu ihrem Seelenheil zu zwingen.

Brutaler Zwang und Menschenverachtung waren immer wieder Teil der christlichen Kirchen, um die Menschen zu ihrem Seelenheil zu zwingen.

Die „Gelehrten“ streiten sich darüber, ob weltweit eine Renaissance der Religionen kommt oder nicht. Für uns Europäer ist es nicht vorrangig von Interesse, wie es mit den asiatischen Religionen weitergeht, obwohl ihr Vorrücken bei uns unübersehbar ist. Ob dauerhaft oder als vorübergehende Modeerscheinung kann dahingestellt werden. Für uns geht es um die Zukunft des Christentums.

Unmöglich ist es für uns, vergleichende Überlegungen darüber anzustellen, wie sich die Glaubenskraft der Christen in den vergangenen Jahrhunderten entwickelt hat. Martin Luther hat sich bereits über mangelnden Kirchenbesuch und unzureichende Kenntnis der christlichen Glaubensinhalte beschwert und auf Abhilfe gedrungen. Doch eins war klar: Die christlich moralischen, die gesellschaftlichen, die materiellen Vorgaben wurden befolgt, wenn auch in calvinistischen, katholischen und lutherischen Regionen durchaus unterschiedlich. Das allein machte die gesellschaftspolitische Macht der Kirchen und ihren Einfluss auf den Gang der Dinge aus. Und dabei war es ziemlich egal, ob sich die Menschen aus Überzeugung an die kirchlichen Vorgaben hielten, oder ob der Druck von außen durch die Kirche oder die Obrigkeit das bewirkte.

Selbst in unserer Zeit gibt es gesellschaftlichen Druck, der vor allem in „stationären" Gruppen konformes Verhalten erzeugen kann. Max Lerner beschreibt in „America as a Civilisation" (New York 1957), wie und in welchem Umfang das Leben in den Vororten der US-Städte, er nennt sie „Suburbia" einen immensen Druck zu konformem, auch religiösem Verhalten erzeugt. Für ihn handelt es sich um eine „Revolution", denn diese Entwicklung kommt nicht durch Druck von außen, sondern durch innere Zwänge der dort lebenden Menschen. Man kann statt von „Revolution" auch von Konformismus sprechen. Denn wer abweicht, gerät in die Isolation.

In Europa sind sowohl die äußeren wie auch die inneren Zwänge zum Festhalten an spezifisch christlichen Vorgaben in vielen Ländern nicht mehr wirksam. Sie werden überall und für alle Konfessionen weiter an Wirksamkeit verlieren.

Was bleibt also von den Werten des Christentums für „das christliche Abendland"? Wohlmeinende wollen uns beruhigen. Die christlichen Werte – in den Zehn Geboten, in der Bergpredigt, in den Weisungen des Paulus – würden unabhängig von Kirchenbindung und Glaubensstärke tradiert, also an die nächsten Generationen mehr oder minder unbeschädigt weitergegeben. Das allerdings halte ich für Wunschdenken.

Wenn die Kinder aufgrund der Kirchenferne ihrer Eltern nicht christlich sozialisiert werden, kann bestenfalls eine Melange an Tugenden und Werten weitergegeben werden – im hohen Maße individualisiert und damit kaum in der Lage, unserer Gesellschaft eine Basis gemeinsamer Werte zu geben.

Die katholische Kirche stellt sich dieser Entwicklung entgegen, auch wenn sie in den einzelnen Ländern Europas im Rahmen der gesellschaftlichen Gegebenheiten unterschiedlich handeln muss. Die Ehe und damit die Familie sind von Gott gewollt und gestiftet. Die Ehe ist für sie heilig, ein Sakrament. Nach einer Ehescheidung ist deshalb eine erneute kirchliche Heirat nicht möglich. Empfängnisverhütung mit Fremdmitteln ist nicht zulässig, Abtreibung ein schweres Vergehen. Homosexualität ist Sünde. Das gilt auch für die Sterbehilfe und die Stammzellenforschung. Die Rolle der Frau in der Kirche ist definiert. Das Wort des Papstes gilt.

Ein protestantisches Lehramt fehlt. Dem Protestantismus fehlt damit die katholische Einheitlichkeit. Ihr Lehramt hält zumindest die christliche Fassade intakt. Neben den vielen evangelischen Freikirchen treffen wir auf die lutherischen, die reformierten, die unierten Kirchen. Sie haben nicht nur unterschiedliche Glaubensüberzeugungen, sie geben auch unterschiedliche Antworten auf zentrale Fragen unseres Menschseins. Einzelne nationale, protestantische Großkirchen haben intern den für sie eigentlich notwendigen Glaubenskonsens verloren.

Angesichts dieser ethisch-moralischen „Kakophonie“ ist es für sie sehr schwer, auf die Entwicklung der Grundwerte unserer Gesellschaft Einfluss zu nehmen. Die Politik kann achselzuckend zur Tagesordnung übergehen. Das ist gegenüber den von der katholischen Kirche vertretenen Grundpositionen anders. Da muss schon Geduld und Rücksicht geübt werden, sollen nicht unnötig Wählergruppen verprellt werden. Dennoch lässt sich generell feststellen, dass nur dann moralisch-ethische Überzeugungen von Religionsgemeinschaften Staat und Gesellschaft überzeugen, wenn sie aus der Sicht der Bürger „praktisch-vernünftig“ sind und argumentativ einleuchten. Die Kirchen verfügen heute über keinerlei Sonderrechte mehr,

„um ihren ethisch-moralischen Prinzipien einen von Argumentation und Überzeugung unabhängigen Nachdruck verleihen zu können“ (Falk Wagner, „Metamorphosen des modernen Protestantismus“, S.18).

Christentum light

Es ist für den Gang der weiteren Entwicklung unserer Gesellschaft von Belang, welche Rolle die einzelnen Religionsgemeinschaften im jeweiligen nationalen Kontext spielen. Dabei kann in keinem Land übersehen werden, dass die Macht der Großgruppen schwindet. Das gilt für die politischen Parteien, die Gewerkschaften, die Kirchen. Das hat viel mit den geänderten sozialen Strukturen der Gemeinwesen zu tun. Die Schutzfunktion der gesellschaftlichen Großgruppen wie der Gewerkschaften, der Parteien, der Religionsgemeinschaften wird zum Teil von Staat übernommen, die Individualisierung der beruflichen Karrieren nimmt ihnen ihre nur kollektiv wahrzunehmende Interessenvertretung. Das Individuum will sein Leben selbst gestalten, sich nicht mehr fremd bestimmen lassen, wenn das wirtschaftlich, sozial und gesellschaftlich nicht mehr erforderlich ist. Da sind nur noch die alten Traditionsbatallione ihrer Partei, ihrer Gewerkschaft, auch ihrer Kirche treu, bis dass der Tod sie scheidet. Die anderen betrachten ihre Bindungen als eine Frage der Nützlichkeit und auf Zeit angelegt. Warum Kirchenbindung anders sehen?

Es ist eine neue Religiosität entstanden. Die tatsächliche Macht der Großkirchen in der Gesellschaft schwindet. Ihr Einfluss auf das Verhalten ihrer Mitglieder geht deutlich zurück. Die kirchlichen „Hüllen“ bleiben noch bestehen, ob und wann sie zusammenkrachen, ist ungewiss. Die Hoffnung bleibt, dass das vermieden werden kann. Doch tatsächlich macht sich bei den „Hauptamtlichen“ vielerorts Resignation breit.

Dabei ist die katholische Kirche in einer scheinbar besseren Position. Der Glanz des Papsttums und die weltumspannende Hierarchie der römisch-katholischen Kirche beeindrucken, ebenso wie ihre scheinbar fest gefügten Positionen. Mancher Protestant, angewidert von dem theologischen Hickhack in seiner Kirche, wechselt. Warum soll sich Rom eigentlich ernsthaft auf die anderen Kirchen zu bewegen, wenn es nur eine Frage der Zeit zu sein scheint, bis sich die protestantischen Restbestände der Großkirchen einsammeln lassen? Der Begriff „Restbestände" bezieht sich dabei nicht auf ihre rudimentären Mitläufer, sondern vornehmlich auf die bei ihnen noch vorhandenen Frommen. Und dennoch geht auch die katholische Kirche schwierigen Zeiten entgegen, in denen vor allem ihre theologische Strahlkraft betroffen sein kann.

Denn diese Weltkirche ist hineingestellt in eine Welt, die sich schnell verändert. Wir können schwerlich voraussehen, was dabei herauskommen kann. Was kann die Globalisierung für die Menschheit an tief greifenden Veränderungen für ihre wirtschaftliche und soziale Sicherheit bringen? Wird es uns gelingen, die drohende Knappheit an Rohstoffen und an Energie ohne brutale, militärische Auseinandersetzung, quasi fair und friedlich zu lösen? Welche Rolle kommt dabei einer Weltkirche zu?

Einerseits hat sie wie auch die anderen Religionsgemeinschaften die Aufgabe, die vielen Hoffnungslosen, Orientierungslosen aufzufangen. Die katholische Kirche scheint dazu bereit zu sein, sich diesen Menschen ohne Heiligenschein und ohne die Wucht ihrer Vergangenheit und ihrer Hierarchie zuzuwenden. Sie ist jedoch nicht bereit, auf die Essenz ihrer Überzeugungen zu verzichten. Ein Christentum light wird es mit ihr nicht geben. Ebenso keine weltweite Uniformierung, die die Kulturen der Welt einebnet. Der Papst verweist darauf, was aus dem Protestantismus geworden ist, der sich national mehr oder minder deutlich dem gesellschaftlichen Druck, dem Zeitgeist, unterworfen hat: Frauenordination, Empfängnisverhütung, Abtreibung, kein Zölibat, Wiederverheiratung Geschiedener, Homoehe. Die Kirchen werden schwächer, die Spaltungen wachsen (Joseph Ratzinger „Salz der Erde", München 2004, S. 193 f, 258). Diesem „Vorbild" wird Rom nicht folgen.

Die christliche Religion in ihren vielfältigen konfessionellen Ausprägungen kann in unserer Zeit nicht mehr ein verbindliches menschliches Verhalten in der Gesellschaft, im Verhalten anderen Menschen gegenüber, in Ehe und Familie vorgeben und vor allem durchsetzen. Die kirchennahen Katholiken werden sich hoffentlich noch bei der Übertretung der Vorgaben ihrer Kirche dieser Tatsache bewusst sein. Das kann ihren „Übermut" bremsen. Das ist allein deshalb für die Protestanten schwierig, weil es für sie bereits an klaren Vorgaben fehlt. „Erlaubt ist, was gefällt." Der Zeitgeist bestimmt die ethisch-moralischen Aussagen einer Reihe protestantischer Großkirchen. Sie lassen sich nicht mehr an den lutherischen Vorgaben, also an Bibel und Bekenntnis messen, sondern an ihrer Vermittlungs- und Nachfrageeffizienz. Dazu dann vorgebliche biblische Bezüge zu liefern, ist für Theologen eine ziemlich einfache Aufgabe. So werden Altes und Neues Testament zu einem theologischen „Steinbruch", aus dem man sich ungeniert bedienen kann.

Eigentlich müsste das vielen Christen in ihrer Lebensführung entgegenkommen. Da wird ihnen doch ein kirchliches Angebot gemacht, „Christentum light", das nicht einmal mehr ein schlechtes Gewissen erwartet. Da kann man doch mitmachen und vor allem aus der Sicht der Veranstalter zahlen, ohne sich einzulassen auf die Zehn Gebote, auf die Auferstehung Jesu, den dreieinigen Gott, auf das Jüngste Gericht. Wenn das alles selbst von maßgeblichen evangelischen Theologen bereits ad acta gelegt worden ist, dann kann man doch umso ungenierter seinen individuellen Verstand einschalten und ihnen folgen, wenn sie diese Kernpositionen unseres Glaubens als Humbug abtun.

So entsteht die „Patchwork-Religion“, die man sich zusammenstellt. Sie kann Menschen vorübergehend helfen, für sich und ihre Nächsten „religiöse“ Erklärungen für das Transzendentale, das eigentlich rational nicht Erklärbare, zu finden. Das ist sicherlich eine Art von Religion und ein Beweis dafür, dass wir nicht in einer areligiösen Zeit leben oder in sie hineinlaufen. Das ist ein Zeichen für die viel beschworene Individualisierung der Religiosität in unserer Zeit. Sie hat allerdings mindestens zwei Konsequenzen: Zumindest die evangelischen Großkirchen werden trotz ihrer kundenfreundlichen Angebote moralisch aber auch durch den Exodus ihrer Mitglieder ausgehöhlt. Denn diese Patchwork-Religion lässt sich individuell in Heimarbeit herstellen. Dazu braucht man die Kirchen nicht mehr, wenigstens nicht ein Leben lang. Man kann auch wechseln. Bei den Lebenspartnern macht man das doch auch. Bleibt das Problem der kirchlichen Begleitung bei den Wendepunkten des Lebens. Auf Taufe, Konfirmation und Eheschließung kann man notfalls verzichten. Surrogate stehen bereit. Bei der Beerdigung ist das noch nicht im gleichen Maße so. Doch warum sollten arbeitslose Pastoren hier nicht eine Marktlücke schließen?

Die Frommen brauchen ihre feste Bindung an unseren Herrn. Sie wandern aus den Zeitgeist-Kirchen aus. Ihre möglichen Reiseziele sind zahlenmäßig begrenzt. Ein gestandener Lutheraner hat auf Dauer Probleme, sich bei Pfingstlern oder Charismatikern gut aufgehoben zu fühlen. Der Weg zu den Katholiken ist mit großen Hindernissen bestückt. Der Weg zu den Evangelikalen, gar zu den sog. Fundamentalisten ist für den eigenen Verstand beschwerlich, auch wenn sie in unserer Zeit durchaus beachtlichen Zulauf haben.

Christlicher Fundamentalismus

In der öffentlichen Debatte werden allzu gern der islamistische Fundamentalismus und christliche fundamentalistische Bewegungen auf eine Stufe gestellt. Das geschieht natürlich mit einer klaren Absicht. Der christliche Fundamentalismus soll als eine Gefahr für die Moderne deklassiert werden, als ein Anschlag auf unseren säkularen Staat. Und so wird Fundamentalismus zu einem politischen Kampfbegriff, der dessen Bekämpfung rechtfertigt, sei es durch staatliche Kontrolle, sei es durch die Sektenbeauftragten der beiden deutschen Großkirchen. „Damit hat der Fundamentalismus erfolgreich die Nachfolge des Kommunismus als Schreckgespenst in der politischen Rhetorik angetreten" (Martin Riesebrodt, „Die Rückkehr der Religionen", S. 51).

Dabei sind fundamentalistische Bewegungen christlicher Provenienz zumindest in Europa weder subversiv noch gewalttätig, an politischer Macht nicht interessiert. Aber sie lehnen unsere moderne hedonistische Gesellschaft ab. Die ideale menschliche Lebensordnung wird nach ihrer Überzeugung vor allem durch Gott und durch Gottes Wort in der Bibel vorgegeben und realisiert, nicht durch menschliches Handeln allein. Sie auf einen gemeinsamen theologischen Nenner zu bringen, ist nicht möglich.

Viele, insbesondere auch Vertreter der Großkirchen, halten es für angebracht, über diese Menschen und ihre Religionsgemeinschaften zu spotten nach dem Motto: „Das Mittelalter kehrt zurück."

Das ist eine unehrliche Argumentation. Kann etwa der Glaube von der Unbefleckten Empfängnis, der Anwesenheit Gottes auf Erden, der Kreuzigung und der Auferstehung des Gottessohns ein Mehr an nachprüfbarer Realität durch unseren lächerlichen und belanglosen individuellen Verstand erreichen? Es geht allemal um unseren Glauben. Mein Glaube wird durch das Apostolische Glaubensbekenntnis ausge-

Christliche fundamentalistische Bewegungen werden mit islamistischem Fundamentalismus auf eine Stufe gestellt, um die Christen zu diskreditieren.

drückt. Etwas anderes kann und will ich nicht glauben. Bin ich deshalb ein Fundamentalist, weil ich diese mittelalterlichen Formeln bete und glaube? Wiederholt bin ich öffentlich als Fundamentalist bezeichnet worden. Ich kann mit diesem Etikett leben und mich darin wieder finden, insbesondere dann, wenn dieses Etikett von evangelischen Theologen erhoben wird, die gegen gutes Kirchensteuergeld verbreiten, Gott gebe es nicht oder netter formuliert, er sei eine Erfindung des menschlichen Geistes.

So primitiv allerdings formulieren schlaue Theologen nicht. Bei ihnen heißt es: „Das religiöse Gottesbewusstsein ähnelt dem Aufenthalt in einem Spiegelkabinett: Abgesehen von den intramentalen Eindrücken und Erlebnissen, die auf individuell-verborgene Weise mit der Verwendung des Ausdrucks ‚Gott' verbunden sein können, sieht sich das Gottesbewusstsein mit sprachlichen Zeichen – Bildern, Metaphern oder Symbolen – für den von ihm gemeinten oder vorgestellten Gott konfrontiert, die es selber oder andere menschliche Subjekte und soziale Gruppen produziert haben. Das religiöse Gottesbewusstsein bezieht sich mittels des Ausdrucks ‚Gott' auf ein Sprachgebilde, das als sein eigenes Geschöpf erscheint" (Wagner, Metamorphosen des modernen Protestantismus", S. 124).

Das wollen und können Christen nicht hinnehmen. Dagegen stellen sich fundamentalistische Religionsgemeinschaften. Sie wollen auch die Erosion der gottgewollten, moralischen Ordnungsprinzipien in unserer Gesellschaft verhindern. Insofern entsprechen sie eher der Aufforderung Böckenfördes, unserer Gesellschaft eine moralische Basis zu geben als manch liberale Theologen. Übersehen darf man dabei allerdings nicht, dass es sich oft um Gemeinschaften handelt, die durchaus Probleme mit den in unseren Verfassungen verankerten Menschenrechten haben, insbesondere mit der unverzichtbaren rechtlichen Gleichstellung von Mann und Frau und dem Toleranzgebot in unserer pluralen Demokratie. Doch zumindest in Europa bleiben sie unter sich, ohne Einfluss auf unsere Gesellschaftspolitik.

Auch deshalb geht von ihnen in Europa und seinen Staaten kein nennenswerter Einfluss auf die Gestaltung der Politik aus. Zu den aktuellen, selbst akuten Fragen unserer Gesellschaft und unseres Menschseins haben sie weiter tragende Überzeugungen. Sie verurteilen die Abtreibung, entwickeln aber keine Positionen, wie der Staat die Einzelnen in unserer entchristlichten Gesellschaft durch die Veränderung der Rahmenbedingungen für das Kind und gegen die Sünde der Abtreibung gewinnen kann. Sie begnügen sich zu häufig, diese gottesferne Gesellschaft zu geißeln. Sie wenden sich von ihr ab, um sich beinahe selbstgefällig in ihren so moralischen Ruheräumen wohl zu fühlen. Sie sind fromm, lassen sich ihren Glauben in jeder Beziehung etwas kosten, helfen einander. Doch unserer Gesellschaft helfen sie nicht. Die wird von den aus ihrer Sicht Ruchlosen regiert.

Diese Grundhaltung kann, ja sie muss sich ändern. Dafür gibt es Anzeichen außerhalb Europas. Christsein heißt, sich einzumischen, sich einzubringen. Gesellschaftliche Entwicklung kommt nicht durch die träge Mehrheit in Gang, auch nicht automatisch durch inbrünstiges Beten. Wenige überzeugte Christen in kleinen Religionsgemeinschaften können durchaus als Sauerteig wirken. Religiosität und damit unser christliches Fundament sind keineswegs tot. Auf dem Wege dahin sind die liberalen Kirchen, die dem Zeitgeist nachlaufen. An ihn haben sie ihr Erbe verhökert. Die anderen Religionsgemeinschaften überleben, einige von ihnen blühen. Wir erkennen erste Ansätze dieser Entwicklung auf unserem Kontinent. Insbesondere aber in beiden Teilen Amerikas und in Teilen Asiens wird sichtbar, wohin die kirchliche Reise geht.

Peter Berger stellt sich die Frage, warum die Amerikaner in diesem Ausmaß so viel religiöser und kirchengebundener sind als die Europäer? (Peter L. Berger, ed. „The Desecularization of the World", S. 10). Eine erste Antwort weist darauf hin, dass es eine in Europa besonders mächtige Subkultur von Menschen mit westlicher Hochschulausbildung gibt, die völlig säkularisiert sind. Für sie sind Glaube und Religiosität absurd, ein Beweis für Rückständigkeit. Obwohl gering an der Zahl, haben sie einen beachtlichen Einfluss auf die Medien, das Erziehungssystem, die Politik. Und damit kontrollieren sie die Institutionen, die die öffentliche Meinung machen. Und so entsteht das Bild eines weitgehend säkularisierten Kontinents mit entsprechenden Konsequenzen für die Gesetzgebung, die Gesellschaft und das Verhalten vieler Einzelner. Christliche Vorbilder und Grundwerte werden lächerlich gemacht und infrage gestellt. Deutschlands beliebtester Politiker war während der Zeit der rot-grünen Koalition ihr viermal geschiedener Außenminister.

Unter diesem säkularen Schleier tut sich allerdings viel. Viele Menschen können immer weniger mit diesem säkularen Getue anfangen, das, losgelöst von den historischen Werten unserer Gesellschaft, ohne Hemmungen nach individuellen Vorteilen strebt. Diese „Elite" lehnt es ab, Vorbild zu sein. Als wenn es auch in unserer Demokratie möglich wäre, ein intaktes Gemeinwesen ohne Vorbilder aufzubauen. Beruflich ein Ass, privat ein Schwein, das ergibt kein Vorbild, bestenfalls ein schizophrenes Wesen, das therapiert werden muss.

Da wenden sich die Menschen ab und suchen anderswo nach Halt, nach Orientierung. Weltweit hat es in den letzten Jahrzehnten einen kontinuierlichen Zuwachs für das konservative protestantische Christentum gegeben. In der Dritten Welt, in Lateinamerika, in Teilen Afrikas, den Philippinen, Südkorea ist sein Wachstum eindrucksvoll. „Die Evangelikalen sind in der entwickelten westlichen Welt die lebendigsten Religionsgemeinschaften, ob wir von Großbritannien, den

Niederlanden, den USA oder Australien sprechen“ (Berger, aaO, S. 37).

Da sie in vielen einzelnen Gemeinden leben, können und wollen sie keine politische Macht ausüben. „Der politische Einfluss der evangelikalen Überzeugungen ergibt sich nicht durch öffentliche Aktionen, sondern durch eine wesentliche Veränderung des menschlichen Zusammenlebens: Wiederherstellung des Rangs der Familie, die Überwindung des Macho-Gehabes, die Übernahme von Disziplin im wirtschaftlichen Verhalten wie am Arbeitsplatz und weitere neue Prioritäten“ (Berger, aaO, S. 39).

Beruflich ein Ass, privat ein Schwein, das ergibt kein Vorbild, bestenfalls ein schizophrenes Wesen, das therapiert werden muss.

In der ganzen Breite werden der Alltag und das Leben der Evangelikalen durch Moral und Ethik bestimmt. Insofern könnten sie mittelfristig eben doch einen Beitrag zur Stabilisierung unserer freiheitlichen Demokratie leisten, die ohne eine solche moralische Basis im egoistischen Sumpf der rücksichtslosen Selbstverwirklichung versinken muss.

Wir sehen es als selbstverständlich an, wenn Minister ihren Amtseid ohne den Zusatz „So wahr mir Gott helfe“ sprechen. Warum sollen sie eine im Grundgesetz fakultativ vorgesehene Formel sprechen, wenn sie an die Existenz Gottes nicht glauben? Selbst christdemokratische Politiker stellen in der Öffentlichkeit einen sichtbaren Bezug zu ihrem Glauben nicht her. Bei der Eröffnung ihrer Parteitage wird nicht gebetet und Gott angerufen mit der Bitte, er möge sie die nächsten Tage mit seinem Geist begleiten. Am Schluss wird die dritte Strophe unserer Nationalhymne gesungen. Basta!

Die frommen USA

Natürlich werden Gottesdienste angeboten, die derartige Kongresse begleiten. Einige wenige Bundestagsabgeordnete versammeln sich morgens im Reichstag zu einer kurzen Andacht. Doch niemand in Europa kommt auf die Idee, die Plenarsitzungen des Parlaments mit einem gemeinsamen Gebet zu eröffnen. Auf unseren Euro-Geldscheinen finden wir alles Mögliche an Allegorien, aber eben nicht den Satz „In God we Trust", der jede Dollarnote ziert. Wir können „Adieu" sagen. Den Hinweis versteht niemand. Und längst ist daraus „Tschüs" geworden. Wenn ich aber „Gott befohlen" sage, werde ich angestaunt, nicht verstanden.

Das ist in den USA völlig anders. Der Kongress beschäftigt mehrere Hausgeistliche. Der Bezug auf Gott bei allen möglichen öffentlichen Anlässen, selbst das gemeinsame Gebet am Beginn der parlamentarischen Arbeit ist unbestritten Teil des amerikanischen Kulturguts und damit nicht unbedingt ein Beweis für Frömmigkeit. Dabei ist die Trennung von Staat und Religion, von Staat und Kirche in den USA altehrwürdige Verfassungstradition.

Diese scharfe Trennung ist wesentlich strikter als in den meisten europäischen Verfassungen. In Deutschland gibt das Grundgesetz den Religionsgemeinschaften die Möglichkeit, den Status einer Körperschaft des öffentlichen Rechts zu erwerben. Damit wird es zum Beispiel möglich, dass der Staat gegen Gebühr die Kirchensteuer bei den Mitgliedern eintreibt. Weitere beachtliche rechtliche Vorteile sind damit verbunden. Es geht aber den Religionsgemeinschaften nicht zuletzt darum, auf diese Weise vom Staat eine Würdigung und Anerkennung der eigenen Stellung in der Gesellschaft zu erhalten. Auch deshalb haben sich die Zeugen Jehovas diesen Status erkämpft.

Und dennoch, vielleicht sogar deswegen, spielen Religion und die Kirchen in den USA im Gegensatz zu Europa eine markante Rolle. Der Staat bleibt außen vor. Als Erklärung für die markante Stellung der Kirchen in der US-Gesellschaft werden vor allem zwei Tatbestände angeführt: Die Einwanderer in die USA hätten ihre eigenen religiösen Überzeugungen mitgebracht. Viele Gruppen wären wegen ihrer religiösen Verfolgung auf dem alten Kontinent ausgewandert. Damit steht ihre Religion in Amerika in besonderem Maße im Mittelpunkt ihres Lebens. Nur wenn sie sich engagieren, hat ihre Kirche eine Zukunft. Der Staat hilft nicht.

Die zweite Erklärung argumentiert ganz anders: Da es in den USA in jeder politischen Gemeinde ein breites Angebot an durchaus unterschiedlichen Religionsgemeinschaften gibt, die sich alle nur durch die freiwilligen Zahlungen ihrer Mitglieder finanzieren können, müsse sich jede Gemeinde intensiv um ihre „Schäfchen" bemühen. Wettbewerb belebe das Geschäft.

Über viele Jahrhunderte mussten Europas Menschen die Vorgaben ihrer Kirche auch als eine schwere Last empfinden. Nur die eine Kirche, die der Konfession ihres Landesherrn, bestimmte ihr Leben. Ein Ausweichen war nicht möglich. Die Begründung abweichender Glaubensüberzeugungen war lebensgefährlich. Die Säkularisierung des öffentlichen Lebens, die individuelle Befreiung von diesem dogmatischen Joch war nur schrittweise und gegen den massiven Widerstand der Kirchen möglich.

Die Auswanderer waren doch keine Ungläubigen. Sie wussten, was Gott für ihr Leben bedeutet. Doch frei wollten sie ihre Religion leben und sie frei in ihren Alltag und in das öffentliche Leben tragen. So bleibt der Glauben in seinen vielfältigen Facetten in den USA stark. Die Kirchen müssen sich in der Neuen Welt nicht gegen die Säkularisierung wehren. Sie akzeptieren den weltlichen Staat. Die Verfassung der USA sorgt für eine klare Trennung von Staat und Religion. Die Kirchen bleiben bei ihrem ureigenen Auftrag.

Viele Präsidenten, auch Bill Clinton, haben die in der US-

Verfassung garantierte Religionsfreiheit als die wichtigste der für die US-Bürger gesicherten Freiheitsrechte bezeichnet. Für sie ist die Religionsfreiheit die Basis aller menschlichen Freiheit. Das erklärt sich nicht nur aus der US-Geschichte. Diese Bewertung soll auch unterstreichen, dass jeder Mensch das unteilbare Recht hat, Gott so zu ehren, wie es seiner Überzeugung entspricht. Am 6. Januar 1941 stellt Präsident Roosevelt in einer Rede vor dem Kongress dar, für welche Grundwerte die USA im 2. Weltkrieg kämpfen: für die Meinungsfreiheit, für die Freiheit von Angst und materieller Not und für „die Freiheit jedes Menschen überall auf der Welt, Gott auf seine eigene Weise anzubeten“ (Gerhard Besier, „The Concept of Freedom“, in „Totalitarismus und Demokratie“, 2. Jahrgang 2005, Heft 2, S. 382).

In den USA gibt es das konfessionell starre, auf Machterhalt ausgerichtete Kartell von Staat und Kirche nicht. Auch die Aufklärung schwächt die Bindungen der US-Bürger an die Kirchen nicht. Die Aufklärung in Wirtschaft und Gesellschaft, die voraussetzungslose Forschung, Entwicklung und Produktion machen den Erfolg der US-Wirtschaft aus. Doch die Kirche bleibt im Dorf, im Lebenszentrum von Gods own Country. Schließlich bleiben auch in den USA genügend menschliche Fragen und Probleme offen, auf die die Vernunft keine Antworten findet.

In Europa gibt es ein auf Machterhalt ausgerichtetes Kartell von Staat und Kirche.

Nach allen Umfragen der letzten Jahre fordern mehr als 75 Prozent der US-Bürger einen stärkeren Einfluss der Religion in der Gesellschaft. Diese generelle Forderung sagt aber nur wenig darüber aus, wie sich dieser Einfluss im Einzelnen darstellen und auswirken soll. In jedem Falle nicht im Stile der europäischen „Anstaltskirchen“, deren einengendem Einfluss sie gerade erst entronnen waren. Im neuen Kontinent trafen und treffen immer noch viele von ihrer ethischen und religiösen Herkunft her sehr unterschiedliche Menschen individuell und in Gruppen aufeinander. Deshalb mussten und müssen zwei tragende Elemente in der US-Gesellschaft verwirklicht werden: Ein weit reichendes, die große Mehrheit der Bürger vereinigendes Band religiöser Bindung und eine Grundeinstellung, die sehr unterschiedliche kirchliche Ausdrucksformen billigt, nicht nur hinnimmt. Die Bezeichnung „Sekten", die massiven Vorwürfe gegen „Scientology" in Europa, sind für dieses Land nicht nachvollziehbar. Staatliche Aktivitäten gegen solche Vereinigungen bei uns führen immer wieder zu massiven Vorwürfen aus den USA.

Eine Aussage wie die des EKD-Ratsvorsitzenden Wolfgang Huber kann in den USA nur als ein verkappter Monopolanspruch der Großkirchen verstanden werden, der nicht nur nicht hingenommen werden kann, sondern die Frage aufwirft, wer denn festlegt, welche Form von Religion den Menschen gut tut: Huber: „In dem Vakuum, das der schwindende Einfluss der Kirchen hinterlässt, breiten sich teilweise problematische Erscheinungsweisen von Religion aus. Nicht jede Form von Religion ist lebensfördernd, der Wahrheit verpflichtet und mit der Würde der menschlichen Person vereinbar. Es gibt Ausprägungen der Religiosität, in denen Menschen abhängig gemacht oder in Abhängigkeit gehalten, in ihrer Würde eingeschränkt und in ihrer Freiheit eingeengt werden. Den Kirchen kann es nicht gleichgültig sein, wenn Menschen in den Sog solcher religiöser Formen geraten" (Huber, „Kirche in der Zeitenwende", S. 225).

Die US-Amerikaner verstehen das nicht. Sie entscheiden selbst. Das plurale Bild einer vielfältigen und sehr bunten Angebotspalette auf dem „Markt" institutioneller Frömmigkeit ist für sie ebenso Ausdruck der von der Verfassung gebotenen Trennung von Staat und Kirche wie die Tatsache, dass man am Sonntag vor und nach dem Gottesdienst uneingeschränkt einkaufen kann. Bei uns regelt der Staat immer noch, zumindest in Restbeständen, die Ladenöffnungszeiten. Die Geschäfte bleiben am Sonntag geschlossen und dennoch sind die Kirchen leer. In den USA ist das umgekehrt.

In jedem Falle ist es zu oberflächlich, aus dem vielfältigen kirchlichen Angebot in den USA den Schluss zu ziehen, das sei ein wesentlicher Grund für die so viel stärkere Bindung der US-Amerikaner an Religion und an die Kirchen. Mich erinnert das an den Streit in der Ökonomie zwischen den Anhängern der Angebots- und der Nachfragetheorie. Die einen sind davon überzeugt, dass sich ein Ausweiten des Angebots seine Nachfrage selbst schafft. Die anderen wollen die Kaufkraft der Nachfrager stärken, damit sie mehr kaufen können. Die Wahrheit liegt auch hier in der Mitte.

In Deutschland bleiben die Geschäfte am Sonntag geschlossen und die Kirchen sind leer. In den USA ist das umgekehrt.

Wir haben in Europa katholische Länder wie Irland mit einer weiterhin starken Bindung an ihre Kirche in „Monopolfunktion". Zumindest in diesem Lande wird die These vom religiösen Wettbewerb, der das „Geschäft belebt" widerlegt. In anderen europäischen Ländern verlieren die jeweiligen Großkirchen seit längerem viele Mitglieder. In einigen Ländern gehen viele Gläubige zu Freikirchen, in anderen nur wenige. Hier landen die meisten im kirchlichen Nirwana. Es müsste im Einzelnen untersucht werden, ob es in den jeweiligen Ländern „religiöse Märkte" gibt, auf denen sich die neuen Anbieter auch durch eine klare „corporate identity" gegen überkommene Konkurrenten durchsetzen und das insgesamt zu einem höheren Maß an Religiosität oder ob es nur zu Wechseln innerhalb des kirchlichen Angebots führt.

Eigentlich sind aber solche Ableitungen aus dem Marktgeschehen irreführend. Wenn sich die kirchliche Lage in Irland so völlig anders darstellt als in Skandinavien, wird letztlich nur sichtbar, dass die nationale Geschichte und ihre Bezüge zur Kirche und zur Religiosität bis heute fortwirken. Und es wäre ebenso irreführend, daraus den Schluss zu ziehen, Kirchenbindung sei auch ein untrügliches Maß für individuelle und gesellschaftliche Moral. Und ein Weiteres ergibt sich daraus: Der Einfluss der Kirchen wird national determiniert und nirgendwo sonst.

Doch eins stimmt: Klare Alternativangebote werden den religiösen Menschen dann eher und schneller zum Kirchenwechsel veranlassen, wenn er zunehmend feststellen muss, dass ihn sein Verbleiben in seiner Kirche in große Gewissenskonflikte mit seinem Glauben bringt. Auch das scheint der zentrale Unterschied zwischen den USA und vielen europäischen Ländern zu sein: In den USA gehören Kirchlichkeit, religiöse Partizipation, aber auch Kirchenwechsel zum Alltagsleben. Die Kirchengemeinden bieten zudem wesentlich mehr als die sonntägliche Portion religiöser Frömmigkeit. Es ist keine Schande, die Konfession zu wechseln. Sie ist auch nicht besonders fest gefügt. In Europa lockern sich solche Bindungen erst langsam. Als meine Frau und ich aus der Evangelisch-Lutherischen Landeskirche Nordelbiens austraten und in eine kleine Freikirche eintreten, hat das ein beträchtliches Echo ausgelöst. Der vielfache Kommentar: Dass Sie sich das gewagt haben! Da blitzt noch obrigkeitliches Denken über die Anstaltkirchen aus der Zeit von Thron und Altar auf.

Kirchlicher Einfluss wird national bestimmt und nirgendwo sonst.

In den USA wachsen seit Jahrzehnten solche Kirchen, die eine dezidiert konservative Theologie verkünden. Die Verlierer sind die liberalen Kirchen, die sich dem Zeitgeist öffnen. Die aktuellsten der Streitfragen sind die Haltung zur Abtreibung und zur Homosexualität und der kirchlichen Segnung homoerotischer Partnerschaften. Das sind zugleich auch imminent politische Fragen, die während des letzten Präsidentenwahlkampfes von George W. Bush in den Mittelpunkt seiner innenpolitischen Aussagen gestellt wurden und sicherlich mit auf den Ausgang der Wahlen Einfluss hatten. Hinzu kam, dass der Irakkrieg von Anfang an von Menschen, die sagten, sie gingen wöchentlich in die Kirche, sehr viel positiver beurteilt wurde als von solchen mit einer schwachen konfessionellen Bindung. „Besonders deutlich war die Pro-Krieg-Haltung bei Befragten, die sich als ‚evangelikal' oder zur ‚christlichen Rechten' zugehörig bezeichneten" (Prätorius, „In God we trust", S. 84). Das hat sich bis zum Wahltag kaum noch verändert.

Unsere Aufgabe ist es nicht, die US-Kirchen nach „liberal" oder „konservativ" zu klassieren. Prätorius (aaO, S. 74) versucht es mit einer negativen Abgrenzung. Bei den liberalen Kirchen handelt es sich vornehmlich „um jene protestantischen Kirchen und Konfessionen, die (zumindest überwiegend) nicht-evangelikal und nicht-fundamentalistisch ausgerichtet sind. Anhänger dieser Glaubensrichtungen suchen eine Versöhnung des naturwissenschaftlichen Weltbilds mit ihrem Glauben, lehnen eine buchstabengetreue Lesart des Evangeliums ab und machen die Bibel nicht zur ausschließlichen Richtschnur in allen Lebensbelangen. Sie betonen vor allem die ethische und soziale Verantwortung, die aus der christlichen Lehre erwächst, und sind offen für das ökumenische Gespräch mit anderen Konfessionen." Prätorius macht darauf aufmerksam, dass diese Kriterien nur begrenzt angewandt werden können, eigentlich nur gegenüber Glaubensgemeinschaften, die mehrheitlich entgegen gesetzten evangelikalen oder fundamentalistischen Prinzipien folgen.

Die United Methodist Church, die Evangelical Lutheran Church in Amerika, die Presbyterian Church – die sog. mainline Protestanten mit etwa 18 Millionen Mitgliedern – verzeichnen einen anhaltenden Mitgliederschwund. Die Katholiken, Southern Baptists (und auch die Mormonen) haben nennenswerte Zuwächse. Diese Entwicklung hat vielfältige Ursachen. Einige haben wir bereits angesprochen. Generell kann hinsichtlich der mainline Protestanten festgehalten werden, dass es zu einer „Verkopfung" der theologischen Ausbildung kam, die sich vom Glauben ihrer „Basis“ ablöste bis hin zur Trivialisierung der christlichen Heilsbotschaft und der Zehn Gebote. So kam es und kommt es zu konservativen Abspaltungen und Übertritten und damit zur nachhaltigen Schwächung dieses Lagers.

„In den USA gehören die alten protestantischen mainline churches zu den Verlierern. Gewinner sind dezidiert konservative Anbieter der ‚religiösen Rechten‘. Analoges lässt sich in verschiedenen lateinamerikanischen Gesellschaften beobachten, wo die römisch-katholische Kirche durch Konversion viele Mitglieder an charismatische Gruppen und Sekten verliert. Der große Erfolg solcher Sekten und überhaupt der vielen charismatisch-christlichen Bewegungen läßt sich wohl dadurch erklären, daß harte Religionen den Konsumenten sehr viel bieten: Indem sie hohes religiöses Engagement, dichte Vergemeinschaftung, strikt zu beachtende moralische Normen und erhebliche Finanzmittel fordern, erschließen sie den in ihnen vergemeinschafteten Menschen in pluralistischer Unübersichtlichkeit und verängstigender Unsicherheit eine starke, stabile Identität, krisenresistente Welt- und Zeitdeutung, geordnete Familienstrukturen und dichte Netzwerke der Solidarität. Im Himmel ihres autoritären Vatergottes herrschen die klaren Verhältnisse unumstößlich evidenter Wahrheit, die im Diesseits schon antizipiert werden“ (Graf, aaO, S. 29).

In den USA führt ein glaubenszentrierter evangelikaler Konservatismus zwangsläufig zu einem gesellschaftspolitischen Konservatismus. Dieser Prozess führte bei den letzten Präsidentschaftswahlen dazu, dass nun auch der gesamte mittlere Westen mehrheitlich Republikaner wählte, und der Oststaaten-Kandidat John Kerry deutlich verlor. Eine Befragung der Bürger in den USA und Kanada anhand eines Kriterienkatalogs (siehe Prätorius, aaO, S. 87 f) ergab, dass 79 Prozent aller schwarzen Protestanten „evangelikal“ sind, aber auch 50 Prozent der Katholiken (Kanada 34 Prozent) und 57 Prozent der mainline Protestanten (Kanada 34 Prozent). Die Evangelikalen sind davon überzeugt, dass ihnen durch das Leben, den Tod und die Auferstehung Jesu ihre Sünden vergeben werden, dass die Bibel weitgehend Gottes Wort wiedergibt, dem zu folgen ist, dass sie ihr Leben Christus übereignet haben und dass sie aktiv Mission treiben wollen.

Angesichts der Vielzahl der Religionsgemeinschaften, ihrer begrenzten Hierarchisierung und der Weite des Landes stellt sich die Frage, wie aus dieser konservativen Frömmigkeit politische Macht entspringen kann? Prätorius liefert dazu eine detaillierte Analyse (aaO, S. 111). In der Quintessenz hängt möglicher politischer Einfluss von der Einsatzbereitschaft der kirchlichen Basisgruppen ab, die insbesondere bei den Vorwahlen auf die Auswahl der Kandidaten und auf die Themenschwerpunkte ihrer Partei Einfluss nehmen können und das vor allem in Übereinstimmung mit anderen Gruppen. Beispielgebend dafür ist die gemeinsame Front der Evangelikalen und der katholischen Bischöfe gegen eine Liberalisierung des Schwangerschaftsabbruchs (Prätorius, aaO, S. 118).

Wenn der Präsidentschaftskandidat überzeugend für solche Forderungen eintritt, hat das politische Folgen. Ein Wahlsieg ist damit allein aber noch lange nicht erreichbar. Die jeweilige Wählerkoalition der Kandidaten besteht stets aus sehr unterschiedlichen Gruppen: dem Mittelstand, Big-Business, den Farmern, den Soldaten, den Gewerkschaftlern ... Die Kunst der Wahlstrategen besteht darin, die Ansprüche der einzelnen Gruppen an die politischen Ziele der Partei so aufeinander abzustimmen, dass sie sich möglichst nicht widersprechen, am besten so weit miteinander harmonisieren, dass der eigene Kandidat wie ein eindrucksvoller nationaler Führer erscheint.

Viele deutsche Evangelikale jubelten umsonst, als sie den Wahlsieg des „wiedergeborenen" George W. Bush mit seinen verbalen Attacken gegen Abtreibung, Homosexualität, Drogenmissbrauch und anderen „Abartigkeiten" feierten. Sie werden erleben, dass die machtbewusste Republikanische Partei und ihr Präsident keineswegs daran denken, ihre Forderungen und die Postulate aus dem Wahlkampf eins zu eins umzusetzen. Das liegt auch daran, dass die USA ein halber Kontinent mit 50 Bundesstaaten sind. Da wird die Zentralmacht in Washington auch von vielen Evangelikalen misstrauisch beäugt und auch in ihre Grenzen gewiesen, wenn sie versucht, zusätzlich Macht an sich zu reißen. Außerdem bleibt es dabei: Nur eine große Wählerkoalition sichert Wahlerfolge und was fast wichtiger ist, die Finanzierung der extrem teuren Wahlkampagnen.

Es ist nicht möglich, solche Entwicklungen in den USA auf Europa zu übertragen. Bei uns herrschen völlig unterschiedliche nationale Grundvoraussetzungen. Das spiegelt sich auch auf der europäischen Ebene wider. Eine große Mehrheit der Abgeordneten im Europäischen Parlament zwang den italienischen Bewerber für einen Posten in der EU-Kommission schlussendlich zum Rückzug, weil er als katholischer Christ Homosexualität als Sünde bezeichnet hatte. Da half es ihm nicht, dass er gleichzeitig unterstrich, dass er selbstverständlich geltendes Recht und Gesetz uneingeschränkt zur Grundlage seiner Arbeit machen werde. Der anschließend laut werdende Protest gegen die erfolgreiche Kampagne gegen Buttiglione war mäßig, eigentlich ohne Belang und ohne erkennbare politische Folgen.

In den USA wie in Europa ist die katholische Kirche die größte Religionsgemeinschaft. Die Wahl von John F. Kennedy im Jahre 1961 zum 35. Präsidenten der USA markiert einen Wendepunkt für die US-amerikanischen Katholiken. Noch in den 40er- und 50er-Jahren wurden sie wegen ihrer „Romhörigkeit“ vielerorts verächtlich gemacht, nun hatte einer der Ihren das höchste Staatsamt inne. Die römisch-katholische Kirche als heute größte Religionsgemeinschaft der USA findet allein deshalb bei den Politikern beider Lager entsprechende Beachtung.

Die Wahlen in den USA werden im politischen Spektrum dieses Landes von den Wählern der Mitte entschieden. Und dort in diesem moderaten Meinungsspektrum ist die große Mehrheit der amerikanischen Katholiken angesiedelt. Obwohl sie zur ihrer Kirche stehen, tragen sie mehrheitlich nicht die von Rom vorgegebenen moralisch-ethischen Grundwerte mit, insbesondere hinsichtlich des Verbots jeder künstlichen Empfängnisverhütung, des Schwangerschaftsabbruchs und der Ächtung der Ehescheidung (Prätorius, aaO, S. 134 ff). Während solche Dissidenten anderer Religionsgemeinschaften die Kirche wechseln, bildeten und bilden sich in der katholischen Kirche der USA innerkirchliche Oppositionsgruppen, die sich auch öffentlich artikulieren. Das und die „Unbeweglichkeit" der römischen Kurie sowie eine Reihe von Skandalen des sexuellen Missbrauchs durch Priester an Minderjährigen haben zu einem beachtlichen Vertrauensverlust für den katholischen Klerus geführt.

Der hohe Klerus mag mit den Evangelikalen bei zentralen ethisch-moralischen Fragen eine Einheitsfront bilden, die katholischen Wähler beeindruckt das, wie alle Umfragen zeigen, nur bedingt. Auch bei den letzten Präsidentschaftswahlen sind sie keineswegs ins republikanische Lager abgewandert. Dieses Verhalten der katholischen Wähler und ihre bleibenden Bindungen an ihre Kirche zeigt sehr wohl Parallelen zu Europa auf.

„Kurzfristig befindet sich der organisierte Katholizismus in den USA dadurch in einer paradoxen Lage: Die Gemeinden und ihre Mitglieder sind zweifellos in der Mitte der Gesellschaft angekommen, durch ihre quantitative Stärke und ihre umworbene Position haben sie sogar das Potential, eine ausschlaggebende Rolle in der Politik zu spielen. Sie werden diese Rolle aber kaum unter der Führerschaft einer Amtskirche wahrnehmen, die einen solchen Autoritäts- und Vertrauensverlust hat hinnehmen müssen. Das Gewicht ist also da, nicht aber die Organisation, dieses Gewicht in die Waagschale der Politik zu werfen. Vielmehr spricht vieles für die Vermutung, dass die jüngste Krise ihrer Kirche viele Katholiken dazu bewegt, sich mehr ins Private zurückzuziehen und politische Präferenzen von anderen Kriterien leiten zu lassen als von ihrer katholischen Identität" (Prätorius, aaO, S. 142).

Während es den meisten europäischen Kirchen an aktiven jüngeren Christen fehlt – ihre Gottesdienste spiegeln normalerweise keineswegs den Altersdurchschnitt der Bevölkerung wider – ist das in den USA anders. Das liegt natürlich auch daran, dass die Gemeinden in den USA einen ganz anderen Platz im Alltagsleben der Familien einnehmen. Es liegt aber auch am US-amerikanischen Schulsystem. Das öffentliche Schulsystem bis hin zu den staatlichen Colleges gilt als zweitklassig. Die Privatschulen und die Colleges in privater Trägerschaft haben oft eine lange Tradition, die zurückreicht in die Besiedelung des Landes. Allein deshalb haben viele von ihnen ihren religiösen Ursprung bewahrt. Nur die religiöse Sozialisation im Elternhaus aber auch in der Schule kann die Heranwachsenden in ihrer Bindung bestärken. Die Kirchen allein können das nicht. Alle Untersuchungen über die Effekte der deutschen protestantischen Konfirmation bestätigen das. Hinterher, nach dem Abendmahl und dem Kassieren der Geschenke, werden sie nicht mehr gesehen.

Der Kampf um die Privatschulen und ihre Finanzierung aus öffentlichen Mitteln über das sog. „voucher-System" (Prätorius, aaO, S. 20 f) ist in den USA eine Auseinandersetzung, die die Grundfragen der strikten Trennung von Staat und Religion betrifft, aber im großen Interesse der Kirchen liegt. In einzelnen Bundesstaaten sind solche Programme aus Gründen ihrer Staatsverfassungen untersagt. Generell geht man in den USA davon aus, dass die Qualität des privaten Bildungswesens dem der öffentlichen Schulen überlegen ist. Auch deshalb wächst seine Bedeutung und kann damit zu einer Festigung der Religiosität in den USA beitragen. Zu beachten ist, dass auch in Deutschland die Attraktivität konfessioneller Schulen deutlich zunimmt.

Wenn wir ein Fazit aus diesen Überlegungen ziehen und

daraus einen Vergleich mit Europa versuchen, können wir zu folgenden Ergebnissen kommen:

a) Die USA sind trotz ihrer Größe und ihrer ethnologisch bunten Bevölkerung ein Staat, der um seine Stärke weiß, die einzig verbleibende Weltmacht zu sein. Die Zentralisierung der Entscheidungen in Washington sichert diese Position. Die USA sind aus der Sicht vieler ihrer Bürger „Gods Own Country". Die Europäische Union hat nichts Vergleichbares aufzuweisen. Jeder Versuch, die EU auch in ihren Entwicklungszielen mit den USA zu vergleichen, ist unsinnig. Aus der EU wird kein Bundesstaat werden, auch keine „Weltmacht".

b) „Trotz der verfassungsmäßigen Trennung von Staat und Kirchen und Religionsgemeinschaften sowie der immer neuen Kontroversen um das Schulgebet ist ein starker, den äußerst pluralen Religionskosmos überwölbender „In God we trust"-Glaube in allen politischen Lagern als unverzichtbare sozialmoralische Grundlage einer multi-ethnischen Einwanderungsgesellschaft der vielen Verschiedenen akzeptiert. Die große Mehrheit der Amerikaner versteht sich in einem dezidiert konfessorischen Sinn als tiefgläubig" (Graf, aaO, S. 55 f). Für die Europäische Union gibt es auf der Ebene der Gemeinschaft keinerlei religiöse Dimension. Europa zerfällt kulturell und religiös in viele, meist staatliche Einheiten. Europa ist bzw. wird ein Einwanderungsland. Die vielen Millionen, die bereits da sind oder kommen werden, werden vor allem Muslime sein.

c) Die Gesellschaftsgeschichte der USA nach dem Zweiten Weltkrieg hat gezeigt, dass die soziologischen Modernisierungstheorien falsch waren, die prognostizierten, dass eine wahrhaft moderne Gesellschaft eine Gesellschaft ohne Religion sein werde und Kirchen nur noch für kleine Gruppen Vorgestriger attraktiv sein würden. Abgenommen an Mitgliederzahl haben in den USA nur die liberalen Kirchen der protestantischen mainline, die dem Zeitgeist nachlaufen. Die konservativen Kirchen und die katholische Kirche wachsen dagegen. Dieses Phänomen kann auch in einer Reihe europäischer Länder sichtbar werden.

d) Die Religionsgeschichte der USA zeigt, „dass religiöse Traditionen auch unter den Bedingungen des entwickelten Kapitalismus gewichtigen Einfluss auf die Gestaltung der Rahmenordnung behalten. Zwar mag mit der Pluralisierung der religiösen Deutungssysteme der Einfluss der Kirchen auf die öffentlichen Debatten über das Verhältnis von Markt und sozialen wie politischen Institutionen der Begrenzung freier Marktdynamik zurückgehen. Aber sie werden in ihrer Bindung an das überkommene christliche Brüderlichkeitsethos immer auf Sozialpflichten und Korrekturen der vom Markt erzeugten Verteilung von Einkommen und Chancen bestehen müssen“ (Graf, aaO, S. 200).

Auch die europäischen Kirchen versuchen, durch Stellungnahmen zur aktuellen Gesellschaftspolitik ihrer Länder und der Entwicklung der EU Einfluss zu nehmen. Generell kann festgestellt werden, dass ihre Wirkungen umso geringer sind, je mehr sie dem Zeitgeist hinterherlaufen.

Bei politischen Fragen stellt sich auch in Europa die Frage, woher die Kirchen ihren angemaßten Sachverstand beziehen und wer sie legitimiert hat, Stellung zu nehmen. Der Einfluss dieser Stellungnahmen auf die Politik ist gering.

Ein entchristlichtes Europa wird es nicht geben. Doch der Islam wird sich als eine starke Religion durchsetzen.

e) Die religiöse Entwicklung in den USA liefert den Beweis, dass von einer umfassenden Säkularisierung der westlichen Gesellschaften nicht die Rede sein kann. Im Gegenteil! Die Religiosität ändert ihre institutionellen Formen. Sie bestimmt aber weiter das Leben vieler Menschen.

In Europa können generelle Aussagen angesichts der sehr unterschiedlichen Entwicklung von Land zu Land nicht getroffen werden. Überall scheint aber die Bindekraft des Christentums abzunehmen und die großen Kirchen verlieren an

Einfluss. Unklar ist, wohin auf Dauer „die Reise geht“. Ein entchristlichtes Europa wird es nicht geben. Welche Rolle die Freikirchen spielen werden, ist unklar. Eins ist heute klar: Der Islam wird sich als eine starke Religion durchsetzen.

Religiöse Vielfalt

Die überzeugten Europäer werden bescheidener. Von einer bestehenden europäischen Identität ist immer weniger die Rede. Auf einer Tagung der Stiftung für Deutsch-Französische Zusammenarbeit in Europa vom 25. – 26. Februar 2005 im Schloss Genshagen bei Berlin zum Thema „Was ist und wozu brauchen wir europäische Identität?“ unterstreichen die Disputanten, dass der Begriff „europäische Identität“ oft als „Füllwort“ und als „Lückenbüßer“ verwandt wird, weil eine ideologische Überhöhung eines technokratischen Prozesses oft hilfreich sein könne für den Fortgang der Integration. Es sei aber unbestreitbar, dass die europäische Identität – falls in Ansätzen vorhanden – bei jeder Erweiterung der EU nach Osten oder Südosten abnehme. Das Ziel sei auch nicht, im Prozess der europäischen Integration eine gemeinsame kulturelle oder religiöse Identität herzustellen. Es gehe ausschließlich um die schrittweise Schaffung einer politischen Identität Europas. Es werde keine europäische Leitkultur geben. Die Unterschiede in der nationalen Geschichte, ihrer Kultur dürften nicht verwischt werden. Die Gleichberechtigung aller Sprachen dürfe Europa nicht infrage stellen.

Der Prozess für ein europäisches Zusammengehörigkeitsgefühl wird, wenn er denn überhaupt gelingt, viel Zeit in Anspruch nehmen. Der Inhalt der schlussendlich abgelehnten europäischen Verfassung dokumentiert eindeutig, dass die Mitgliedstaaten nur bereit sind, der Union einen begrenzten politischen Spielraum einzuräumen. Dieser Tatbestand unterstreicht eindrücklich die jüngste Entwicklung der EU: 1992, bei der Verwirklichung der Währungsunion und der Einführung des Euro, eine unübersehbare Bereitschaft zum nationalen Souveränitätsverlust. Heute im Rückwärtsgang „Entkernung" des Stabilitätspaktes und Renationalisierung der gemeinsamen Wirtschafts- und Finanzpolitik, wo immer das möglich ist.

Die EU-Mitgliedsstaaten wollen der Union nur einen begrenzten politischen Spielraum einräumen.

Das entspricht im Übrigen auch den Forderungen der Mehrheit der westeuropäischen Bürger. Die längst beschlossene Ost-Erweiterung wird im Jahre 2004 (DIW-Wochenbericht 11/2005) nur in Spanien, Griechenland, Italien und Irland mehrheitlich begrüßt. In Österreich und Deutschland mit fast Zweidrittel-Mehrheit abgelehnt. Natürlich macht sich diese Mehrheit Sorgen über die Verlagerung der Arbeitsplätze in diese Billiglohnländer. Doch die zentralen Vorbehalte resultieren aus den zu erwartenden Zuwanderungen aus diesen Ländern.

Wie sollen die Kirchen mit diesen Entwicklungen umgehen? In jedem Falle erwächst ihnen daraus keine zusätzliche Kraft, mit ihren sehr unterschiedlichen strukturellen und aktuellen nationalen Problemen fertig zu werden. Im Gegenteil, sie müssen befürchten, dass die sich verstärkenden Immigrationswellen innerhalb der EU von Ost nach West ihre Schwierigkeiten verstärken können. Ihre Gläubigen verlassen ihre Heimat, verlieren ihre Bindung an ihre nationalen Kirchen. Sie können ihnen nicht im gleichen Maße wie im 19. und 20. Jahrhundert mit eigenen Gemeinden folgen, vor allem damals in die USA. Was aus den Auswanderern in ihrem neuen Heimatland theologisch wird, ist offen.

Um es vereinfacht zu sagen: Die nationalen Kirchen bleiben in der nationalen Geschichte und Gegenwart verhaftet, in ihrer Rolle, die sie auch kulturell gespielt haben und noch spielen, in ihrer Erneuerung nach der Überwindung der kommunistischen Zwangsherrschaft und den sehr unterschiedlichen Modernisierungsprozessen, denen sie national ausgesetzt sind. Aber ihre Mitglieder können auswandern. Sie nehmen viel religiöses „Gepäck“ mit. Doch finden sie in ihrer neuen Heimat wieder einen Hort für ihre spezielle Religiosität? Eher nicht. Das Schicksal der jüngeren Russlanddeutschen und ihre fehlende Bindung in unserer deutschen Gesellschaft hat auch mit ihrem Verlust an kirchlicher Bindung und religiöser Werte zu tun.

Am ehesten könnte es der katholischen Kirche gelingen, den Auswandernden eine neue theologische Heimat zu geben. Überall bietet sie bei uns eine seelsorgerische Betreuung in den Sprachen der Zugewanderten an. Das hat schon eine lange Tradition. Als viele 100.000 Polen im 19. Jahrhundert ins industrielle Herz an Rhein und Ruhr ziehen, um dort Lohn und Brot zu verdienen, zieht die polnische katholische Kirche gleich mit und erleichtert so das Eingewöhnen im Ruhrgebiet und hält ihre Schäfchen bei der Stange.

Doch heute hätte auch die katholische Kirche solche Möglichkeiten nicht mehr. Nur Polen ist ein katholisches Land. Und Massenauswanderungen in eine einzige Region der EU wird es nicht mehr geben. Dennoch bleibt festzuhalten: Diese Weltkirche kann noch am besten mit Europas Integration umgehen. Nicht zuletzt deshalb kommt die Forderung „Europa eine Seele geben“ aus ihrer Mitte. Sie hat auch nach dem Tode von Papst Johannes Paul II. ihre Grundpositionen nicht geändert und wirkt deshalb von außen wie ein religiöser „Monolith“.

Bei allen anderen Kirchen wird der Streit um die Rolle von Ehe und Familie – um Ehescheidung, Geburtenkontrolle und Abtreibung – um sexuelle Selbstbestimmung und die Homoehe zunehmen. Es wird schärfer noch gestritten werden um die Rolle der Frau in der Kirche und ihre Ordination und um die Grundlagen unseres christlichen Glaubens wie die fleischliche Auferstehung und das ewige Leben. Deshalb stehen weitere Pluralisierungsschübe und Schismen eher auf der zukünftigen Tagesordnung als die immer wieder beschworene Ökumene weltweit. Auf europäischer Ebene ist sie sowieso nicht zu verwirklichen.

Doch immer wieder wird sie beschworen, so bereits im Ökumenismusdekret des 2. Vatikanischen Konzils. Viele Dialoge hat es gegeben. Doch die Ergebnisse sind mehr als dürftig. Jede Kirche versteht sich als Hüterin und Lehrmeisterin der göttlichen Wahrheit. Da sind Kompromisse in Fragen der Lehre nicht möglich. Und so geht es nicht um Einheit im Glauben, bestenfalls um besseres wechselseitiges Verstehen, Abbau von Animositäten und Feindbildern. Vor allem aber müssen alle an ihre nationale Basis denken. Dort entscheidet sich ihre religiöse und damit auch ihre materielle Zukunft.

Das durchaus zweifelhafte Bekenntnis Roms zur Ökumene bedeutet im Übrigen keineswegs, dass die katholische Kirche die anderen christlichen Religionsgemeinschaften weltweit und auf der Ebene der EU als gleichberechtigt im Glaubensdialog ansieht. Zu gewissen verbalen Kompromissen scheint man bereit zu sein. Martin Luther und die Reformation werden heute durchaus nuanciert betrachtet. Aber ansonsten werden katholische Positionen notfalls erneut festgezurrt, falls Zweifel aufkommen sollten.

Die orthodoxen Kirchen nehmen zwar am ökumenischen Dialog teil, sind aber in der Europäischen Union noch lange nicht angekommen. Der europäische Protestantismus existiert nicht. Er existiert in vielen Facetten und theologisch uneins in den einzelnen Mitgliedstaaten. Auch deshalb gibt es keinen Grund für die katholische Kirche, ihre ökumenischen Lippenbekenntnisse ernst zu nehmen. Man kann warten ... Allerdings ist auch sie nicht so stark, wie sie es nach außen demonstriert. Der Schein trügt.

Die katholische Europapolitik will Europa (katholisch) neu evangelisieren. Sie übersieht dabei allerdings weitgehend die Realitäten. Und die verweisen auch die katholische Kirche auf den nationalen Rahmen. Nur dort könnte eine solche Anstrengung ansetzen. Und dort trifft sie auf sehr unterschiedliche Kirchen- und Religionslandschaften und auf eine individuell bestimmte Bereitschaft zum Glauben. Und was wichtiger ist; auf katholische Nationalkirchen mit sehr unterschiedlicher Kohäsion und Kraft.

In Westeuropa sind die Einflüsse unserer Zeit auf die Bürger der EU-Mitgliedstaaten vergleichbar stark. Das rationale Denken, die Individualisierung, der globale Druck wirken in allen Ländern. Der Abbau der Wirksamkeit moralischer Vorgaben der Kirchen ist überall spürbar. Auch die nationalen Wohlstandniveaus der westeuropäischen EU-Länder nähern sich an und damit auch das individuelle Konsumverhalten. Und dennoch sind Religiosität und die Stellung der nationalen Kirchen im Bewusstsein ihrer Bürger sehr unterschiedlich. Wenn es also um die Rolle des Christentums in Europa geht, um seine Seele, gibt es keine EU-Antwort. Zu beachten ist aber auch, dass die Wellen muslimischer Einwanderer die EU-Länder sehr unterschiedlich treffen und sich damit auch sehr unterschiedlich in der religiösen Kultur der westeuropäischen Länder auswirken.

Bei uns in Deutschland ist die Angst vor einer multikulturellen Gesellschaft ausgeprägt. Theologisch haben wir sie längst. Ein Drittel der Deutschen sind in keiner Kirche. 600.000 Deutsche sind Mitglieder vielfältiger Freikirchen. In unserem Lande leben geschätzt 1,5 Millionen orthodoxe Christen und 3,5 Millionen Muslime. Ähnlich sieht es in allen westeuropäischen Ländern aus. In Großbritannien kommen noch Millionen Hindus hinzu. In Frankreich leben mehr als fünf Millionen muslimische Mitbürger vor allem aus Algerien – und das führt zu massiven multikulturellen Spannungen.

Den USA bekommt dieser multikulturelle religiöse Flickenteppich sehr gut. Da gibt es keine Angst vor religiöser Überfremdung. Die Religionsgemeinschaften müssen sich im Wettbewerb behaupten. Die USA haben eine einheitliche

Wirtschaftsordnung und ein gemeinsames demokratisches System. Ihre Gesellschaft ist multikulturell, sozial durchlässig und ermöglicht allen Einwandernden in ein bis zwei Generationen den ökonomischen Aufstieg.

Doch wir zittern vor Multi-Kulti, auch weil wir uns unserer eigenen moralischen Basis, unserer religiösen Bindung immer weniger sicher sind. Das müssen wir ändern und uns gleichzeitig gegenüber den islamischen Zuwandernden öffnen. Der Wettbewerb mit dem Islam ist für uns Christen seit langem eröffnet. Er wird aufgrund der demographischen Entwicklung in Europa zunehmen. Ob wir das wollen oder nicht.

Mit dem unmoralischen Doppelspiel, christliche Vorgaben ebenso abzulehnen wie die Zuwanderung von Muslimen, lässt sich die europäische Zukunft nicht sichern.

Die meisten Europäer wollen keine klaren Bindungen mehr an die christlichen Vorgaben. Sie wollen frei sein, auch hinsichtlich der Zahl ihrer Kinder. Ihren Wohlstand wollen sie bewahren, aber eine millionenfache Zuwanderung von Muslimen lehnen sie ab. Mit diesen ökonomisch und sozial unlogischen Erwartungen, mit diesem unmoralischen Doppelspiel lässt sich unsere Zukunft nicht sichern und Europa keine christliche Seele geben.

Deutschland

Deutschland, das Land der Reformation, ist ein exemplarisches Beispiel für diese Entwicklungen. Dabei empfiehlt es sich, die Betrachtung von Ost- und Westdeutschland getrennt vorzunehmen. Die kommunistische Herrschaft hat in der DDR nur eines ihrer Ziele erreicht, dieses Land atheistisch zu machen. Nur Minderheiten haben noch eine, wenn auch mehrheitlich formale Bindung an die evangelischen Landeskirchen.

Die kirchlich Aktiven sind im Durchschnitt deutlich älter als die sie umgebenden Ostdeutschen. Und dennoch gibt es unter den Jungen hoffnungsvolle Anzeichen für eine erwachende Religiosität. Sie suchen anders als ihre Eltern nach dem Sinn des Lebens. Mission ist möglich und kann in bescheidenem Maße erfolgreich sein.

In Westdeutschland ist die Lage der evangelischen Landeskirchen wesentlich diffuser. Die nordelbische evangelisch lutherische Kirche hat sich längst in ihre theologischen Bestandteile aufgelöst. In ihr ist alles möglich, von der kirchlichen Trauung gleichgeschlechtlicher Paare, über die feministische Theologie bis hin zu lutherischen Gottesdiensten, die der Verfassung dieser Landeskirche entsprechen. Sie hat diese Entwicklung teuer bezahlt. Von 1985 bis 2003 eingeschlossen hat sie 18 Prozent ihrer Kirchenmitglieder verloren. Der Gottesdienstbesuch liegt im bundesweiten Vergleich am niedrigsten. Nach den Erwartungen der Kirchenleitung wird bis 2030 ein weiteres Drittel Nordelbien verlassen. Bereits heute müssen viele Kirchen abgerissen oder verkauft werden. Der Pfarrernachwuchs kann nicht eingestellt werden.

Die kommunistische Herrschaft in der DDR hat nur ein einziges ihrer Ziele erreicht: das Land atheistisch zu machen.

Im Süden Deutschlands sieht es besser aus. Die bayrische und die württembergische Landeskirche verlieren in diesem Zeitraum keine Mitglieder. Der Kampf um die christlichen Werte gegen den Zeitgeist ist hier noch nicht entschieden. Zwischen Nord und Süd, diesen Extremen, siedeln sich die anderen Landeskirchen an. Je liberaler umso weniger Gottesdienstbesuch, umso weniger Kirchensteuerzahler.

Die Evangelische Kirche in Deutschland ist krank. Ihre Zukunftshoffnungen sind nur noch verbal vorhanden. Ihre Leitung – die Synode und der Rat der EKD – sind nicht mehr als die Moderatoren ihres theologischen Verfallsprozesses. Das liegt nicht nur an der verfassten Schwäche ihrer Position. Ein theologisches Lehramt gibt es nicht. Die Schwäche der EKD-Führung liegt vor allem an den Prozeduren ihrer Benennung. Bis auf Württemberg werden alle Synoden der Landeskirchen nach dem Siebwahlsystem bestellt. Die Kirchenvorstände bestellen ihre Delegierten für die Kreissynode. Dort werden die Delegierten für die nächste kirchliche Ebene bestellt ... Hinzu kommen die vielen Hauptamtlichen als Vollmitglieder der Synoden. Auf dem Wege der Synodenwahl werden viele Fromme ausgesiebt und ein bestimmter Typ von Synodalen beherrscht die Gremien. Das sind die sog. Liberalen, für die 2000 Jahre christlichen Glaubens nichts mehr bedeuten. Und sie wählen sich ihresgleichen zu ihrem Bischof. Wenn es um Grundfragen des Glaubens geht, sind bestenfalls Formelkompromisse zu erwarten. Auch deshalb weicht die Synode immer wieder in die Politik aus, ohne allerdings dafür den nötigen Sachverstand zu haben und ein demokratisch legitimiertes Mandat.

„Wer die Ökosteuer als einen Akt der ‚Bewahrung der Schöpfung' preist, marode Institutionen des deutschen Sozialkorporatismus mit der Bergpredigt retten will oder das Ladenschlussgesetz zur rechtlichen Garantie von Sabbatheiligung oder Sonntagsruhe stilisiert, fördert nur die inflationäre Entwertung von Religionssemantik. Gern jammern führende Vertreter der kirchlichen Funktionselite darüber, dass Werbeagenturen biblische Bilder zweckentfremden und Medienproduzenten sich christlicher Mythen bedienen. Aber es sind auch die Kirchen selbst, die altehrwürdige religiöse Symbole für vordergründige Zwecke funktionalisieren, religionsästhetische Tabus verletzen und christliche Theologumena banalisieren. ... Ihr Glaubwürdigkeitsverlust ist weithin endogen erzeugt, weil sie die biblischen Sprachen einem extrem schnellen tagespolitischen Verschleiß aussetzen. Durch Trivialisierung religiöser Symbole behindern die Kirchen Traditionsbildungsprozesse und leisten der gedanklichen Auszehrung des Christlichen Vorschub" (Graf, aaO, S. 257).

Über eine sehr lange Zeit zogen daraus die Kirchenmitglieder keinerlei Konsequenzen, nicht zuletzt deshalb, weil ihnen diese Auszehrung kaum bewusst war. Man blieb Kirchenmitglied, weil das der Tradition entsprach. Das hat sich drastisch geändert. Die Frommen treten aus, ohne allerdings so ohne Weiteres eine adäquate kirchliche Alternative zu finden. Die evangelischen Freikirchen sind in ihrer Mehrheit nicht sehr offen und vor allem nach innen gerichtet. Außerdem ist der Sprung vom lutherisch geprägten Gottesdienst zu reformiert orientierten Freikirchen nicht einfach. Allerdings haben die charismatischen und die Pfingstgemeinden ein kräftiges Wachstum zu verzeichnen.

Die meisten treten aus, weil sie jede Bindung an ihre Kirche verloren haben. Und die Steuerlast ist insgesamt stets gewachsen, so dass eine Entlastung durch den Wegfall der Kirchensteuer schon fühlbar ist. Konkret bedeutet das, dass vor allem die beruflich Aktiven austreten und damit die Kirchenkassen erheblich entleeren. Die Alten bleiben. Ihre Hoffnung auf das ewige Leben ist preiswert zu erhalten. Denn Kirchensteuer zahlen sie normalerweise nicht. Von 1992 bis 2001 haben 2,3 Millionen Protestanten die evangelischen Landeskirchen verlassen. Im Jahre 2004 fühlen sich 13 Prozent der Westdeutschen ihrer evangelischen Kirche sehr verbunden. 24 Prozent bezeichnen sich als „ziemlich verbunden“. 63 Prozent haben mit ihrer Kirche kaum etwas oder nichts zu tun. Da sieht es bei den deutschen Katholiken kaum besser aus.

Ronald Inglehart kommt 1998 (Modernisierung und Postmodernisierung – Kultureller, wirtschaftlicher und politischer Wandel in 43 Gesellschaften) zu folgendem Ergebnis: „Es gibt riesige kulturelle Unterschiede zwischen protestantischen und katholischen Gesellschaften, aber der größte Teil dieser Unterschiede spiegelt nicht den direkten Einfluss der heutigen katholischen und protestantischen Kirchen wider. Denn der direkte Einfluss der Kirchen ist heute in vielen dieser Länder sehr schwach. ... Die traditionell katholischen Gesellschaften zeigen immer noch deutlich andere Werte als die traditionell protestantischen Gesellschaften – selbst in den Bevölkerungsteilen, die keine Beziehung zur Kirche haben. Aber diese Werte überdauern als Teil des kulturellen Erbes bestimmter Nationen, und nicht aufgrund des direkten Einflusses religiöser Institutionen. Dieses kulturelle Erbe wurde von den wirtschaftlichen, politischen und sozialen Erfahrungen der Menschen geprägt, einschließlich der Tatsache, dass die Industrialisierung in den protestantischen Gesellschaften früher erfolgte als in den meisten katholischen Gesellschaften – das mag in früheren geschichtlichen Phasen mit religiösen Unterschieden in Verbindung gestanden haben (wie Max Weber behauptete), ist aber mit Sicherheit kein Fall eines reinen institutionellen Determinismus" (aaO, S. 145).

„In den meisten Ländern spiegeln diese kulturellen Unterschiede die gesammelten historischen Erfahrungen bestimmter Gesellschaften wider und nicht den Einfluss, den heutzutage einzelne Kirchen haben. Dieser Punkt wird ganz deutlich, wenn wir die Wertsysteme solcher Gesellschaften wie der Niederlande oder Deutschlands untersuchen – beide historisch überwiegend protestantische Gesellschaften, die aber (als Folge unterschiedlicher Geburtenraten und unterschiedlicher Raten bei den Kirchenaustritten) heute etwa gleich viele praktizierende Katholiken wie Protestanten aufweisen. Trotz dieser Änderungen in ihren heutigen religiösen Verhältnissen zeigen sowohl die Niederlande als auch Deutschland typischerweise protestantische Werte. Mehr noch, die Katholiken und Protestanten innerhalb dieser Gesellschaften zeigen keine bemerkenswert unterschiedlichen Wertsysteme" (Inglehart, aaO, S. 146).

Das erklärt für mich, warum die Mehrheit der Deutschen Bischofskonferenz wiederholt in Widerspruch zum römischen Papst und seiner Kurie geraten ist. Denn sie wissen natürlich um die Erwartungen, die „Wertesysteme", ihrer Kirchenmitglieder. Besonders deutlich ist das geworden, als Rom den

Rückzug aus den Beratungsstellen der deutschen Kirche erzwang, zumindest insofern wie diese eine Bescheinigung über die erfolgte Beratung der Schwangeren ausstellten als Voraussetzung für einen Schwangerschaftsabbruch.

Insofern ist die auch von vielen Katholiken geäußerte Erwartung begründbar, die deutsche katholische Kirche werde, wenn auch zeitversetzt, von denselben Plagen gequält werden, die die evangelischen Landeskirchen bereits heute in wachsende Schwierigkeiten bringen. Noch allerdings sind die Austrittsraten nur halb so hoch wie bei den Landeskirchen, allerdings mit steigender Tendenz.

Ein zentraler Unterschied besteht: Die Glaubensinhalte werden von Rom vorgegeben und nicht durch Mehrheitsvoten von Synoden. Zur Empfängnisverhütung, zur Abtreibung, der Rolle der Frau in der Kirche, zu Ehe und Familie und zum Zölibat gibt es klare Vorgaben, die trotz einer kontroversen Debatte innerhalb der Kirche vorgegeben bleiben. Glaube ist nicht durch demokratische Voten feststellbar. Kardinal Ratzinger im Jahre 2000: „ In der Tat ist der Glauben seinem Wesen nach dort aufgehoben, wo er dem Mehrheitsprinzip unterworfen wird: Warum sollten mich Herr Müller oder Frau Huber verpflichten können, dies oder jenes zu glauben, was sie mehr oder weniger zufällig für richtig halten? Warum sollte ich verpflichtet sein zu glauben, was heute eine Mehrheit verabschiedet, die morgen schon vielleicht durch eine entgegen gesetzte Mehrheit abgelöst wird? Entweder liegt im Glauben der Kirche eine andere Ermächtigung als diejenige menschlichen Meinens oder nicht. Wenn nicht, dann gibt es eben keinen Glauben, sondern jeder denke sich aus, was er für richtig hält. Wenn ja, das heißt, wenn Gott uns wirklich etwas gesagt hat und auch die Organe geschaffen hat, die für die Treue zu seinem Wort stehen, dann zählt diese oder jene zufällige Mehrheit nicht. Die Krise der Anglikanischen Kirche ist nicht durch die Frauenordination als solche ausgelöst worden, sondern dadurch, dass man gegen die bisherige Tradition auch Fragen des

Glaubens der Mehrheitsabstimmung unterworfen hat. Wo sich dies durchsetzt, ist der Glaube tatsächlich am Ende" (Ratzinger, „Demokratie in der Kirche", S. 88 f).

Das heißt nun keineswegs, dass die aktiven Gemeindemitglieder über keinerlei Spielraum verfügen. Im Gegenteil. Nur das evangelische theologische Hickhack mit schlimmen Auswirkungen ist nicht möglich. Dennoch sind die Spannungen innerhalb der katholischen Kirche beachtlich. Zwei Lager stehen sich im deutschen Katholizismus gegenüber, in denen sich die sog. Konservativen und die liberalen „Freunde" versammeln. Diese Gruppen kommen sich auch nicht dadurch näher, dass ihre Kirche in unserer Gesellschaft als letzte Bastion unverfälschter Glaubensüberzeugungen massiv angegriffen wird. „Angesichts der Anfeindungen der Kirche von außen schließen sich Kirchenmitglieder nicht etwa zusammen, in ökumenischem Geist auch in der eigenen Kirche wesentliches Gemeinsames von unwesentlichem Trennendem unterscheidend, sondern es tobt im Inneren eine Schlacht um die rechten Überzeugungen und Strategien, die von außen kaum mehr verstanden werden kann. Auf diese Weise beobachtet man die geradezu bruchlose Übernahme des seit Jahrhunderten gelernten katholisch-protestantischen Konflikts in den binnenkirchlichen Raum – von den Konfessionskriegen zum exkommunikativen katholischen Stammtischgeraune. Das mag auch erklären, dass der innerkirchliche Konflikt im Land der Reformation besonders erbitterte Züge trägt. Wer die Wirkmächtigkeit der Geschichte unterschätzt, wird am ehesten ihr Opfer. So zeigt sich heute das bemerkenswerte Phänomen, dass es zwischen konservativen Katholiken und konservativen Protestanten oft mehr Gemeinsamkeiten gibt als mit den innerkirchlichen Gegnern, und das Gleiche gilt zwischen den so genannten Progressiven beider Seiten" (Lütz, „Der blockierte Riese", S. 39).

Die katholische Kirche in Deutschland hat unübersehbare

Probleme. Durch den Kirchenaustritt verliert sie laufend Finanzmittel. Erstmals ist in Deutschland eine Erzdiözese zahlungsunfähig geworden. Mehr als die Hälfte der Beschäftigten musste entlassen werden. Der Priestermangel nimmt zu, weil Neupriester immer weniger bereitstehen. Die Kirche drückt sich bisher um eine Antwort herum, wie sie diesen existentiellen Gefahren begegnen will. Aber ihre theologische Zukunft muss nicht düster aussehen. Die römische Kirche wird nicht zulassen, dass ihre christlichen Grundnormen national erschüttert werden. Wenn die Gläubigen zu ihrer Kirche stehen und damit dem Zeitgeist widerstehen, müssen sie Bekennermut haben, aber dafür auch Respekt ernten. Denn darauf warten viele Menschen, dass sie Vorbilder kennen lernen und Wegweiser sehen, die ihnen Orientierung geben können. Diese Kirche wird Minderheitenkirche sein. Doch Minderheiten können mit ihrem Geist sehr wohl geistlich träge Mehrheiten bewegen.

Eine von Allensbach im Jahre 2003 vorgenommene repräsentative Befragung der deutschen Katholiken zeigt auf, dass die Hälfte der katholischen Kirchensteuerzahler bestenfalls eine sehr lockere Bindung an ihre Kirche hat. Ein Drittel ist ihr noch verbunden. Deutlich weniger als 20 Prozent bezeichnen sich als glaubende Katholiken. Sie sind vor allem alt und weiblich. Bei den unter 30jährigen kann diese Selbsteinschätzung nur selten registriert werden. Darin spiegelt sich auch die überwiegende Ablehnung der katholischen Sexualmoral bei den Jungen wider.

Besorgniserregend muss sein, dass etwa 75 Prozent einen weiteren Bedeutungsverlust ihrer Kirche erwarten und ein abnehmendes Engagement ihrer Mitglieder. Dass sich in der deutschen Gesellschaft der giftige Hedonismus, der rücksichtslose Egoismus weiter ausbreitet.

„Kardinal Lehmann erwartet für die Kirche des gesamten Landes ostdeutsche Verhältnisse. Die Minderheitensituation der Christen in den neuen Bundesländern gebe eine Vorahnung auf die pastorale Zukunft in der gesamten Republik. … Die Kirche im Westen Deutschlands solle sich deshalb stärker als bisher an den Erfahrungen der Christen in den relativ stabilen religionslosen Milieus Ostdeutschlands orientieren. Erforderlich sei eine grundlegende missionarische Kirche" (Zuhlehner, „Kirche umbauen – nicht totsparen", S. 40). Daraus ergibt sich dann aber auch eine Reihe von Konsequenzen, die unbequem sind: Die Minderheitenrolle annehmen, sich selbst zurücknehmen, die einzelnen Christen verstehen, ohne die eigenen Glaubenswerte aufzugeben. Die Formen der Mission neu zu überdenken, ohne den Glauben zu verraten.

Offen bleibt die Frage, welche Rolle die beiden deutschen Großkirchen angesichts dieser Zukunft auf die Fortentwicklung des Wertekanons in unserem Lande spielen werden. Die Evangelische Kirche in Deutschland hat für sich längst auf einen solchen Einfluss verzichtet. Die katholische Kirche hält an ihren Grundwerten fest, muss aber zur Kenntnis nehmen, dass ihre Mitglieder immer weniger bereit sind, sich ihren Vorgaben in ihrem individuellen Sexualverhalten, in ihren Partnerschaften, ihrem Ja zum Kind unterzuordnen. Eine von der innerkirchlichen katholischen Opposition angestrebte Lockerung dieser Vorgaben wirft sofort die Frage auf, wie weit sie gehen kann, um nicht die Einheit dieser Weltkirche zu sprengen. Und sie wird das Problem nicht lösen. Die liberalen evangelischen Landeskirchen können als Menetekel dienen. Bleibt als Drohpotential die Kirchenspaltung. Das hat auch im evangelischen Lager nicht funktioniert. Die Politik der Bundesregierungen jedenfalls hat sich durch die moralischen und ethischen Postulate der katholischen Kirche nicht abhalten lassen, ihre Zielsetzungen zur Abtreibung, zu Ehe und Familie, zur Homoehe umzusetzen. Kann man ernsthaft behaupten, immerhin wurde durch den Widerstand der Kirche Schlimmeres verhindert?

Deutschland verharrt mehrheitlich in einem ethisch-moralischen Niemandsland.

Deutschland verharrt mehrheitlich in einem ethisch-moralischen Niemandsland. Sein Zugang zu seinen historischen Quellen überkommener Ethik ist immer noch weitgehend verstopft durch die barbarischen Untaten, die die Nazis im Namen Deutschlands begangen haben. Wer sagt, er sei stolz darauf Deutscher zu sein, muss zu längeren Erklärungen anheben, wenn er nicht falsch verstanden werden will. Also unterbleiben lieber solche Deklamationen. Hat sich das durch das schwarz-rot-goldene Fahnenmeer während der Fußballweltmeisterschaft geändert?

Die christlichen Bezüge sind längst marginalisiert worden, insbesondere von denen, die in unserer Gesellschaft an den politischen, wirtschaftlichen und sozialen Schalthebeln stehen. Die meisten von ihnen lehnen es ab, Vorbilder zu sein, wären dazu aber auch überhaupt nicht moralisch in der Lage, wenn sie in eine solche Rolle gedrängt werden sollten. Das stärkt die Überzeugung der Bürger, in einer Bananenrepublik zu leben und schwächt ihre Bereitschaft, für sich selbst Vorgaben zu akzeptieren, hinter denen nicht sichtbar die Büttel unseres Staates stehen.

Es gibt schon genügend Gründe, sich über den inneren Zustand unserer Gesellschaft und ihre moralische Kohäsion Sorgen zu machen. Wir sind schließlich das bevölkerungsmäßig größte Land Europas mit einer beachtlichen Ausstrahlung auf unsere Nachbarn. Ostdeutschland ist weitgehend entchristlicht. Ist Westdeutschland auf dem Wege dahin?

Der Abwärtstrend bei den beiden Großkirchen setzt sich gleichmäßig fort. Alle Versuche, ihn zu stoppen oder umzukehren, haben bisher keinerlei positive Ergebnisse gebracht. Hierdurch werden tradierte Bindungen gelockert und können auf Dauer sehr wohl zum Verschwinden gebracht werden.

Die Niederlande

Die Niederlande entstehen im 16. Jahrhundert im Widerstand gegen die Herrschaft der Habsburger. Als sie ihre Unabhängigkeit durchsetzen können, wird die Reformierte Kirche zur Landeskirche. Sie setzt allerdings keine absoluten Ansprüche durch, hatte sich das Land doch gerade erst von einer solchen Herrschaft befreit. In diesem für damalige Verhältnisse toleranten Staat können selbst die Katholiken wieder Fuß fassen – zusammen mit anderen Glaubensrichtungen wie den Mennoniten und später den Lutheranern. Dennoch gelten die Niederlande bis zum Ende des 19. Jahrhunderts als ein protestantisches Land.

Das ändert sich zwischen 1870 und 1920. Die orthodoxen Protestanten, die Katholiken und die Sozialisten schaffen jeder für sich ihre eigene, fest organisierte Welt bis hin zu eigenen Gewerkschaften und den mit ihnen verbundenen politischen Parteien, mit eigenen Zeitungen und Rundfunksendern. Die Niederländer werden „versäult". Diese drei Lager treten zumindest in moralisch-ethischen Fragen an die Stelle einer einheitlichen Staatsidentität. Neben dem öffentlichen Schulsystem entwickeln sie die katholischen und protestantischen Schulen und die konfessionellen Universitäten, die der Staat genauso zu finanzieren hatte. Auch die sozialen und die kulturellen Organisationen der beiden christlichen Lager werden ebenso wie die der Sozialisten großzügig aus Steuermitteln alimentiert. „Die Nation der Niederländer setzte sich faktisch nicht länger zusammen aus unabhängigen Individuen. Sie bestand aus verschiedenen, etwa gleich großen Gruppen, die dem nationalen Interesse am wirkungsvollsten dadurch dienen wollten, dass sie an den unterschiedlichen Ausprägungen ihrer Gruppen festhielten" (McLeod, aaO, S. 118).

Es kann offen bleiben, wie lange schon diese Versäulung der niederländischen Gesellschaft morsch geworden war. In jedem Falle bricht sie in der Kultur-Revolution der 60er-Jahre des letzten Jahrhunderts zusammen. Die asketische und patriarchalische Grundhaltung der katholischen und protestantischen Gruppen mit ihren strikten Moralvorstellungen hatte augenscheinlich schon länger eine echte Unterstützung bei ihren Mitgliedern verloren. Die strikte Gruppenmoral verdampft und gleichzeitig auch die enge Bindung der Niederländer an ihre jeweilige Kirche. Bis dahin hatten nur die Polen und die Iren einen vergleichbar hohen Grad an kirchlicher Praxis und Disziplin aufzuweisen.

Innerhalb weniger Jahre brechen die traditionellen religiösen und kirchlichen Bindungen weg. Die katholische Säule war die stärkste gewesen. „Vor 1960 galt der Katholizismus in den Niederlanden als der stärkste in Europa, die höchsten Anteile beim Gottesdienstbesuch, die geringsten Austrittsraten, die höchsten Raten beim Priesternachwuchs, die höchsten Geburtenraten – ein Vorbild für den Katholizismus nach dem Zweiten Weltkrieg“ (Andrew M. Greeley, aaO, S. 198). Die Fachleute finden drei Erklärungen für diesen plötzlichen Abbruch: Das Zweite Vatikanische Konzil, den falschen Umgang Roms mit den Katholiken in den Niederlanden, aber vor allem die mangelnde Verankerung der religiösen Kultur im Volke. Entscheidend aber ist wohl, dass sich die wirtschaftlichen und die sozialen Bedingungen, die der Versäulung zugrunde lagen, drastisch durch die wachsende Mobilität der Menschen geändert hatten. Da hatten es die 68er leicht, die Strukturen zu kippen.

Sowohl die Katholiken als auch die Protestanten haben inzwischen etwa die Hälfte ihrer Kirchenmitglieder verloren. Im Laufe einer Generation hat sich der Anteil der Niederländer ohne Kirchenbindung von 23 Prozent auf 59 Prozent erhöht. Dabei nimmt dieser Anteil bei den Jungen stark zu. Während nur knapp 40 Prozent der über Siebzigjährigen keiner Kirche angehören, beläuft sich dieser Anteil bei den eben Zwanzigjährigen auf 70 Prozent. Bei ihnen ist die Bereitschaft, den Kirchen zu trauen und auf ihre Sexualvorschriften zu hören, besonders niedrig. „Es gibt bei allen Erhebungen keinerlei Anzeichen dafür, dass es in den Niederlanden ein Wiederaufleben der Religion geben könnte" (Greeley, aaO, S. 202).

Die Niederlande gelten in Europa als das liberalste Land, was Abtreibung, Drogenkonsum, Homosexualität anbelangt. Nicht einmal Restbestände der katholischen Morallehre sind noch in der staatlichen Gesetzgebung zu erkennen. Es ist kaum zu erwarten, dass sich das ändern wird. Zu erwarten ist vielmehr, dass die Niederlande prägend auf ihre Nachbarn Einfluss nehmen können. Die Kirchen scheinen auf Dauer aus dem Spiel zu sein. In den Niederlanden christliche Wertvorstellungen im Bereich der Sexualmoral und für Ehe und Familie neu einpflanzen zu können, ist nicht zu erwarten.

Großbritannien

„Der Abstieg der Religion in Großbritannien, den Niederlanden und in Frankreich ist nicht unbedingt wegweisend für die anderen europäischen Länder" (Greeley, aaO, S. 214). Der Abstieg der Religion im Vereinigten Königreich ist dramatisch. Das 19. und die erste Hälfte des 20. Jahrhunderts lassen die Fassaden einer festen Bindung der Briten an ihre Kirchen weitgehend intakt, auch wenn sich die Vormachtstellung der Church of England nicht zuletzt dank des „Toleration Act" von 1689 weiter abbaut und den Freikirchen schrittweise religiöse Entwicklungsmöglichkeiten verschafft.

Aber die britische Gesellschaft aller Klassen weiß noch sehr genau, welchen Glauben man hat und was diese religiösen Bindungen vom Einzelnen verlangen. Allein der öffentliche, gesellschaftliche Druck sorgt schon dafür, dass die Bürger sich religiös konform verhalten. Selbst die Labourparty ist keineswegs eine atheistische Partei. Ihre Ursprünge kommen aus den progressiven Freikirchen. Sie war zu keinem Zeitpunkt eine vom Marxismus geprägte Partei wie die SPD.

Die Ablösung der Briten von den Kirchen beginnt während des Ersten und Zweiten Weltkriegs. Nach 1945 kommt es aber zu einer gewissen Rückbesinnung. Sie bricht ab. Wie in einer Reihe anderer westeuropäischer Länder findet in Großbritannien in den 60er-Jahren eine dramatische Abwendung der Menschen von den Kirchen statt. Sie scheint unumkehrbar zu sein. „Diese Abkehr wurde von niemandem angestoßen. Weder von der Regierung noch von den Eliten und den Kirchen im Wettkampf um neue Mitglieder, noch von antireligiöser Polemik. ... Die 60er Jahre markieren in vielen Ländern den Kollaps der gesamten religiösen Kultur und damit des religiösen Wertesystems, das mehr als ein Jahrtausend die europäische Zivilisation durch komplexe kulturelle Prozesse in der Familie, im Zusammenleben der Menschen und im Staat bestimmt hat" (McLead, aaO, S. 30).

Brown (Callum G. Brown, „The Death of Christian Britain", Milton Park 2006) untersucht diesen abrupten Abbruch christlicher Frömmigkeit nicht nur anhand der statistischen Entwicklung – Kirchenmitgliedschaft, Taufen, Trauungen, Konfirmationen, Gottesdienstbesuche, Teilnehmer an den Abendmahlsfeiern –, sondern auch an dem „Niederschlag" religiöser Fragen in den Medien in den letzten zwei Jahrhunderten, die das Interesse ihrer Leser widerspiegeln. Er ergänzt diese Analysen durch die Auswertung biographischer und autobiographischer Aussagen und spezieller Interviews zur Religiosität Einzelner.

Er will durch diese Arbeit die allgemeine wissenschaftliche Überzeugung widerlegen, es handele sich bei dem Rückgang des Religiösen, des christlichen Glaubens um einen langfristigen historischen Prozess, der das zwangsläufige Ergebnis der Aufklärung, der späteren Industrialisierung, der Verstädterung Großbritanniens ist, dass sich insbesondere die Arbeitnehmer von den Kirchen abwenden. Seine Analysen der vorliegenden Zahlen und der zeitgenössischen Quellen machen deutlich, dass solche generellen Aussagen irreführend sind. „Zwischen

1800 und 1960 stellten die Arbeitenden (working classes) in faktisch allen Religionsgemeinschaften die Mehrheit der Gottesdienstbesucher. Unter den Gemeindemitgliedern waren die Facharbeiter, Handwerker und die Kleinhändler stark vertreten" (aaO, S. 156).

Eine besondere Rolle für die Kirchenbindung spielten die Frauen. Nach dem Zweiten Weltkrieg kommt es zu einer erstaunlichen Wiederbelebung der traditionellen Werte – Familie, das eigene Heim, Frömmigkeit. Die Kirchen profitieren davon. Ihre Bedeutung nimmt zu. Ihre Mitgliedschaft wächst. Die alten Werte gelten wieder: Ordnung, Pflichterfüllung, Sparsamkeit, Anstand (Brown, aaO, S. 172 ff). Für die anständigen Frauen gilt: kein Geschlechtsverkehr vor der Ehe, Hausfrau als Lebensziel, die Kinder christlich erziehen.

All das bricht in wenigen Jahren weg. Die überkommenen Strukturen der sozialen Klassen lösen sich auf. Die alten selbstverständlichen „Wahrheiten" werden beiseite geschoben, so die Rolle der Frau in der Gesellschaft als Hüterin des Glaubens, der Moral und des Eheglücks. Die Glaubwürdigkeit des Christentums wird infrage gestellt, ebenso wie jede gesellschaftliche und moralische Autorität. Der Staat gibt nach: 1967 werden Abtreibung und Homosexualität legalisiert, 1969 die Ehescheidung erleichtert. Fragen des Glaubens, des Anstands, der Tugend verschwinden aus der öffentlichen Debatte und den Frauenzeitschriften. Sexualität oder allgemeiner, die Selbstbestimmung der Frau im Privatleben, im Beruf, im Sexualleben bestimmt die Berichterstattung. Weg mit der Ehe als Zwangsjacke.

Nun spiegeln auch die amtlichen Statistiken diesen Umbruch der 60er-Jahre wider. Der Abstieg der Kirchen seit den 60er-Jahren ist dramatisch. „Im Jahre 2000 besuchen deutlich weniger als 8 Prozent aller Briten einen Gottesdienst. Weniger als ein Viertel sind Mitglieder irgendeiner Kirche, deutlich weniger als 10 Prozent aller Kinder besuchen die Sonntagsschule. Nicht einmal 50 Prozent aller Ehepaare werden kirchlich getraut. Etwa 30 Prozent aller Paare leben ohne Trauschein zusammen" (Brown, aaO, S. 3). Nur jedes fünfte Kind wird getauft. Die vorherrschend schwarzen Gemeinden dagegen blühen.

Die zentrale Frage ist, ob dieser Absturz christlicher Bindung in Großbritannien ausläuft und sich auf niedrigem Niveau stabilisiert? Die Interviews mit den unterschiedlichen Altersgruppen machen deutlich, dass es dafür wenig Hoffnung gibt. Die christliche Sozialisierung in der Familie findet heute kaum noch statt. Die heute jüngeren und jungen Kohorten legen sich nicht einmal mehr mit den Kirchen und ihren Forderungen und Lehren an. Sie lassen sie einfach links liegen (Brown, aaO, S. 191 f).

„Das bedeutet nicht den Tod der Kirchen. Trotz ihres dramatischen Abstiegs werden sie wie Skelette weiter existieren. ... Auch der geschwundene Glaube an Gott wird nicht aussterben. Er bleibt als Basisglaube der Menschen. Aber die christliche Kultur im Großbritannien des neuen Jahrtausends existiert nicht mehr. Großbritannien beweist der Welt, wie eine uns überlieferte Religion aussterben kann" (Brown, aaO, S. 198). Auch wenn diese Feststellung übertrieben sein sollte, hat dieser Abbruch dramatische Konsequenzen: „Bis vor kurzem konnten Männer und Frauen aus einer christlich begründeten Kultur schöpfen, um Wegweisung für ihr Verhalten zu finden und zu verstehen, was ihr Leben leitet. Doch seit den 60er Jahren hat das Misstrauen allen Glaubensfragen gegenüber schnell zur Zurückweisung der christlichen Traditionen und der vorgegebenen individuellen Sinngebung geführt" (Brown, aaO, S. 193). Wohin diese Reise geht, bleibt offen. Die Stellung der Kirchen dagegen ist klar: Sie „werden von Jahr zu Jahr immer irrelevanter" (Mc Lead, aaO, S. 36).

Dieser Abriss in konventioneller Religion eröffnet den Briten neue individuelle Wege für die „Deckung" ihrer transzendentalen Bedürfnisse außerhalb der Kirchen und der traditionellen religiösen Strukturen. Damit brechen auch überlieferte

Wertestrukturen zusammen, die die Familien, das menschliche Zusammenleben und die Beziehungen zum Staat über mehr als ein Jahrtausend bestimmt haben. „In den letzten drei Jahrzehnten des 20. Jahrhunderts hat ein massenhaftes ‚Wegschmelzen' des Volksglaubens in Großbritannien stattgefunden" (McLead, aaO, S. 34). Die so entstehende geistliche Leere wird nicht von neuen Religionen und anderen Bewegungen des „New Age" ausgefüllt.

Robin Gill („The Empty Church Revisited", Aldershot 2003) ist der Frage nachgegangen, ob es zwischen den regelmäßigen Kirchgängern und den Kirchenfernen in den von ihnen vertretenen ethisch-moralischen Grundwerten zentrale Unterschiede gibt. „Neue Daten über die Grundeinstellungen bestätigen, dass es klare Unterschiede nicht gibt, auch nicht zu den regelmäßigen Kirchgängern. ... Sie sind besorgter über den Zustand der allgemeinen Moral und des Altruismus als die Bevölkerung generell. Doch fehlt den Menschen weder ein Wertekanon, noch ist er bei den Kirchgängern durchgehend vorhanden. Über spezifische Fragen der Moral und des Glaubens gibt es unter den Kirchgängern normalerweise deutliche Meinungsunterschiede" (aaO, S. 217).

Wie steht es um die Menschen, die aktiv in ihrer Kirche mitarbeiten, deren Zahl allerdings schnell abnimmt? „Diese Gruppe ist in Großbritannien und auch in Europa besonders eng mit dem Ethos des Volkes verbunden und aufgrund der Erfahrungen in den letzten Jahrhunderten besonders misstrauisch gegenüber religiösen Eiferern. (Die Ereignisse vom 11. September haben das massiv verstärkt)" (Gill, aaO, S. 218).

Die ethnische Vielfalt in Großbritannien führt zu einem rasanten Wachstum des Islams, des Hinduismus und der Religion der Sikhs. „Doch es muß betont werden, daß das Ausbluten des britischen Christentums keineswegs die Folge des Wettbewerbs oder des Übertritts zu anderen Kirchen ist. Keine neue Religion, kein neues Glaubensbekenntnis, nicht einmal eine etwaige vom Staat geförderte Weltlichkeit sind da, um an die Stelle des Christentums zu treten“ (Brown, aaO, S. 2 f).

Die Zahlen über die nominelle Kirchenmitgliedschaft sagen auch in Großbritannien nur wenig aus. Das britische Office for National Statistics hat 2001 Angaben gemacht über die aktive Religionsmitgliedschaft des Jahres 1998 (siehe Stefan Lunze, „Staat und Kirche in England“ – Webdokument). Danach haben die britischen Freikirchen rund 2,5 Millionen aktive Mitglieder. Die römisch-katholische Kirche kommt auf 1,8 Millionen. Dann erst kommen die Anglikaner mit 1,6 Millionen Aktiven.

Die Anglikaner, die Church of England ist als Staatskirche Bestandteil des britischen Staates. Zentrale Fragen werden von der britischen Regierung entschieden. Königin Elisabeth ist das Oberhaupt der Anglikanischen Kirche, wenn auch mehr formal. Lediglich grundsätzliche Neuregelungen ihrer Verkündigung bedürfen der königlichen Zustimmung. Das kanonische Recht der Anglikanischen Kirche wird von ihrer Synode durch Mehrheitsentscheidungen weiterentwickelt, so die immer noch umstrittene Frauenordination. Sie erhält öffentliche Mittel aus den Erträgen der britischen Nationallotterie zum Erhalt besonders bedeutsamer Sakralbauten. Ansonsten hat sie sich wie alle britischen Kirchen aus ihren Kapitalerträgen und Spenden ihrer Mitglieder zu finanzieren. Eine Art Kirchensteuer gibt es nicht. Das britische Recht kennt keine förmliche Anerkennung der Kirchen durch den Staat. Gemeinnützig sind sie nicht.

Der Church of England stehen schwere Zeiten bevor. Das ergibt sich insbesondere aus der Kirchenferne der um 1970 Geborenen. Sie wurden protestantisch, d.h. anglikanisch, erzogen. 80 Prozent von ihnen haben heute jegliche kirchliche Bindung aufgegeben. Dem stehen junge Katholiken im Westen Englands, in Liverpool und Manchester, meist irischer Herkunft, gegenüber, die fest zu ihrer Kirche stehen. Während der Anglikanischen Kirche die Mitglieder davonlaufen, hatte die

Minderheitenkirche der Katholiken in England über viele Jahrzehnte solche Probleme nicht. Seit mehr als einem Jahrzehnt geht allerdings die Teilnahme an den katholischen Messen überall in Großbritannien deutlich zurück (Gill, aaO, S. 156). Wie der Anglikanischen Kirche fehlt es ihr an Priesternachwuchs.

Die römisch-katholische Kirche in England hat seit mehreren Jahrzehnten einen beträchtlichen Mitgliederzuwachs zu verzeichnen. Sie tritt im öffentlichen Leben auch deshalb so wenig in Erscheinung, weil ihr kirchliches Erscheinungsbild der Anglikanischen High Church weitgehend gleicht. Zwar dürfen ihre Geistlichen heiraten, der Papst wird nicht als ihr Oberhaupt anerkannt, aber ansonsten vermitteln der Weihrauch, das Ewige Licht, die Beichtstühle und die Messgewänder einen genuin katholischen Eindruck. Theologisch sind beide nicht weit voneinander entfernt. Die Anglikanische Low Church entspricht in ihrer Grundeinstellung dem, was wir unter evangelikaler Grundhaltung verstehen. Die dritte Gruppe sind die „Liberalen", früher „Broad Church" genannt. Vor allem in ihren Reihen grassieren die bekannten Streitpunkte mit sehr unterschiedlichen Positionen: Frauenordination, kirchliche Wiederverheiratung nach vorheriger Ehescheidung, „Homo-Ehe".

Diese Vielfalt ist nur zu verstehen, weil sich der Anglikanismus zugleich als katholisch und reformiert versteht. Eine spezifisch anglikanische Kirchenlehre gibt es nicht und damit auch kein zentrales Lehramt. Und so wirken sich wechselnde theologische Strömungen und der Zeitgeist innerhalb der Kirche aus. Sie haben zu diesen unterschiedlichen Ausprägungen innerhalb der Anglikanischen Kirche geführt.

Erstaunlich ist, dass eine Reihe von jüngeren Kirchen, die von Großbritannien aus ihren Ausgang haben, gegründet im relativ liberalen Geist dieses Landes und toleriert von der Church of England, im Lande selbst nur begrenzten Erfolg haben, weltweit aber zu Großkirchen wurden. Es geht vor allem um die Methodisten, die Quäker, die Unitarier, die Baptisten, die Presbyterianer. In Großbritannien erreichen sie lediglich, dass die Anglikanische Kirche ihren Monopolanspruch verliert. Dem Trend der Entchristlichung in Großbritannien können sie sich nicht entziehen. Großbritannien befindet sich in guter Gesellschaft. Nur 16 Prozent der Briten halten Religion für ihr Leben für sehr wichtig. Das sagen 14 Prozent der Franzosen, 13 Prozent der Deutschen und 9 Prozent der Dänen.

Festzuhalten ist, dass die britische Monarchie ebenso wie die Königshäuser in Skandinavien und in den Niederlanden augenscheinlich keinen Beitrag zur Verankerung des christlichen Glaubens leistet. Die Königin und ihre Thronfolger müssen Mitglieder der Anglikanischen Kirche sein. Sie wird bei royalem Pomp und Gepränge benötigt. Als moralische Instanz spielt sie keine Rolle.

Skandinavien

Die lutherischen Kirchen in Skandinavien werden von der großen Mehrheit der Bürger in Dänemark, Finnland und Schweden keineswegs abgelehnt. Sie spielen aber im Leben der Menschen nur eine bescheidene Rolle. „Über das eigene Leben, das eigene Glück, den eigenen Körper will man sich keine Vorschriften machen lassen“ (Denz, aaO, S. 92). Die Kirche wird längst nicht mehr als Setzer von Werten angesehen. Die Fragestellung hat sich umgekehrt: Welchen „Nutzen“ hat sie für das Leben der sich selbst verwirklichenden Individuen?

Nur so wird eine Geschichte verständlich, die der Spiegel in seiner Ausgabe 14/2005 aus Dänemark berichtet. Ein dänischer Pastor sagt in einem Zeitungsinterview: „Wer zum Teufel glaubt schon an Gott? Alles Kindermärchen in der Bibel. Nur Idioten glauben an das ewige Leben, die Wiederauferstehung, die Jungfrau Maria.“ Da bekommt er Probleme mit seiner Bischöfin. Sie löst ihn von seinem Pfarramt ab. Doch seine Gemeinde steht zu ihm. Sein Nachfolger predigt vor einer leeren Kirche. Der Vorsitzende des örtlichen Kirchenrats: „Wir lassen uns nicht vorschreiben, was wir zu glauben haben."

Und so ergeben die Befragungen, dass die Skandinavier unter allen Westeuropäern die „schlechtesten Kirchgänger sind und nur wenig beten" (Greeley, aaO, S. 3, Mc Lead, aaO, S. 47 ff). Ihre Bindungen an den überlieferten christlichen Glauben und unseren Gott, der für uns da ist und den wir um Hilfe bitten können, nehmen immer weiter ab. Gleichzeitig wachsen aber Glaubensüberzeugungen an sehr allgemeine transzendente Mächte, die auf unser Leben Einfluss nehmen können. „Beides, der Verfall des übernommenen christlichen Glaubens und das Wachstum anderer Arten religiöser Überzeugungen charakterisieren die schwedische Gesellschaft" (McLead, aaO, S. 49).

Das und die gleichzeitig anhaltend hohe Zugehörigkeit der Skandinavier zu ihren lutherischen Kirchen ist eine große Besonderheit. Die überwältigende Mehrheit der Schweden gehört der Schwedischen Kirche an, konstant 80 Prozent, obwohl Schweden in den letzten Jahrzehnten beachtliche Einwanderungsschübe von Katholiken, Orthodoxen und vor allem Muslimen zu verzeichnen hatte. Fünf Prozent gehören so genannten evangelischen Freikirchen an. In Dänemark ist das noch ausgeprägter. Fast 90 Prozent der Dänen sind Mitglieder der Dänischen Volkskirche. 90 Prozent der Babys werden getauft, gut die Hälfte aller Heiraten wird auch kirchlich vollzogen, kirchliche Beerdigungen sind die Regel. Aber deutlich weniger als zwei Prozent der Kirchenmitglieder besuchen regelmäßig die Gottesdienste. Ähnlich niedrig ist der Anteil am kirchlichen Leben in den anderen skandinavischen Ländern.

Es ist nicht einfach, die konstant hohen wenn auch nur formalen Bindungen der Skandinavier an ihre Kirche zu erklären. Riesenmehrheiten sind davon überzeugt, dass Religion jedweder Art intolerant ist. Eigentlich ein Verdammungsurteil für die skandinavischen Kirchen. Gleichzeitig fordern aber nur

12 Prozent der Dänen und der Schweden, dass der Einfluss der Religion in ihrem Lande weiter zurückgedrängt werden sollte. Das ist eigentlich auch nicht erforderlich. Einen kirchlichen Einfluss auf die nationale Politik und die Gestaltung des Lebens der Menschen gibt es nicht. Die Ablehnung des vorehelichen Geschlechtsverkehrs und der Abtreibung ist in Skandinavien äußerst gering. Homosexualität wird zunehmend gebilligt. Allerdings wird Ehebruch massiv abgelehnt.

Eva Hamberg kommt in einer Studie (in McLead, aaO, S. 47 ff) zu folgendem Ergebnis: „Für viele Schweden steht das Christentum vor allem für klare moralische Vorgaben: Der Mensch sollte gütig, ehrlich, gesetzestreu sein und ein anständiges Leben führen. Das sind wahrscheinlich wichtige Gründe, weil die überwältigende Mehrheit der Schweden weiterhin Mitglied der Schwedischen Kirche ist, unabhängig davon, was sie glauben oder nicht glauben“ (aaO, S. 51).

Die skandinavischen Kirchen waren allesamt Staatskirchen. Auch vor diesem Hintergrund erklärt sich die hohe emotionale Bindung der einzelnen Völker an ihre nationalen lutherischen Kirchen. Obwohl seit dem 1. Januar 2000 die Bindung der schwedischen Kirche an den Staat weitgehend aufgegeben wurde, müssen König und Thronfolger der evangelisch-lutherischen Kirche angehören. Die dänische Kirche lebt, wie sie sich selbst in einer ihrer Veröffentlichungen bezeichnet (Verner Bruhn, „A People and its Church“), in einer „organisierten Anarchie“. Es gibt keinerlei politische Forderungen, die die definitive Trennung von Kirche und Staat verlangen. Wie alle Kirchen hat die Dänische Kirche die üblichen Strukturen: Gemeinden, Kirchenkreise, Diözesen, die das tägliche Geschäft erledigen. „Die allgemeine Gesetzgebung für die Kirche liegt beim dänischen Parlament. Umgesetzt wird sie vom Kirchenministerium, so wie z.B. die Ausbildung der Geistlichen und der Kirchenbeamten, die Fragen der Besoldung und der Arbeitsbedingungen kirchlicher Arbeitnehmer“ (Bruhn, S. 108).

In Finnland gibt es faktisch zwei Staatskirchen. Zwischen dem Staat und der finnischen Lutherischen Kirche bestehen enge institutionelle und gesetzgeberische Verbindungen. Doch auch die Orthodoxe Kirche besitzt einen hervorgehobenen Status. Das erklärt sich dadurch, dass Finnland bis zum Zusammenbruch des Zarenreichs zum russischen Imperium gehörte. Die Finanzierung dieser Staatskirchen obliegt dem Staat. In Dänemark dagegen wird von allen Bürgern eine Steuer in Höhe von etwa einem Prozent ihres steuerpflichtigen Einkommens gefordert, um die „Folkekirke" zu finanzieren. Eigene Einnahmen aus Kapitalerträgen und der Gräberpflege kommen hinzu. Die verbleibenden fehlenden zehn Prozent kommen aus dem Staatshaushalt. Eine vergleichbare Regelung besteht in Schweden.

Natürlich beschweren sich die Nichtkirchenmitglieder und die anderen Religionsgemeinschaften darüber, dass auch sie zahlen müssen. Die Gegenargumente weisen vor allem darauf hin, dass die „Folkekirke" für alle Dänen die Personenregister – Geburten und Sterbefälle – führt, die Sterberituale (kostenfrei) vornimmt und die alten kirchlichen Gebäude des dänischen Kulturerbes erhält.

Neben den sentimentalen Gründen, auch moralischen Überlegungen, gibt es keine materiellen Gründe, die skandinavischen Volkskirchen zu verlassen. Nur in Deutschland, Österreich und der Schweiz gibt es staatliche Systeme der Kirchensteuerzahlung, die den Kirchenaustritt materiell honorieren. In Deutschland treten auch deshalb viele aus den beiden Großkirchen aus. Dieser Anreiz ist auch, wenn auch in geringerem Umfang, in Österreich wirksam. Der Kirchenaustritt in der Schweiz spielt dennoch kaum eine Rolle. Und so ist es auch in Skandinavien. Man bleibt aus Gewohnheit und Tradition Kirchenmitglied.

Inglehart (aaO, S.132) weist darauf hin, dass die „Lebenszufriedenheit" in allen skandinavischen Ländern und in den Niederlanden im europäischen Vergleich am höchsten ist. 80

bis 90 Prozent der Befragten sind sehr mit ihrem Leben zufrieden. Kirchliche Bindungen benötigen sie dazu nicht. Sie haben auch kaum Probleme, Homosexuelle oder andere Minderheiten in ihrer Nachbarschaft zu akzeptieren. Ganz anders sieht es in den europäischen Ländern aus, in denen die Lebenszufriedenheit gering ist. Hier werden solche Minderheiten von großen Mehrheiten als mögliche Nachbarn abgelehnt. Es handelt sich dabei allerdings ausschließlich um die osteuropäischen Länder.

Die große Gruppe der westeuropäischen Länder wie die Bundesrepublik, Frankreich, Großbritannien, Italien, Spanien liegt im Mittelfeld. Ihre Lebenszufriedenheit ist geringer, ihre Ablehnung von Minderheiten ist höher. Aus dem Rahmen fallen Irland und Nordirland. Sie haben ebenfalls eine hohe Lebenszufriedenheit. Ihre Religiosität ist sehr hoch. Ihre Ablehnung von Minderheiten als mögliche Nachbarn ist höher und entspricht dem allgemeinen Niveau Westeuropas.

Frankreich

Frankreichs katholische Kirche bezeichnet sich als die älteste Tochter der römischen Kirche. Die Beziehungen zwischen Mutter und Tochter sind turbulent. Die Erklärung der Menschenrechte im Jahre 1789 und die damit verbundene Trennung von Kirche und Staat während der Französischen Revolution – Religion ist Privatsache – beendet eine feste Allianz zwischen Thron und Altar und leitet massive Auseinandersetzungen zwischen Kirche und Staat ein. Das Konkordat Napoleons mit dem Vatikan aus dem Jahre 1801 bezeichnet den katholischen Glauben als die Religion der großen Mehrheit der französischen Bürger. Alle Geistlichen erhalten ein staatliches Gehalt. Die Bischöfe werden faktisch vom Staat bestellt. Kirchliche Einmischungen in die Politik sollen verhindert werden. Entsprechende Regelungen werden für die Protestanten und die Juden festgelegt.

Während die protestantischen Kirchen und die Juden mit diesen Vorgaben hochzufrieden sind, beherrschen die Auseinandersetzungen zwischen der katholischen Kirche und dem französischen Staat die religiöse Szene des 19. Jahrhunderts. Wenn man heute die wechselseitigen verbalen Beleidigungen, die Beschimpfungen des Papstes, die Androhungen von physischer Gewalt liest, kann man sich eine Vorstellung von den Beziehungen zwischen den katholischen Klerikern und ihren atheistischen, republikanischen Gegenspielern machen (Jean-Marie Mayeur, „La séparation des Eglises et de l' Etat“, Paris 2005). Es kommt 1904 zum Abbruch der diplomatischen Beziehungen mit dem Vatikan, nachdem ein entsprechendes Gesetz grundsätzlich jeglichen kirchlichen Einfluss auf die öffentlichen Schulen untersagt. Im Jahre 1905 wird die vollständige Trennung von Staat und Kirche beschlossen. Einhundert Jahre Kirchenkampf werden brutal beendet. Die Republik garantiert die Gewissensfreiheit und die uneingeschränkte Freiheit der Religionsausübung. Doch der Staat anerkennt keine Religionsgemeinschaft mehr und wird künftig keine Gehälter und Subventionen an sie zahlen. Die Republik übernimmt den Unterhalt von etwa 30.000 Kirchen, die vor diesem Datum gebaut worden sind. Kirchliche Neubauten werden nicht staatlich mitfinanziert.

Das macht es auch heute unmöglich, über die Mitfinanzierung von Moscheen, einen mäßigenden Einfluss auf den Islam in Frankreich zu gewinnen. Allerdings können die Gemeinden den Kirchen Grund und Boden in Erbpacht überlassen. Gewisse Möglichkeiten für die staatliche Mitfinanzierung von kirchlichen Kultureinrichtungen bestehen weiter. Auf dieser Grundlage kommt es im Jahre 1921 zu einem neuen Konkordat mit Rom.

Die protestantischen Kirchen – vor allem die Reformierten und die Lutheraner – können mit diesem tiefen Einschnitt einigermaßen leben. Sie können ihre Finanzen in Ordnung halten. Ihre Gläubigen stehen zu ihnen. Das ändert sich allerdings in den letzten 40 Jahren. Während die Evangelikalen und die Pfingstler schnell wachsen, erodieren die beiden traditionellen Kirchen des französischen Protestantismus. Noch haben sie rund 650.000 Mitglieder. Sie spielen im öffentlichen Leben noch eine gewisse Rolle. Lionel Jospin und Michel Rocard ebenso wie Maurice Couve des Murville kommen aus ihren Reihen. Doch ihr Ansehen in der französischen Gesellschaft verfällt. „Für viele Franzosen ist der Protestantismus nicht mehr gleichzusetzen mit Toleranz, geistiger Offenheit und der Trennung von Kirche und Staat" (Jean Bauberot ua, „Ou va le protestantisme?", Paris 2005, S. 32). Noch stimmen ihre Finanzen. Aber wie lange noch?

Die katholische Kirche Frankreichs ist eine arme Kirche, zumindest im Vergleich zur deutschen und zur italienischen Kirche. Sie kann ihre Geistlichen mit etwa 900 Euro monatlich nur sehr bescheiden besolden. Ein Bischof erhält kaum mehr. Er fährt selbst seinen privaten Pkw. Der Anschein einer Bonzokratie wie in Deutschland kann da nicht aufkommen. Zwar sollen die Gläubigen als Richtwert etwa ein Prozent ihrer Einkünfte freiwillig zahlen. Tatsächlich zahlen rund zwei Drittel der praktizierenden Katholiken. Doch das reicht bei Weitem nicht. Kollekten, insbesondere bei Trauerfällen, Erbschaften und andere Finanzquellen werden benötigt.

Die katholische Kirche muss einen dramatischen Abstieg hinnehmen. Von 1960 bis zum Jahre 2000 geht die Teilnahme an der heiligen Messe von 30 Prozent der Gläubigen auf acht Prozent zurück. Während vor gut 40 Jahren faktisch alle Kinder katholischer Eltern getauft wurden, sind es im Jahre 2000 nur noch gut die Hälfte. Deutlich gehen die kirchlichen Trauungen zurück auf 40 Prozent, auch weil die Wiederverheiratungen nach einer Ehescheidung vom katholischen Heiratsritual ausgeschlossen sind. Lediglich die katholischen Beerdigungen nehmen nur wenig ab. Drastisch nehmen die Anteile der Jüngeren der Franzosen zu, die sich als religionslos bezeichnen (Gerard Cholvy, „Le Fait Religieux Aujourd'hui En France", Paris 2005, S. 39 ff).

Das gravierendste Problem der katholischen Kirche ist der Priestermangel. Er übersteigt bei Weitem die Sorgen der anderen katholischen Kirchen in Westeuropa. Die nüchternen Zahlen: Im Jahre 1995 hat die Kirche 84.600 Priester im Gemeindedienst. Im Jahre 2001 sind es noch 17.205. Von ihnen sind 53 Prozent älter als 75 Jahre und 12 Prozent jünger als 50 Jahre. Die Orden können mehrheitlich nur deshalb überleben, weil Afrikaner und Asiaten eintreten (Cholvy, aaO, S. 42 f). In jedem Fall bricht damit die traditionelle katholische Gemeindestruktur zusammen. Viele Gotteshäuser werden überflüssig, manche abgerissen.

Ohne den verbreiteten Einsatz von Laien kann der kirchliche Betrieb nicht aufrechterhalten werden. Damit ändert sich auch der Einfluss der Vertreter der Amtskirche auf das Denken und Handeln der verstreuten und auf Restbestände geschrumpften katholischen Basis. Sie aber vertritt durchaus unterschiedliche moralische Positionen, die sich mit denen ihrer Kirche nicht auf einen Nenner bringen lassen.

Die französische Bischofskonferenz vermeidet die öffentliche Einmischung in die Politik. Doch selbst dort, wo es um Kernfragen des Menschseins geht, erinnert sie zwar an ihre Grundpositionen, aber stets mit einer gewissen Zurückhaltung. „Zur Frage der Abtreibung zum Beispiel macht die französische Kirche ihre Position deutlich. Doch zu keinem Zeitpunkt hat sie den Aktionen von „pro life", die für sich die wahren katholischen Prinzipien reklamierten, ihre offizielle Unterstützung gegeben. Grundsätzlich weist sie immer wieder auf die Zweckmäßigkeit des Dialogs im Geiste der Nächstenliebe hin, wenn es um den direkten Konflikt zwischen den kirchlichen Normen und den Erwartungen der Einzelnen geht (Geschiedene, Homosexuelle, künstliche Befruchtung usw.). Dadurch versucht sie, die traditionelle Position der Kirche so darzustellen, dass möglichst wenig Schaden entsteht. Vor allem soll dadurch aber die Strenge der römischen Positionen geschönt werden, die sonst antikatholische Reaktionen in der öffentlichen Meinung zur Folge hätten" (Hervien-Leger, aaO, S. 14 f).

Wesentlich klarer als die meisten anderen nationalen katholischen Kirchen hat die französische Kirche die Realitäten des religiösen Lebens akzeptiert, nicht als „Feindesland" sondern als Umland, in dem der Glaube verbreitet werden muss. Dieses Land ist nicht mehr vorherrschend katholisch. Es ist nicht einmal sicher, dass die französische Gesellschaft noch durch das christliche Erbe geprägt ist. Es geht darum, die christliche Botschaft in einer Gesellschaft zu verankern, die religionslos werden könnte.

1996 schreiben die Bischöfe „einen Brief an die Katholiken Frankreichs". Darin heißt es unter anderem: „Als Katholiken sind wir ohne Zögern bereit, uns in den aktuellen kulturellen und institutionellen Realitäten wieder zu finden, insbesondere was das Wachsen des Individualismus und die Trennung von Staat und Kirche anbelangt.

Wir weisen jede Nostalgie über vergangene Zeiten zurück. Das gilt auch hinsichtlich der kirchlichen Autorität, die den Anschein erweckte, man könne sich einseitig durchsetzen. Wir träumen nicht von der unmöglichen Rückkehr in ein Zeitalter der Christenheit.

Im Rahmen der aktuellen Gesellschaft wollen wir die Kraft für unseren Lebensweg und für die Veränderung durch das Evangelium zur Wirkung bringen. Das Evangelium protestiert in unserer Gesellschaft wie weltweit gegen jedwede Ordnung, wenn sie dazu neigt, inhuman zu werden.

Wir wollen nicht nur als Erben angesehen werden, die sich zu unserer nationalen und religiösen Geschichte bekennen, wir sind auch Staatsbürger, die vollen Anteil haben am aktuellen Geschehen in der französischen Gesellschaft. Wir akzeptieren die grundsätzliche Trennung von Staat und Kirche und wollen die Lebenskraft unseres Glaubens kundtun" (aaO, S. 17).

Die französischen Bischöfe wollen für ihre Kirche Freiräume zurückgewinnen, ohne die sie kaum eine Zukunft als große katholische Volkskirche haben kann. Mit dem Bekenntnis zur wachsenden Individualisierung geht, wenn auch unausgesprochen, einher die Duldung einer individuellen Sexualmoral und damit die indirekte, wenigstens teilweise Abkehr von den römischen Vorgaben. Doch diese zwangsläufig nur verbalen Kompromisse ändern am Grundproblem nur wenig, auch wenn sich viele Geistliche vor Ort alle Mühe geben, auf die Menschen zuzugehen. Alle Untersuchungen über die Einstellungen der Franzosen zur katholischen Kirche machen deutlich, dass sie vor allem als Vertreterin einer „kalten Religion angesehen wird, die ihren Normen folgt und die von denen da oben regiert wird" (Hervien-Leger, aaO, S. 133).

Besonders folgenschwer ist, dass die Kirche weitgehend die Familie verloren hat. Das liegt weniger an der Kirche sondern daran, dass auch in Frankreich die Familienstrukturen einem radikalen nicht mehr umkehrbaren Wandel unterworfen sind. Er berührt alle Bereiche des menschlichen Lebens und des Zusammenlebens in der Gesellschaft. Es handelt sich keineswegs nur um eine Schwächung der Institution sondern um eine weitgehende Veränderung der familiären Werte. Die Bindungen an die Familie können individuell gelöst werden. Neue Bindungen werden eingegangen. Der Trauschein ist nicht erforderlich. Die Homoehe ist staatlich eingeführt. Auf diese Herausforderungen hat auch die französische Kirche bisher keine passenden Antworten.

Dennoch: Die Kirche stirbt nicht. Die Bischöfe selbst haben mitgeholfen, neue Wege zu gehen. Kirchliche Gruppen vielfältiger Art bevölkern die Diaspora. Es geht um die Familie, die Schule, das Unternehmen, die ärztliche Versorgung, die Hochschule und vor allem um die Arbeit in der Kirche selbst. Diese Aktivitäten werden nicht von oben vorgegeben, sie entstehen vor Ort, von Laien getragen und wirken nach oben. Obwohl die Überzeugungen dieser Gruppen oft vom offiziellen Dogma abweichen, halten sie an der Einheit der Kirche und am Papst fest (Hervien-Leger, aaO, S. 293 ff).

In Rom macht man sich um dieses Land Sorgen. „Frankreich ist in gewisser Hinsicht vielleicht das am meisten säkularisierte Land Europas." So Kardinal Ratzinger im Jahre 2004 (aaO, S. 152).

Jean-Paul Sartre stellt 1943 in seinem Buch „Das Sein und das Nichts" fest, „wir sind alle Katholiken". Natürlich meint er damit nicht die Glaubensgrundsätze, die Normen und die Werte, für die die Kirche steht. Er spricht von der Katholizität, die im Laufe der vielen Jahrhunderte in die französische Kultur tief eingedrungen ist und selbst die Identität der Glaubenslosen beeinflusst. Frankreich sei ein laizistisches Land mit einer katholischen Kultur. Dass sich die Weitergabe des katholischen Erbes zu den Jungen drastisch abschwächt, sie zunehmend ohne Bindungen aufwachsen, ist zu einer echten Besorgnis des laizistischen Staates selbst geworden.

Diese Katholizität „erhellt auch die Probleme, die mit der Anerkennung des Islams verbunden sind und mit den staatlichen Regeln für die Sekten. Dieses Land kann sich einen religiösen Pluralismus nicht außerhalb eines Rahmens vorstellen, der durch den Katholizismus vorgegeben ist" (Hervien-Leger, aaO, S. 96).

Bereits im Jahre 1996 beginnt in Frankreich die Überwachung der so genannten Sekten. Daraus wird 1998 eine interministerielle Arbeitseinheit zum Kampf gegen die Sekten. Sie soll nicht nur neue religiöse Bewegungen beobachten und Informationen sammeln. Sie kann auch den staatlichen Stellen und den Staatsanwaltschaften Maßnahmen empfehlen, wenn diese „Sekten" die Menschenwürde verletzen oder die öffentliche Ordnung bedrohen. Eine spezielle Antisekten-Gesetzgebung mit einschneidenden staatlichen Maßnahmen im Umgang mit neuen religiösen Bewegungen gibt es in der EU nur im laizistischen Frankreich. Seit dem Jahre 2001 ermöglicht ein Gesetz die Auflösung von „Sekten". Die Strafvorschriften wurden verschärft.

In anderen EU-Ländern – Großbritannien, Belgien, Deutschland, Italien, Österreich – werden entsprechende Anläufe gestartet, aber nicht zu diesem drastischen Ergebnis geführt. Sie sind eigentlich im Sande verlaufen. Und das ist gut so. Denn die Großkirchen müssen ihr Überleben aus eigener Kraft sicherstellen und nicht durch die Diskriminierung neuer Wettbewerber auf dem Markt menschlicher Sinnsuche.

Die Iberische Halbinsel

In Spanien und Portugal ist die Lage der katholischen Kirche auch dadurch bestimmt, dass sie in beiden Ländern von den autoritären Herrschaftsstrukturen der spanischen Militärclique um General Franco und der ständisch-autoritären Einparteienherrschaft in Portugal unter Salazar zu Stützen dieser Regime wurde. In Spanien fühlt sich die Kirche als einer der Sieger des blutigen Bürgerkrieges und leitet daraus den Anspruch ab, das Land in seinen Grundstrukturen zu christianisieren. „Es gelang der Kirche nicht, geistig und menschlich an die im Krieg Besiegten heranzukommen. Die Kirche hat ihre Herzen nicht erreicht" (Anton Raucher (Hg), „Christen in Europa", Köln 1977, S. 91). Die Kirche erreicht immer weniger die Intellektuellen, insbesondere an den Universitäten, und die christlich organisierte Arbeitnehmerschaft.

Das Zweite Vatikanische Konzil (1962–1965) findet in beiden Ländern starke Beachtung. Die Bischöfe setzen auf die Erneuerung der Kirche. Sie distanzieren sich nun schrittweise von der Diktatur, ohne damit aber die verloren gegangenen Bindungen an große Teile der Gesellschaft zurückgewinnen zu können. Beide Länder haben nach der Wiederherstellung der Demokratie in ihren Verfassungen klargestellt, dass es eine katholische „Staatsreligion" nicht (mehr) gibt, auch wenn der katholischen Kirche durch Konkordat in Portugal und in Spanien und durch die Verfassung selbst besondere Rechte eingeräumt werden. Die Religionsfreiheit ist verankert. Der Staat gibt die Regeln vor für Eheschließung, Ehescheidung und Schwangerschaftsabbruch. Die katholische Kirche stellt ihnen ihre Normen für ihre Gläubigen entgegen.

In Spanien können die Steuerzahler entscheiden, ob sie einen Teil ihrer Steuerschuld (5,2 Promille) ihrer Glaubensgemeinschaft oder anderen Institutionen zukommen lassen. So entsteht, anders als in Deutschland, kein materieller Anreiz zum Kirchenaustritt. Weniger als 40 Prozent unterstützen die katholische Kirche. Allein das zeigt die begrenzte Bindung an die Kirche.

Es gibt ein deutliches Glaubensgefälle zwischen Portugal und Spanien. Dass es einen, wie auch immer gearteten Gott gibt, sagen in beiden Ländern große Mehrheiten. Wenn es aber um das Bekenntnis zum christlichen Gott geht, der für uns da ist und den wir anrufen können, werden die Unterschiede sichtbar. Das glauben 74 Prozent der Portugiesen, aber nur 44 Prozent der Spanier. Das erklärt auch die großen Unterschiede in beiden Ländern bei der Beantwortung der Frage, ob und wie häufig gebetet wird.

In Portugal treffen wir auf eine deutlich höhere Bindung an die katholische Kirche und die von ihr vertretenen Werte und eine deutlich geringere Polarisierung zwischen ihren Anhängern und ihren Gegnern. 41 Prozent gehen mindestens zwei- oder dreimal im Monat zur heiligen Messe. Lediglich acht Prozent gehen niemals, auch nicht zu Weihnachten. In Spanien ist dieses Verhältnis 36 zu 20. Kategorisch ablehnen 23 Prozent der Portugiesen und 15 Prozent der Spanier vorehelichen Beischlaf. Bei Ehebruch ist das Verhältnis 76 zu 61, bei der Abtreibung 14 zu 16. Besonders drastisch sind die Unterschiede bei der Ablehnung von homosexuellem Geschlechtsverkehr. 72 Prozent der Portugiesen lehnen ihn kategorisch ab, europäischer Spitzenwert. In Spanien sind es nur 30 Prozent, ähnlich niedrig wie in einer Reihe westeuropäischer Länder.

Für Portugal werden bei allen Umfragen eher „konservative“ Ergebnisse ermittelt – geringes Engagement in Vereinen und Verbänden, massive Forderungen nach materieller Gleichstellung aller Menschen, Erziehung der Kinder „zum sozial orientierten Angepassten“, hohe Identifikation mit dem eigenen Land. ... Aufgrund dieser Umfragen hat Denz (aaO, S. 91) drei Typen von europäischen Ländern abgeleitet. Zu den konservativen Ländern zählen neben Portugal Irland, Nordirland, Malta, Polen, Ungarn, Rumänien, Bulgarien und Lettland. In Portugal ist die Stellung der Kirche noch stark. Neben ihr ist allerdings eine schnell wachsende evangelikale Freikirche entstanden, die insbesondere die gut ausgebildeten Jungen anzieht.

In Spanien ergeben alle Umfragewerte deutlich liberalere Werte. Deshalb reiht Denz dieses Land unter die westlich (orientierten) modernen Länder ein. Das zeigt sich auch an der Stellung der Kirche in der spanischen Gesellschaft. Die Spanier stehen ihrer Kirche sehr viel kritischer gegenüber als die Portugiesen (Greeley, aaO, S. 60).

Dieser Verlust an kirchlicher Bindung hat sich in Spanien seit der Wiedergewinnung der demokratischen Lebensform explosionsartig vollzogen und betrifft insbesondere die Jungen. Das ist in Portugal auch durch das Wachsen einer evangelikalen Freikirche anders.

Vor diesem Hintergrund ist es verständlich, dass der Machtwechsel in Spanien nach den Wahlen im März 2004 von der Volkspartei zu den Sozialisten mit entschiedenen Schritten zur „Entstaubung“ des Landes, so begrenzt Proteste auslöste. Zulassung der Forschung an embryonalen Stammzellen, Vereinfachung des Scheidungsrechtes, Gleichstellung der Homosexuellen vor dem Gesetz, Einführung der Homoehe. Ziel der derzeitigen spanischen Kirchenpolitik ist die strikte Trennung von Kirche und Staat nach französischem Vorbild. Es spricht aus heutiger Sicht vieles dafür, dass das gelingt und damit für die katholische Kirche in Spanien vergleichbare Schwierigkeiten entstehen. Der Mangel an Priesternachwuchs ist bereits ein wachsendes Problem für die Kirche.

Italien

Das 19. Jahrhundert ist für die römische Kirche eine komplizierte Zeit. Zwar gelingt es dem Vatikan auf dem Wiener Kongress, den Kirchenstaat in seinen alten Grenzen vor den napoleonischen Erschütterungen wiederherzustellen. Doch der Welt, insbesondere den Italienern, wird vor Augen geführt, das der Papst und seine Kurie die eingetretenen Entwicklungen wie die Proklamierung der Menschenrechte wieder zurückdrehen wollen. Der liberale Code Napoleon wird im Vatikanstaat aufgehoben, die frühere absolutistische päpstliche Gesetzgebung erneut in Kraft gesetzt. Das entspricht zwar dem Willen der Siegermächte und dem Geist des Wiener Kongresses, nicht aber den geistigen Strömungen dieser Zeit. 1848 erreichen die revolutionären Wellen der Pariser Februarrevolution auch den Kirchenstaat. Doch französische und österreichische Truppen schlagen die italienische Revolution nieder. So retten sie auch den Kirchenstaat.

Die Konsequenzen sind weit reichend. Die italienischen Patrioten wissen nun, dass es eine Einigung des Landes unter Einbeziehung des Kirchenstaates nur gegen Papst und Kurie geben kann. 1860 schrumpft der Kirchenstaat auf Rom und Umgebung. 1870 marschieren die italienischen Truppen in Rom ein. Mit überwältigender Mehrheit votieren die Römer für Italien. Das derzeitige Restgebilde, der Vatikanstaat bleibt.

Das von Papst Pius IV. einberufene Erste Vatikanische Konzil beschließt am 18. Juli 1870 mit großer Mehrheit, vor allem ihrer spanischen und italienischen Vertreter, zwei weit reichende Dogmen: „Der Papst hat einen rechtlich verbindlichen, jurisdiktionellen Primat über jede einzelne Nationalkirche und jeden einzelnen Christen. Der Papst besitzt die Gabe der Unfehlbarkeit bei seinen eigenen feierlichen lehramtlichen Entscheidungen. Diese feierlichen (‚ex cathedra') Entscheide sind aufgrund eines besonderen Beistands des Heiligen Geistes unfehlbar (‚infallibel') und aus sich selbst, nicht aber Kraft der Zustimmung der Kirche, unabänderlich (‚irreformabel')" (Hans Küng, „Das Christentum", S. 591).

Es dauert Jahrzehnte, bis der Vatikan die neue Lage zwischen ihm und dem italienischen Staat akzeptiert. Er kann sich in seiner starren Haltung auf den italienischen Klerus verlassen, der im Gegensatz zu seinen deutschen und französischen Kollegen besonders konservativ und vatikantreu ist. Erst im Jahre 1929 schließt der Vatikan mit dem faschistischen Staat ein Konkordat ab und löst sich damit aus der selbst gewählten Isolierung. Dieses Konkordat sichert die einmalige Machtposition der katholischen Kirche in der italienischen Gesellschaft und in den staatlichen Strukturen des Staates ab. Es geht nicht um Menschenrechte, um politischen Pluralismus. Es geht um Macht. Da können beide Vertragsparteien ein solches Konkordat gut gebrauchen.

Es fällt der römischen Kirche auch nicht schwer, nach dem Zweiten Weltkrieg einen neuen politischen Partner zu finden. Noch vor Kriegsende wird aus der Asche der ehemaligen Volkspartei die Democrazia Cristiana geboren. Kirche und DC sind verbunden in einem unerbittlichen Antikommunismus. Am 1. Juli 1949 wird durch ein Dekret des Vatikans jedem Katholiken die Exkommunikation angedroht, wenn er mit den Kommunisten zusammenarbeitet. Das zielt vor allem auf Italien und soll die Machtübernahme der KPI verhindern.

Die katholische Kirche von der italienischen Bischofskonferenz bis hin zu den Gemeinden und ihren Geistlichen haben die italienischen Christdemokraten über Jahrzehnte offen und massiv unterstützt und sie eigentlich ununterbrochen in der Regierung gehalten. Falsch wäre es, diese Partei als reaktionär und rechts anzusehen. Daran hindern sie schon die starken katholischen Gewerkschaften. Eins allerdings bleibt klar: Die massive Gegnerschaft zu den italienischen Kommunisten und ihren linken Mitläufern. Diese vertreten im Parlament immerhin stets ein Drittel der italienischen Wähler und streben auch durch die schrittweise Abkehr von Moskau und den kommunistischen Lehren nach einem „historischen Kompromiss“ mit den italienischen Katholiken und ihrer Partei, die immer weniger in der Lage ist, die Mehrheit der Wähler an sich zu binden und Italien anständig zu regieren.

Die italienische Kirche „verkämpft“ sich. 1974 erzwingen die italienischen Bischöfe eine Volksabstimmung über ein vom Parlament beschlossenes Ehescheidungsgesetz. Der souveräne Wählerwille stellt sich hinter dieses Gesetz und bringt seiner Kirche eine klare Niederlage bei. Die Fronten lockern sich auf. Das Zweite Vatikanische Konzil von 1963 bis 1965 stellt die politische Festlegung der Katholiken auf eine politische Formation grundsätzlich infrage. Das trifft vor allem die Democrazia Cristiana. Der Glaube als persönliche Entscheidung des Menschen berühre allein sein Privatleben und sein Gewissen und dürfe nicht Gegenstand von Zwang sein, ob nun als Druck von oben – dem Staat also – oder der Gesellschaft und ihren Verbänden. Und der Staat sei künftig nicht mehr zuständig für die Fragen des Glaubens und der Religion. Luthers Zwei-Reiche-Lehre wird in Rom wiederentdeckt. 1984 kommt es zu einem neuen Konkordat, das sich an den Beschlüssen des Zweiten Vatikanums orientiert und das Ziel hat, die Grundsätze der italienischen Demokratie mit den Anliegen des Vatikans in Übereinstimmung zu bringen.

Die römische Kirche befreit sich von selbst geknüpften Banden. Insbesondere der polnische Papst Johannes Paul II. spielt eine herausragende Rolle bei der Revolution des Jahres 1989 in Mittel- und Osteuropa. Sie wird aber nur wirksam, weil die katholische Kirche durch die Beschlüsse des Zweiten Vatikanums unsere Gesellschaft nicht mehr von oben und von außen kritisiert, sondern aus ihrem Innern heraus, nach ihren

Werten und ihren moralischen Vorgaben fragt und dabei ihre Glaubenslehre verkündet. Ohne einen klaren Wertekanon kommt die Menschheit in existentielle Gefahren. „Die freiheitliche Gesellschaft ruht auf drei Säulen: Der echten Demokratie, einer freiheitlichen Wirtschaft und einer lebendigen Kultur öffentlicher Moral. Ihre Widerstandskraft ist die Voraussetzung dafür, dass Politik und freiheitliche Wirtschaft voll funktionsfähig sind“ (Berger, aaO, S. 31). So die Überzeugung von Papst Johannes Paul II.

Die Wende in Osteuropa als Spätfolge des Zweiten Vatikanums, der Verlust der Prägekraft des Antikommunismus für die italienische Kirche und die Democrazia Cristiana beenden dieses Kapitel italienischer Politik. Die größte katholische Partei Europas verschwindet. Ihre Mitglieder und Wähler finden sich vor allem in Berlusconis Forza Italia wieder. Die italienische katholische Kirche hat keinen politischen „Arm“ mehr, der direkt in die italienische Innenpolitik eingreifen kann.

Und dennoch hat die Kirche in Italien eine beachtliche Stellung. Das liegt sicherlich auch daran, dass dieses Land seit Langem eine besondere emotionale Bindung an das Papsttum hat und an den jeweiligen Papst. Und dennoch bleibt unerklärlich, warum die italienische Kirche den Herausforderungen der italienischen Politik und dem in Europa zu verzeichnenden Verlust individueller Kirchenbindung so gut widerstehen kann. Greeley (aaO, S. 210): „Vor einigen Jahren beschrieb Roberto Cipriano den italienischen Katholizismus als so weit verbreitet, so subtil mit der italienischen Kultur verbunden, dass er von äußeren Kräften – wie vatikanischen Konzilen, Enzykliken, Enttäuschung und Desillusionierung nicht erschüttert werden kann. Es gibt für uns aufgrund unserer aktuellen Analysen keinerlei Anzeichen dafür, dass sich das geändert hat.“

Während sich die Austrittsraten aus der französischen katholischen Kirche in den letzten Jahrzehnten kräftig erhöht haben, ist das in Italien ganz anders. Selbst die Jugend läuft der Kirche nicht davon.

Kardinal Ratzinger im Jahre 2004: „Ein gewisses, zum Teil sicher sehr vages katholisches Grundbewusstsein ist bei fast allen Italienern vorhanden. Auch bei Angehörigen der linken Parteien, den alten Kommunisten. Man kann immer wieder sehen, daß sie sich irgendwo doch als katholisch verstehen, auch wenn das wenig Auswirkungen auf ihr Denken und auf ihr Handeln hat. Es gehört viel stärker zur italienischen Identität und Kultur als etwa in Deutschland" (aaO, S. 148 f).

Italien gehört zusammen mit Irland, Polen und Portugal zu den Ländern in Europa, die bei allen Umfragen als besonders fromm erscheinen. 86 Prozent der Italiener glauben an Gott. Sie beten viel und glauben an Wunder. Von 1981 bis zur Umfrage aus dem Jahre 1998 hat sich daran nichts geändert, während der Glaube an Gott bei den Briten, Deutschen und Franzosen weiter zurückgeht. In Italien nimmt von 1981 bis 1998 der Gottesdienstbesuch zu. Doch die die Kirche als Institution betreffenden Umfragewerte sind gleichzeitig erstaunlich negativ. Zwei Drittel der befragten Italiener sind davon überzeugt, dass jede Religion intolerant ist. Mehr als die Hälfte der Befragten beklagen nachdrücklich die Einmischung der katholischen Kirche bei Wahlen. Sie beklagen (48 Prozent) die Einmischung der katholischen Kirche in die Politik und sind davon überzeugt (46 Prozent), dass sie zu viel Macht hat.

Aber gleichzeitig ist ihr Vertrauen in ihre Kirche dennoch hoch. Nur ein Viertel der Italiener hat kein Vertrauen zu ihr. Auch in diesem Bereich korrespondieren die Überzeugungen der Italiener mit denen der Iren, Polen und Portugiesen. Diese katholischen Länder bekunden zweierlei gleichzeitig: Der Einfluss der Kirche auf die Gesellschaft ist zu groß, aber ihr Vertrauen in ihre Kirche ist ungebrochen.

Der Einfluss der katholischen Kirche auf das Sexualverhalten der Italiener nimmt allerdings ab. Die strikte Ablehnung der Abtreibung geht leicht zurück, ebenso die Ablehnung vorehelichen Geschlechtsverkehrs. Das Verständnis für Homosexualität wächst. Die Ablehnung von Ehebruch nimmt dagegen zu. Die katholischen Länder – Irland, Italien, Polen, Portugal – nehmen im europäischen Vergleich eine Sonderstellung ein. Ihre moralischen Überzeugungen sind strikter als die ihrer Nachbarn. Das zeigt sich auch bei der Bewertung der Institution „Familie". Deutlich mehr als 90 Prozent der Befragten bezeichnen in diesen Ländern die Familie als ihren wichtigsten Lebensbereich. Diese Wertschätzung erreicht die Familie in den anderen Ländern bei Weitem nicht, wenn auch dort die Familie der wichtigste Lebensbereich für die Menschen ist, deutlich vor denen der Arbeit oder der Freizeit.

Während die Ehescheidung in den nordeuropäischen Ländern eine hohe gesellschaftliche Akzeptanz hat, findet sie in Polen und Irland kaum Zustimmung. In Italien und Portugal wird Ehescheidung ähnlich eingeschätzt wie in Deutschland und Großbritannien. Deutlich liberaler betrachten die Niederländer, die Franzosen und die Spanier eine Ehescheidung.

In Italien sind über 80 Prozent der Bürger Katholiken, 0,6 Prozent Protestanten. Die jeweilige Zugehörigkeit lässt sich deshalb ziemlich genau ermitteln, weil jeder Steuerzahler acht Promille seiner Steuerschuld entweder für eine Kirche oder für definierte soziale und kulturelle Institutionen einsetzen muss. Wer sich für die katholische Kirche entscheidet, kann als Katholik gelten, unabhängig davon, ob er ein praktizierender Christ ist oder nicht. Dennoch ist dieser Anteil beachtlich hoch und reicht augenscheinlich weit über das eigentliche christliche „Lager" hinaus. Diese Zahlen machen deutlich, dass die italienische Kirche immer noch stark im Volk verankert ist.

Natürlich handelt es sich bei all diesen Ergebnissen um Momentaufnahmen, die nicht so ohne Weiteres Schlüsse über die religiöse Entwicklung und die künftige Bindung der Italiener an ihre Kirche zulassen. Die Entchristlichung erfolgt vor allem durch eine Abnahme von Religiosität in der Abfolge der Generationen. Zwar gibt es Trends, die wir in den europäischen Ländern wieder finden. Doch falsch ist es, von der Entwicklung in einem Land auf die zu erwartende Entkirchlichung in einem anderen Land zu schließen.

Vergleichen wir Frankreich und Italien. In beiden Ländern gab es im 19. und 20. Jahrhundert starke antiklerikale Strömungen. Beide litten unter dem Faschismus, der sich mit den reaktionären Kräften in der Kirche verbündete. Beide hatten nach dem Zweiten Weltkrieg anhaltende wirtschaftliche und politische Turbulenzen durchzustehen, sind heute aber bedeutende Industrienationen. In Italien war der Einfluss der Kirche nach dem Kriege beachtlich. Er war aber auch in Frankreich fühlbar. Und dennoch ist heute die Stellung der Kirche in beiden Ländern völlig unterschiedlich. Der französischen Kirche sind Generationen von jungen Menschen abhanden gekommen. Das ist in Italien im Gegensatz zu Frankreich nicht passiert. „Es ist wesentlich weniger wahrscheinlich, dass die Italiener ihre Bindungen zum Katholizismus kappen, weil ihre Eltern frommer sind, sie ein höheres Maß an Vertrauen in die Institution Kirche haben, weil sie ihren Glauben an Gott nicht so ohne Weiteres aufgeben werden und weil sie die Sexualvorschriften ihrer Kirche hinnehmen“ (Greeley, aaO, S. 209).

Aber nicht befolgen. Und so hat sich „das Desaster, das den französischen Katholizismus getroffen hat, nicht nach Italien ausgebreitet. Auf jeden Fall bisher nicht“ (Greeley, aaO, S. 210). Und zwangsläufig ist eine solche Ansteckung nicht. Jedes Land geht auch hier seinen eigenen Weg. Eine generelle europäische Entwicklung gibt es nicht.

Irland und Nordirland

„Sowohl Polen als auch Irland könnten als hyperkatholische Gesellschaften beschrieben werden: es sind römisch-katholische Gesellschaften, die jahrhunderte lang von mächtigeren, nichtkatholischen Nachbarn besetzt und beherrscht wurden und die auf den Druck, sich kulturell zu assimilieren, mit noch stärkerer Betonung ihres römisch-katholischen Erbes antworteten, das als Mittel diente, ihre nationale Identität zu wahren. Ironischerweise mag dies zu einer vergleichbaren Reaktion auf Seiten der irischen Protestanten geführt haben, die innerhalb Irlands insgesamt eine kleine Minderheit bilden und als Hyperprotestanten beschrieben werden können. Polen und beide Teile Irlands betonen sehr traditionelle kulturelle Werte. Das gilt nicht nur für die Religion, sondern genauso für Politik, Geschlechterrollen, sexuelle Normen und familiäre Werte. Sie illustrieren die fundamentalistische Reaktion auf Bedrohung" (Inglehart, aaO, S. 146).

Inglehart kommt bei seinen Untersuchungen zu weiteren bemerkenswerten Zusammenhängen: In keinem anderen europäischen Land ist der Prozentsatz seiner Bürger so hoch, der „sehr stolz auf sein Land" ist, Polen fast 70 Prozent, Irland fast 80 Prozent. Im Vergleich dazu Westdeutschland 20 Prozent. Gleichzeitig sagen mehr als 75 Prozent der Iren und mehr als 80 Prozent der Polen „Gott hat in unserem Leben einen hohen Wert". In Westdeutschland sagt das lediglich die Hälfte seiner Bürger (in Ostdeutschland 25 Prozent). Je höher die Religiosität umso stärker der Nationalstolz. Das ist das Ergebnis der eigenen Geschichte Irlands und Polens und nicht der aktuellen Kraft ihrer Kirchen.

Irland und Polen stehen fest im Glauben. Etwa 95 Prozent glauben an Gott. Drei Viertel wissen, dass Gott ein sie liebender Gott ist. Damit sind die Iren und die Polen in Europa einsame Spitze. Sie bleiben fest in ihrer mehrheitlich strengen Ablehnung vorehelichen Geschlechtsverkehrs, des Ehebruchs und der Homosexualität. In Irland nimmt die Verurteilung der Abtreibung ab. Die rigiden Positionen lockern sich bei den Jungen. In beiden Ländern wird die Institution der Ehe als „sehr wichtig" von 90 Prozent ihrer Bürger beurteilt und Ehescheidung hat nur geringe Akzeptanz. Auch das unterscheidet Iren und Polen deutlich von den anderen europäischen Völkern.

Aber sie erleben natürlich auch die Kehrseite. In Nordirland sprechen sich 52 Prozent der Bürger für einen geringeren kirchlichen Einfluss aus. In Irland sind es 37 Prozent, in Polen sind es 34 Prozent. Damit liegen diese Länder an der europäischen Spitze. Nun enden allerdings die augenfälligen Gemeinsamkeiten.

Inglehart kommt zum Ergebnis, dass die Entwicklung unserer Gesellschaften von der Moderne zur Postmoderne (zum Postmaterialismus) weit reichende Konsequenzen für den Einfluss der Kirchen hat. Ihre religiöse Autorität nimmt ab. Überwältigend sei der Einfluss der Postmoderne unter den Studenten. Generell gehören die besser Ausgebildeten eher zu den Postmodernen. „Die besser Ausgebildeten haben in der Regel bessere Jobs und höhere Einkommen als die schlechter Ausgebildeten. Sie genießen ein relativ hohes Niveau an aktueller ökonomischer Sicherheit“ (Inglehart, aaO, S. 219). Und deshalb lösen sie sich auch von den traditionellen gesellschaftlichen Vorgaben. Für sie sind Individualisierung und Selbstverwirklichung lebensbestimmend. Umweltschutz und Lebensqualität sind für sie wichtiger als wirtschaftliche Sicherheit und eine Politik des Wirtschaftswachstums. Kirche und Religion spielen kaum noch eine Rolle.

Irland ist im wirtschaftlichen Vergleich der Musterknabe der EU der Fünfzehn. Das Wirtschaftswachstum liegt seit 15 Jahren an der Spitze, ebenso wie Deutschland seit einigen Jahren Tabellenletzter ist. In dieser Zeit hat Irland seine Staatsverschuldung massiv zurückgeführt. Es hat den niedrigsten Anteil der Beschäftigten in der öffentlichen Verwaltung in Prozenten aller Erwerbstätigen. In Irland hat es ein Jobwunder gegeben. In keinem EU-Land ist die Beschäftigung so gewachsen und werden so viele Kinder geboren. Die Schulleistungen liegen bei allen internationalen Vergleichen in der europäischen Spitzengruppe. Im Jahre 2002 haben 38 Prozent der Iren mit einem Alter zwischen 25 und 34 Jahren einen Hochschulabschluss erreicht. Nur Schweden, Finnland und Belgien sind besser.

Deutschland liegt abgeschlagen mit 21 Prozent auf dem viertletzten Platz. Irland hat in Europa den höchsten Anteil junger Menschen und ist eine der bestausgebildeten Nationen des Kontinents.

Ist Irland in den neunziger Jahren ein postmodernes Land geworden, in dem die Menschen ihren Glauben verlieren und ihre Kirchen verlassen? „Auf die Frage, ob Irland ein säkularisiertes Land geworden ist, können vier Antworten gegeben werden:

- Der grundlegende religiöse Glaube hat sich kaum abgeschwächt.
- Im sexuellen Verhalten setzt sich der Trend fort, der von den traditionellen Sexualvorgaben fortführt, eine Entwicklung, die in allen untersuchten Ländern stattgefunden hat.

  …
- Hinsichtlich des Vertrauens und dem Respekt vor der kirchlichen Hierarchie hat es in den letzten sieben Jahren einen dramatischen Einbruch bei den Iren gegeben. Das Vertrauen in den örtlichen Geistlichen ist dagegen relativ hoch, insbesondere bei den jüngeren Erwachsenen.
- Die Jungen, so kritisch sie augenscheinlich auch sind, haben andererseits im Vergleich zu allen anderen Altersgruppen die traditionellsten Grundüberzeugungen.

Falls die Grundhaltung gegenüber Sexualität und Autorität wichtige Indikationen für christliche Positionen sind, verliert die Religion bei den Iren an Einfluss. Falls aber als wichtigster Test für das Überleben der Religion in Irland die Zustimmung zu den zentralen Aussagen (der Kirche) ist, bleiben die Iren ein tief religiöses Volk“ (Greeley, aaO, S. 156).

Ein postmoderner Effekt kann in Irland nicht festgestellt werden. „In jeder Alterskohorte können kaum Unterschiede zwischen den Absolventen von Universitäten und den Nichtakademikern festgestellt werden. Das ‚Wohlstands‘-Argument, so befriedigend für viele, die denken, Irland wäre ein besseres Land gewesen, als seine Bevölkerung arm und ungebildet war, wird durch die erhobenen Daten nicht bestätigt" (Greeley, aaO, S. 167). Die Iren bleiben fromm, lösen sich aber unabhängig von ihrer Ausbildung von den sexuellen Vorgaben der Kirche, ihre Autorität verliert hier an Kraft.

Die eigentliche Hoffnung für den katholischen Glauben liegt bei den Jungen. Der Amtskirche vertrauen auch sie nur begrenzt. Ihrem örtlichen Priester umso mehr. Ihre katholische Identität ist ausgeprägter als bei den Älteren (Greeley, aaO, S. 178). Ihre Zuneigung zum römischen Papst ist groß. Bemerkenswert ist, dass diese katholische Identität mit ihren Merkmalen – Christus im Abendmahl, den Armen helfen, Gottes Anwesenheit bei den Sakramenten, Maria die Gottesmutter, die Stellung des Papstes – ausgeprägter ist bei den Akademikern als bei den nichtakademisch Gebildeten.

Irland tut sich schwer. Erst 1995 kann nach harten innenpolitischen Auseinandersetzungen die staatliche Ehescheidung durchgesetzt werden. Abtreibung ist immer noch verboten. Doch England ist nicht weit. Die Gleichsetzung von irisch und katholisch ist nur noch begrenzt richtig. Das erklärt die große Distanz der Iren zur Institution Kirche. Wenn der Einfluss der Kirchen in Irland aber auch in Europa auf das individuelle Sexualverhalten der Menschen und die Gestaltung ihrer Partnerschaften als Maßstab ihres Einflusses auf die Menschen gelten soll, dann spielen sie eine zunehmend geringere Rolle für die Weiterentwicklung der gesellschaftlichen Grundwerte.

Doch diese Fokussierung ist falsch. 40 Prozent der Iren leiten ihr tagtägliches Verhalten aus ihrer Religion ab. In Schweden sind das nur zehn Prozent. Wichtige Entscheidungen werden von 38 Prozent der Iren religiös begründet. Bei den Schweden sind es wiederum nur zehn Prozent. Die Quelle ihrer Moral ist für fast jeden zweiten Iren der Glaube. Das sagen 13 Prozent der Schweden. Doch das Erstaunlichste ist, dass die jüngsten Iren diese religiösen Aspekte besonders betonen.

„Die Komplexität dieser Forschungsergebnisse wird dadurch deutlich, dass diese Alterskohorte von der katholischen Sexuallehre abweicht, gleichzeitig aber stärker als andere ihre moralischen Entscheidungen auf ihre Religion basiert. Drei Viertel der Jungen sagen, dass ihre Religion wichtig ist für ihre moralischen Entscheidungen, gleichzeitig aber halten sie vorehelichen Geschlechtsverkehr nicht immer für falsch" (Greeley, aaO, S. 185).

Irland bleibt ein katholisches Land, auch wenn der Einfluss der Institution „katholische Kirche" abnimmt. Dafür wächst das Ansehen der örtlichen Geistlichen bei den 18- bis 28-Jährigen. Sie haben eine klare katholische Identität, die allerdings spezifische irische Elemente hat.

Osteuropa, insbesondere Polen

Die kommunistische Herrschaft von 1945 bis 1989 über Ost- und Mitteleuropa hat in den einzelnen Ländern sehr unterschiedliche Folgen. In der ehemaligen DDR aber auch in Tschechien führt sie zu tief greifenden und anhaltenden Verlusten für den christlichen Glauben. In Polen ist die katholische Kirche *das* Bollwerk polnischer Religiosität, an dem sich atheistische Machthaber die Zähne ausbeißen. Tief im Volk verankert, Träger des nationalen Behauptungswillens in den vergangenen Jahrhunderten, können die Kommunisten in Polen gegen die römische Kirche nicht gewinnen.

Schon Ende der fünfziger Jahre ist es in Polen möglich, sich kritisch mit den Lehren des Marxismus/Leninismus auseinanderzusetzen. „Das Wort ‚Marxist' bezeichnet nicht einen Menschen, der die eine oder die andere inhaltliche Weltanschauung besitzt, sondern einen Menschen einer bestimmten Geisteshaltung, welche die Bereitschaft gibt, sich zu jeder Anschauung zu bekennen, die behördlich vorgeschrieben ist" (Leszek Kolakowski, „Der Mensch ohne Alternative“, München 1960, S. 8). Oder: „Alle Tatsachen, welche das (marxistische) Bewusstsein zersetzen können, sind daher für die Organisation vernichtend und deswegen muss sie ihre Ideologie vor einer rationalen Kontrolle bewahren“ (aaO, S. 26). „Die Beteiligung der Intelligenz am Regierungssystem ist auch gewissermaßen umgekehrt proportional zum Anteil des Gewaltapparates, denn je weniger man mit geistigen Mitteln regieren kann, umso mehr muss man es mit Mitteln der Gewalt tun. Daher bilden die Intellektuellen das natürliche Objekt der Abneigung der Polizei und des Militärs“ (aaO, S. 39). In der DDR und anderswo im Ostblock wäre Kolakowski auf Dauer hinter Kerkermauern verschwunden. In Polen ist er seit 1953 Professor an der Universität Warschau. 1968 muss er weichen und verlässt Polen.

Kolakowski ist überzeugter Atheist. „Auch die Religion, dieser unersättliche Schmarotzer der Geister, schafft den Anschein des sinnvollen Lebens. …“ (aaO, S. 174). Aber darum geht es in diesem Zusammenhang nicht. Er und viele andere Polen kämpfen für Geistesfreiheit, so dass in diesem Lande die völlige Gleichschaltung zu keinem Zeitpunkt gelingt. Das ist eine wesentliche Voraussetzung des Kampfes der Kirche gegen die Staatsmacht. Bereits in den fünfziger Jahren steht sie in Opposition zum kommunistischen Herrschaftssystem. 1978 wird ein polnischer Kardinal zum Papst gewählt. Seit den achtziger Jahren unterstützt sie die oppositionelle Gewerkschaft Solidarnosc, die gegenüber der totalitären Staatsmacht die nach Freiheit strebenden Gruppen der polnischen Gesellschaft – Intellektuelle und Arbeiter, Sozialisten und Antikommunisten, engagierte Christen und Kirchenfremde – wirkungsvoll vertritt. Die polnische Kirche hat einen wesentlichen Anteil daran, dass die kommunistische Herrschaft zusammenbricht.

Die orthodoxen Kirchen dagegen sind aufgrund ihrer Tradition, sich dem Staat einzugliedern und unterzuordnen, dazu nicht in der Lage. Sie ziehen sich auf die praktische Ausübung ihrer Religion zurück, ertragen alle Erniedrigungen und Beschränkungen und unterstützen die offiziellen politischen Vorgaben, vor allem in den Friedensdeklamationen Moskaus. Auch der Widerstand der protestantischen Amtskirche in der DDR ist nicht eindrucksvoll. Die evangelische Kirche versteht sich als „Kirche im (atheistischen) Sozialismus".

In vielen ehemaligen Ostblockländern können die Kirchen mit der Ausnahme der ehemaligen DDR und Teilen Tschechiens nach der Wende wenigstens vorübergehend davon profitieren, dass die Menschen nach Halt und neuer Orientierung suchen. Doch die neue Art von Bevormundung wird auch abgelehnt. In Ungarn, Slowenien, der Slowakei, den baltischen Ländern bleiben große Mehrheiten fest in ihrem Gottesglauben. Doch die Bindung an die jeweiligen Kirchen geht in einer Reihe von Ländern nach der Wende wieder zurück. Das erklärt sich auch aus der jüngeren Geschichte dieser Länder.

In keinem dieser Länder außer in Polen haben die Kirchen im Kampf um die nationale Selbstbehauptung eine besondere Rolle gespielt. Und so stellt sich die Situation heute dar: „Polen und die Slowakei sehr katholisch, Ungarn und Slowenien mäßig katholisch, Russland und Bulgarien inbrünstig orthodox, das Baltikum eine Mixtur von drei Religionen (katholisch, protestantisch, orthodox) mit starker Bindung, Tschechien teilweise katholisch, Ostdeutschland überhaupt nicht besonders religiös" (Greeley, aaO, S. 131).

Die Osteuropäer kritisieren, dass insbesondere die katholische Kirche ihren verlorenen Besitz zurückfordert und ihre ehemaligen Privilegien und ihre öffentlichen Einflussmöglichkeiten wiederherstellen will. 1994 macht eine Befragung der polnischen Bevölkerung deutlich, dass sie sich mehrheitlich in Fragen der Politik, der Kindererziehung, der Moral, der Sexualität nicht nach den Maßgaben der Kirche richten, sondern eigenverantwortlich entscheiden will. Insbesondere wird das dadurch sichtbar, dass die polnische Kirche erleben musste, „dass ihre politischen Empfehlungen trotz der Zugehörigkeit fast der gesamten Bevölkerung zur Kirche nicht angenommen wurden und die Mehrheit ihre politischen Entscheidungen geradezu im Gegensatz zu den kirchlich ausgegebenen Richtlinien traf" (Aus „Politik und Zeitgeschichte", Detleff Pollack, „Religion und Politik in den postkommunistischen Staaten Ostmittel- und Osteuropas", 21.10.2002, S. 17).

Daraus allerdings zu schließen, dass der polnische Katholizismus nach der Wende auf dem Rückzug sei, wäre grundlegend falsch. Die polnische Kirche blühte unter dem Kommunismus und das tut sie immer noch. 95 Prozent der Polen glauben an Gott, für drei Viertel ist er der uns helfende Gott. Sie beten viel und gehen zum Gottesdienst. Ihr Vertrauen in ihre Kirche hat von 1991 (33 Prozent) auf 1998 (40 Prozent) deutlich zugenommen. Nur die Iren sind wenigstens statistisch noch frommer.

Wie in Irland hat die polnische Kirche nach der Befreiung vom Kommunismus und der Demokratisierung wie durch den Beitritt Polens zur EU und zur Nato ihre politische Rolle als Zentrum der nationalen Behauptung und des Widerstandes gegen Fremdherrschaft verloren. Doch ihr Einfluss und ihr Ansehen in der polnischen Gesellschaft sind weiterhin bedeutsam. Polen bleibt ein durch und durch katholisches Land.

Griechenland

Die griechisch-orthodoxe Kirche wird als eine autokephale Kirche bezeichnet. Das bedeutet, dass sie in ihrer Organisation selbstständig ist. Ihre Synode ist das oberste gesetzgebende und richterliche Organ, das sich dieses Recht mit dem griechischen Parlament teilt. „Was den Inhalt des Glaubens der Orthodoxen betrifft, gibt es eine Orthodoxe Kirche. Alle orthodoxen Kirchen und alle orthodoxen Christen haben gemeinsam denselben Glauben, dieselbe Liturgie, dieselbe

Lobpreisung Gottes. Alle Orthodoxen Kirchen haben untereinander die volle kirchliche und sakramentale Gemeinschaft. Sie bilden also die Gemeinschaft der Orthodoxen Kirchen, die sich als die Kirche versteht, wie sie im einzigen ökumenischen Glaubensbekenntnis aus dem Zweiten Ökumenischen Konzil von Konstantinopel (381) bekannt wird: „Ich glaube … an die eine heilige, katholische und apostolische Kirche" (Grigorius Larentzakis, „Die Orthodoxe Kirche", S. 15).

Die Orthodoxie vertritt in besonderer Weise einen christlichen Traditionalismus, der fest auf die überkommenen Formen und gottesdienstlichen Inhalte setzt. So geht es ihr auch nicht um eine zeitgemäße Verkündigung. Die Theologie ist seit Jahrhunderten festgelegt. Der Altardienst steht ausschließlich dem Klerus zu, der sich in feierliche Gewänder kleidet und auch dadurch während des Gottesdienstes deutlich macht, dass er sich vom Volk, das mehr oder minder „passiv" teilnimmt, deutlich abhebt. Das von Luther postulierte allgemeine Priestertum aller Gläubigen hat in der Orthodoxie keinen Platz.

Die griechisch-orthodoxe Kirche ist untrennbar mit der Geschichte des Landes verbunden. In den vier Jahrhunderten türkisch/osmanischer Fremdherrschaft hat sie den Erhalt der griechischen Sprache und der Kultur gesichert. In Klöstern und Kirchen wurde geheim Griechisch unterrichtet. Möglich war das nur, weil die Osmanen die Kirche tolerierten, ihren umfangreichen Grundbesitz unangetastet ließen und ihr sogar Verwaltungsaufgaben übertrugen. Dennoch setzte sich die orthodoxe Kirche relativ früh mit an die Spitze der griechischen Befreiungskämpfe.

Während die römische Kirche die Auseinandersetzung mit den weltlichen Mächten nie gescheut hat und immer wieder für ihre geistliche und damit aber auch politische Vormachtstellung eingetreten ist, hat die orthodoxe Kirche von Anbeginn an eine eindeutige staatliche Prägung. Kaiser Konstantin verlegt den Regierungssitz des Römischen Reiches von Rom nach Konstantinopel. Die neue Hauptstadt wird im Jahre 330 eingeweiht. Die Bedeutung des Bischofs dieser Stadt wächst schnell. Nach der Trennung der West- und der Ostkirche, die, faktisch längst vollzogen, erst 1054 festgestellt wird, ist der Patriarch von Konstantinopel der unumstrittene Führer der orthodoxen Kirche. Stets sucht das Patriarchat das Einvernehmen mit dem oströmischen Kaiser. „Der Staat erkannte als innere Richtschnur für sich das kirchliche Gesetz an, die Kirche hingegen sah sich zur Unterordnung unter den Staat verpflichtet“ (Martin Tamcke, „Das orthodoxe Christentum“, S. 16).

Diese Bindung hat die Jahrhunderte osmanischer Fremdherrschaft überdauert. Die griechisch-orthodoxe Kirche ist seit 1833 autonom und seit 1864 Staatskirche. Der griechische Nationalismus ist weiterhin gut bei ihr aufgehoben. Jedes Kind griechisch-orthodoxer Eltern wird automatisch bei der Geburt Mitglied der griechisch-orthodoxen Kirche, ein Kirchenaustritt ist nicht möglich. Der orthodoxen Kirche gehören 98 Prozent der Griechen an. Kirchensteuer zahlen sie nicht.

Der griechische Staat und seine Staatskirche hatten in den letzten Jahrzehnten sehr wohl Probleme, ihr Verhalten in Übereinstimmung mit der Europäischen Konvention für Menschenrechte zu bringen. Ihr Artikel 9 gewährleistet das freie Recht der Religionsausübung. Ein bereits sechzigmal wegen sog. „religiöser Delikte“ vorbestraftes Mitglied der Zeugen Jehovas besuchte im Jahre 1986 zusammen mit seiner Ehefrau eine Bekannte und sprach mit ihr über Glaubensfragen. Sie wurden denunziert und wegen Proselytismus verurteilt, weil sie versucht hatten, „in das religiöse Gewissen einer Person eines anderen Bekenntnisses einzudringen. …“ (Frowein in: „Religionsfreiheit“, S. 10). Der Europäische Gerichtshof für Menschenrechte hat daraufhin Griechenland wegen dieses Rechtsbruchs verurteilt. Die geltende griechische Verfassung schreibt eine klare Trennung von Kirche und Staat nicht explizit fest.

„Im Gegenteil: Die privilegierte Stellung der Griechisch-

Orthodoxen Kirche in der Verfassung und ihre bevorzugte Behandlung durch den griechischen Gesetzgeber deuten auf ein einzigartiges Verhältnis zwischen Staat und Kirche hin. Der historisch gewachsene nationale Charakter der Griechisch-Orthodoxen Kirche läßt das griechische Volk die privilegierte Stellung der Kirche als eine Selbstverständlichkeit hinnehmen. Die Orthodoxe Kirche hat den Status einer juristischen Person des öffentlichen Rechts. Andere Religionsgemeinschaften, darunter bis 1999 auch die Katholische Kirche, besitzen dagegen den Status eines privatrechtlichen Vereins. Die Qualität einer Körperschaft des öffentlichen Rechts läßt gewissermaßen Seriosität und soziale Relevanz vermuten. Auf diese Weise wird die Toleranz gegenüber anderen Religionen oder Religionsgemeinschaften zumindest tendenziell eingeschränkt" (Altana Filos, „Religiöse Toleranz im Verfassungsstaat" in „Koexistenz und Konflikt von Religionen", S. 131). Bisher hat die griechische Legislative noch nicht die Kraft gehabt, das Gebot der Religionsfreiheit klar zu definieren und verfassungsmäßig abzusichern. Sie hält auch weiterhin an ihrem Recht fest, über wesentliche innere Belange der Kirche mit zu entscheiden.

Die griechisch-orthodoxe Kirche kämpft nachdrücklich um den Erhalt ihrer gesellschaftlichen Stellung. Erst im Jahre 1982 gelingt es, die Zivilehe durchzusetzen. Allerdings in einer besonderen Form: Zivilehe mit möglicher anschließender kirchlicher Trauung oder kirchliche Trauung ohne staatliche Teilnahme. Beide Wege sind gleichwertig. Im Jahre 2000 muss ein massiver kirchlicher Widerstand überwunden werden, ehe es gelingt, künftig auf den Vermerk der religiösen Zugehörigkeit auf den Personalausweisen der Griechen zu verzichten, obwohl es darum geht, EU-Recht national umzusetzen.

Der griechische Staat zahlt allen Seelsorgern ein kleines Gehalt. Sie haben damit den Status eines Staatsangestellten. Durch Spenden und Gebühren für besondere kirchliche Handlungen – Taufe, Hochzeit, Beisetzung – kann er sein Einkommen aufbessern. Eine Frauenordination gibt es nicht. Nur für die Bischöfe gilt der Zölibat. Jeder Priester kann nach dem Tode seiner Ehefrau noch ein weiteres Mal heiraten.

Der orthodoxen Kirche geht es nicht um eine abstrakte rechte Lehre. Sie weiß, dass sie das Leben der Christen nicht umfassend reglementieren kann. „Der Lebenskampf der zwei Ehepartner muss respektiert und geachtet werden, nur dann, wenn von den Priestern und Seelsorgern Hilfe gewünscht wird, muss sie sofort und uneigennützig angeboten werden. Denn jeder Dritte ist letzten Endes ein „Fremdkörper“ im Mysterium der Einheit der zwei. Und wenn er nicht aufpasst, kann der Dritte diese Einheit verletzen oder sogar zerstören. Noch konkreter bezüglich der Kinderzeugung in der Ehe müssen die geistlichen Mentoren zurückhaltend mit ihren Empfehlungen an die Ehepartner sein. Denn allein von ihrer Liebe und Verantwortung für das Leben, das kommt, hängt die Entscheidung über die Kinderzeugung und Kinderzahl ab. Diese persönliche Verantwortung, die den Kern der ehelichen Gemeinschaft berührt, kann kein Dritter übernehmen, wenn er die menschliche Würde respektieren will“ (Larentzakis, aaO, S. 54). Und so wird der Schwangerschaftsabbruch nicht grundsätzlich abgelehnt, empfängnisverhütende Mittel werden akzeptiert.

Auch für die orthodoxe Kirche ist die Ehe eines der sieben Sakramente. Im Ausnahmefall nimmt sie die Zerstörung einer Ehe zur Kenntnis. Sie akzeptiert eine Ehescheidung z.B. bei Ehebruch, lebensbedrohlichen Handlungen eines Ehepartners, Lug und Betrug. „Die Kirche gewährt dann denjenigen, die mit der Kirche nicht brechen und ein geregeltes Leben mit dem Segen und der Gnade Gottes führen wollen, noch die Chance, bis zu dreimal sakramental zu heiraten“ (Larentzakis, aaO, S. 82).

In Griechenland wirken die Geistlichen überall mit: Bei der konstituierenden Sitzung des Parlaments, beim Schulanfang, der Neueröffnung von Geschäften und bei Neubauten, der Schutzweihung eines neuen Autos. Ohne Weihwasser und einen Strauß des duftenden Basilikums kann ein Neuanfang eigentlich nicht gelingen. Es sind vor allem die einfachen Priester und nicht die kirchlichen Würdenträger, die die Kirche im Leben der Menschen sichtbar machen.

Es ist erstaunlich, dass Griechenland erst 1999 am Projekt der Europäischen Wertestudie (European Values Study) teilnimmt und im Programm für internationalen gesellschaftlichen Vergleich (International Social Survey Program) nicht auftaucht. Diese Studien haben über die Jahre dank ihrer Erhebungen die Entwicklung der nationalen Religiosität auch im internationalen Vergleich sichtbar gemacht. Insofern sind die für Griechenland erhobenen Werte nur bedingt aussagekräftig und können nicht aufzeigen, wie sich die Religiosität entwickelt hat.

Im Jahre 1999 bezeichnen sich mehr als 75 Prozent der Griechen als religiös. Ihr Vertrauen in ihre Kirche ist beachtlich. Ihr Nationalstolz ist sehr hoch. Hinsichtlich des Gottesdienstbesuchs gibt es eine deutliche Stadt-Land-Differenz, so dass der Durchschnittswert von zwei Prozent nicht sehr aussagestark ist. Die Griechen schätzen zwar die Institution der Ehe, die Akzeptanz der Ehescheidung ist aber hoch. Aus den Ergebnissen der Befragung zu den Themen: Die Rolle der Frau, Gesellschaft und Demokratie, Gerechtigkeit kann abgeleitet werden, dass die Griechen in ihren christlichen Grundwerten den Polen, Portugiesen und Italienern näher stehen als den Bürgern Westeuropas.

7. Die Christen sterben, die Muslime kommen

Der Bericht der UNO aus dem Jahre 2004 über die zukünftige Entwicklung der Weltbevölkerung unterstreicht, dass die Weltbevölkerung bis zum Jahre 2050 weiter wächst, sich die jährlichen Wachstumsraten aber abschwächen. Hinter den globalen Zahlen verbergen sich allerdings drastische Unterschiede. Die Bevölkerung in Europa unter Einschluss Russlands wird deutlich schrumpfen. Alle anderen Kontinente erwarten deutliche Zuwächse. In Afrika kann sich die Zahl der dort lebenden Menschen bis 2050 verdoppeln.

Natürlich können sich diese Prognosen im Laufe der Zeit verändern. Die verheerenden Konsequenzen der Aidsseuche insbesondere in Afrika sind nur schwer einzuschätzen. Andererseits steht für Europa bereits heute fest, dass es zu einer massiven Schrumpfung der „eingeborenen Europäer" kommen wird von heute 726 Millionen auf etwa 630 Millionen Menschen im Jahre 2050. Dabei ist diese Entwicklung in Russland besonders stark ausgeprägt. Es ist deshalb unrealistisch, die notwendige Zuwanderung Jüngerer auf Dauer durch den Zuzug aus den ost-europäischen Ländern zu decken, auch wenn es innerhalb des Kontinents zu Wohlstandswanderungen kommen wird. Die demographischen Probleme aller westeuropäischen Länder werden drastisch zunehmen. Im Jahre 2040 werden Spanien, Italien, die Schweiz, Griechenland und Österreich aufgrund der UNO-Prognosen einen etwas höheren Anteil an den über 65-Jährigen haben als Deutschland. Bei uns wird er bei 50 Prozent liegen. Die Benelux-Länder, Skandinavien und Frankreich haben eine etwas günstigere Quote zu erwarten. Großbritannien und Irland werden deutlich besser dran sein. Doch überall stellen sich die gleichen Fragen:

Wer wird die Renten erwirtschaften? Wer wird in den Krankenhäusern und den Pflegeheimen arbeiten?

Das alt werdende Europa kann seine Wirtschaftskraft und seine auf einem niedrigeren Niveau zu konsolidierenden Sozialstandards nur dann sichern, wenn es zu einer ständigen Zuwanderung kommt. Unsere demographischen Probleme stellen sich nicht schlagartig ein. Sie wachsen bereits heute heran und lassen deshalb den Älteren nicht den Trost: Im Jahre 2050 bin ich schon längst tot. Die bereits gegebenen Probleme der Integration der Zuwanderer der ethnischen und kulturellen Vielfalt werden auch den Älteren über den Kopf wachsen, wenn wir nicht bereits heute klug denken und dann handeln.

Selbst eine bessere Familienpolitik, eine Bewusstseinsänderung in der Gesellschaft und der Jungen bringt uns aus diesen Problemen nicht heraus. Ihr Regenerationsverhalten wird sich nicht drastisch ändern. Wäre es anders: Statt keinem, einem, zwei Kindern nun plötzlich pro Familie sechs, sieben, acht Kinder wären wir alle, von den genervten Kindern und Eltern bis hin zu den Politikern und unserer Gesellschaft, hilflos überfordert. Nur ein vorsichtiges Umsteuern im Regenerationsverhalten der Menschen ist realistisch und hoffentlich erreichbar.

Europa kann seine Wirtschaftskraft und seine Sozialstandards nur durch eine ständige Zuwanderung sichern.

Auch die USA haben bei ihrer „Noch-Mehrheit" der weißen Bevölkerung Fertilitätsraten, die sich denen Europas annähern und zu niedrig sind, um ihre Zahl unter den US-Bürgern zu stabilisieren. Doch die hohe Zahl der Kinder der Schwarzen und der aus Lateinamerika zugewanderten Südamerikaner gleicht das aus. Diese Zuwanderung wird hoch bleiben. So wird die US-Bevölkerung weiter wachsen, sich ihre Zusammensetzung aber weiter verändern. Ihre „religiöse Landschaft" wird noch bunter werden, aber christlich bleiben.

Europa dagegen steht vor einer anschwellenden Zuwanderung aus islamischen Ländern. Der Bevölkerungsdruck in der Türkei, im Maghreb, in Algerien, Marokko und Tunesien, im Nahen Osten und auch im Iran ist beachtlich. Er wird Konsequenzen haben, umso mehr als Europa Immigranten in großer Zahl anzieht. Ein attraktives Ziel für diese Zuwanderung ist Deutschland. Uns können im Jahre 2050 ohne Zuwanderung etwa zehn Millionen Jüngere fehlen. Das hält unsere Volkswirtschaft nicht aus. Eine wachsende Einwanderung insbesondere von Muslimen ist zwangsläufig.

Die jüngste Bevölkerungsprognose des Statistischen Bundesamtes vom Jahr 2001 verzeichnet für das Jahr 2002 82,5 Millionen Einwohner in Deutschland. Zur Altersgruppe 15 bis 64 Jahre gehören 55,7 Millionen, zur Altersgruppe 65 Jahre und älter 14,4 Millionen Bürger. Der Altersquotient 2002 – Alte im Verhältnis zu Bürgern im Erwerbsalter – beträgt 25,9.Seine Bevölkerungsprognose für die vor uns liegenden Jahrzehnte basiert das Statistische Bundesamt auf der Annahme einer jährlichen Nettozuwanderung von 100.000 Menschen, einer Geburtenrate von 1,4 v.H., einer Lebenserwartung der Männer von 82,6, der Frauen von 88,1 Jahren. Dann werden bei uns im Jahre 2050 69,7 Millionen Menschen leben, 39,3 Millionen im Alter zwischen 15 und 64 Jahren, 22,6 Millionen älter als 65 Jahre. Der Altersquotient liegt bei 57,5 („Deutschland in Zahlen 2006", Institut der Wirtschaft, Köln).

Der World Values Service der University of Michigan (Internationale Politik 10, 2004, S. 71 f) zeigt, dass für die US-Bürger „der US-Patriotismus, Religion und Familienbindungen von hoher und wachsender Bedeutung sind. 80 Prozent sind ‚sehr stolz' darauf, Amerikaner zu sein, fast 60 Prozent geben an, dass die Religion eine ‚sehr wichtige Rolle in ihrem Leben spielt.'"

Für die meisten Europäer spielen Werte wie Religion, Patriotismus und Familie eine wesentlich geringere Rolle. „Nur 50 Prozent der Briten, 35 Prozent der Italiener und 18 Prozent der Deutschen sind ‚sehr stolz' auf ihr Land, lediglich für 33

Prozent der Briten, 21 Prozent der Deutschen und 12 Prozent der Franzosen spielt Religion eine ‚sehr wichtige Rolle' in ihrem Leben." Alle Daten weisen darauf hin, dass das Christliche überall in Europa im Bewusstsein der Menschen auf dem Rückzug ist. Da wird es der Islam nicht schwer haben, sich in Europa als eine wirkungsmächtige Religion zu installieren.

Zeitbombe „Parallelgesellschaften"

Die europäische Wertestudie 1999/2000 zeigt deutliche Unterschiede zwischen den alten EU-Ländern, den neuen EU-Ländern und der Türkei auf. Auf die Frage „ist Religion in meinem Leben sehr wichtig", wird in der alten EU von 17,9 Prozent der Befragten mit „ja" geantwortet, in den neuen EU-Ländern sind es 23,1 Prozent, in der Türkei 81,9 Prozent. „Politiker, die nicht an Gott glauben, sind ungeeignet für ein politisches Amt." Dem stimmen 12,2 Prozent der Alt-EU-Bürger, 18,5 Prozent der Neu-EU-Bürger, aber 62,3 Prozent der Türken zu. Die „Toleranzfrage" ergibt ein entsprechendes Bild. 49,1 Prozent der Türken wollen keine Christen in ihrer Nachbarschaft wohnen haben. Entsprechende Diskrepanzen ergeben sich bei allen Fragen zu den demokratischen Grundwerten, insbesondere zur Gleichberechtigung von Mann und Frau (Jürgen Gerhards, „Europäische Werte – Paßt die Türkei kulturell zur EU?" in „Aus Politik und Zeitgeschichte", B. 9, 2004, S. 14 ff).

Rund 15 Millionen Muslime leben bereits in der Europäischen Union. In Frankreich sind es fast 6 Millionen, davon kommen mehr als 4 Millionen aus dem Maghreb, vor allem aus Algerien. In Deutschland leben rund 3,5 Millionen Muslime, die große Mehrheit von ihnen stammt aus der Türkei. Viele von ihnen haben die Staatsangehörigkeit ihres Wohnlandes angenommen. Doch auch dieser Schritt hat die Schwierigkeiten ihrer Integration in ihre neue Heimat nur begrenzt gemildert. Denn durch diesen Schritt sind sie noch keineswegs Teil der deutschen Gesellschaft geworden. Die neue Staatsbürgerschaft führt nicht automatisch dazu, dass sich die Neu-Deutschen aus der Selbstisolierung, die ihnen auch durch ihre deutsche Umwelt vorgegeben wird, befreien können, dass sie die Ghettos der Armut, der Arbeitslosigkeit, der schulischen Rückständigkeit, der mangelnden Berufsausbildung verlassen können und wollen.

In Deutschland gibt es keine türkische Parallelgesellschaft, aber türkische Netzwerke.

In Deutschland gibt es eine kontroverse Debatte, ob sich unsere türkischen Mitbürger ethischen Parallelgesellschaften zuwenden oder nicht? Die unterschiedlichen Positionen ergeben sich auch dadurch, dass „Parallelgesellschaft" unterschiedlich definiert wird. Wenn darunter große clanähnliche Strukturen und Mafiabeziehungen verstanden werden sollten, die sich abschotten und die auch ökonomische und soziale Funktionen übernehmen, gibt es bei uns keine Parallelgesellschaften, auch nicht der Türken.

Aber sie verfügen über türkische Netzwerke. Dabei spielen Familienzentriertheit und Heiratsverhalten eine große Rolle. Weit überwiegend kommen die Ehepartner, insbesondere die Ehefrauen aus der Türkei. Sie kommen in ein Land, dessen Sprache sie nicht sprechen, das ihnen fremd ist. Die zentrale Bindung an die Familie ist zwangsläufig. Sie wohnen im selben Stadtteil, der bereits „türkisch" geworden ist und den die Mehrheit der Deutschen verlassen hat. Eine zentrale Rolle bei diesen Bindungen spielt der sunnitische Islam. Alle Untersuchungen ergeben, dass die Bindungen an ihre Religion bei allen türkischen Migranten im Zeitverlauf deutlich zunehmen (Andrea Janßen, Ayca Polat, „Soziale Netzwerke türkischer Migrantinnen und Migranten", in: „Aus Politik und Zeitgeschichte", 1 – 2, 2006, S. 11 ff). Generell kann festgestellt werden: je geringer die Schulbildung und die Deutschkenntnisse, umso stärker Netzwerk zentriert und Islam gebunden.

Großbritannien und Frankreich nehmen in der EU eine spezielle Position ein. Der überwiegende Teil ihrer Zugewanderten kommt aus ihren früheren Kolonien. Sie besitzen die jeweilige Staatsbürgerschaft, fühlen sich aber dennoch wegen ihrer Hautfarbe und ihrer Herkunft eindeutig diskriminiert: bei der schulischen Ausbildung, auf dem Arbeitsmarkt, in ihren Wohnquartieren. Rassistische Angriffe nehmen zu. Sie antworten darauf mit ihrer Rückbesinnung auf die Kultur ihrer Herkunftsländer und auf ihre Religion. Das macht den Islam stark und seine Gläubigen anfällig für islamistische Parolen.

Die französische Republik steht vor großen Herausforderungen. Wie soll sie gegenüber diesen Franzosen die sie bestimmenden Grundwerte – Freiheit, Gleichheit, Brüderlichkeit – realisieren? Wie kann sie den französischen Laizismus gegenüber dem Islam durchsetzen? Er ist nämlich weitaus mehr als eine Religion. Er ist unvereinbar mit der Grundidee der Republik: eine Nation mit einer gemeinsamen Wertebasis, Religion ist Privatsache. Viele Franzosen wollen kein Multikulti nach US-Vorbild. „Die Frage stellt sich, ob die Republik eine deutliche Sichtbarkeit des Islam in der Öffentlichkeit akzeptieren muss, diese Religionsgemeinschaft anerkennen, zumindest tolerieren muss mit der Konsequenz einer Amerikanisierung des öffentlichen Lebens" (Pascal Blanchard u.a., „La Fracture Coloniale", S. 118).

Der Islam ist unvereinbar mit der Grundidee der französischen Republik.

Die Briten müssen bittere Erfahrungen machen. Im britischen Unterhaus sitzen Abgeordnete, die die zugewanderten Religionsgemeinschaften – Muslime, Hindus – vertreten. Bis zu den Terroranschlägen auf die Londoner U-Bahn war sich die Mehrheit der Politiker sicher, man sei auf dem erfolgreichen Wege zu einer stabilen multikulturellen Gesellschaft. Doch seitdem britische

Staatsbürger muslimischen Glaubens an solchen Terroranschlägen beteiligt sind, müssen Urteile und Erwartungen in Großbritannien korrigiert werden. Auch in Großbritannien leben Millionen von zugewanderten Muslimen in Ghettos, in ihren Parallelgesellschaften, keineswegs in die Gesellschaft integriert.

„Der Muslimische Rat Großbritanniens stellt sich selbst gern als Vertreter eines gemäßigten Islams dar. Ein Blick auf die Liste der Mitglieder belehrt uns eines Besseren: Extremistische Organisationen sind ohne Zweifel in der Mehrheit" (Alex Alexiew, „Wegschauen und verharmlosen, in Europa wird der islamische Terror noch immer unterschätzt" in: Internationale Politik, Sept 2005, S. 93).

Es wächst die Gefahr, dass die Muslime in ihrer neuen Heimat Europa Außenseiter bleiben und ihre Identität in ihrer Religionszugehörigkeit suchen. Dann werden sie nicht zu europäischen Muslimen, sondern zu Muslimen, die ihre traditionelle Heimat verloren haben und nun bei uns leben müssen, ohne das uneingeschränkt zu akzeptieren. Umso fester bleiben sie den überkommenen Lebensregeln verbunden und können so für radikale Thesen in religiöser Verpackung Zustimmung entwickeln.

Im Europa der Fünfzehn wurden im Jahre 2001 pro 100 000 Frauen in Irland 198, in Frankreich 190 Babys geboren. Das reicht nicht ganz, um den einheimischen Status quo der nationalen Bevölkerung zu sichern. Die großen EU-Länder Großbritannien mit 163 Geburten, Deutschland mit 129 Geburten, Spanien mit 125 Geburten und Italien mit 124 Geburten machen deutlich, wie massiv die Zuwanderung nach Europa sein muss, um unsere wachsenden demographischen Probleme in Grenzen zu halten. Die massive Zuwanderung wird vor allem aus den muslimischen Ländern mit ihrem großen Bevölkerungswachstum kommen und damit die Probleme der inneren Stabilität unserer europäischen Gesellschaften massiv erhöhen.

Christentum und Islam

Christentum und Islam unterscheiden sich in gesellschaftspolitischer Hinsicht fundamental. Unsere Religion unterscheidet sehr deutlich zwischen der staatlichen Macht und dem Gebot Gottes, dem wir Menschen unterworfen sind. „Gebt dem Kaiser, was des Kaisers ist, und Gott, was Gottes ist", so das Neue Testament. Martin Luthers „Zwei-Reiche-Lehre" baut darauf auf. Diese Trennung gibt es im Islam nicht. Der Koran ist die von Gott vorgegebene Anordnung, nach der sich alle Muslime in allen Lebenslagen zu richten haben. Der Koran ist die letzte göttliche Offenbarung. Gott wird einen weiteren Propheten nicht zu den Menschen senden. Der Koran ist deshalb der „Schlussstein" göttlicher Weisung. Er stellt das letzte und abschließende Wort Gottes dar. An ihm kann nicht gerüttelt werden.

Ein zentraler Unterschied zwischen der Bibel und dem Koran besteht darin, dass die Bibel über das Handeln Gottes im Alten Testament und im Neuen Testament über das Leben Jesu berichtet und so Vorgaben und Erwartungen über das Handeln unseres Herrn und klare Verhaltensweisen für unser Leben formuliert werden. Die Bibel besteht aus einer Sammlung von Berichten, in denen uns das Wirken und Wollen Gottes vorgestellt wird. Der Koran ist Wort für Wort von Gott direkt formuliert und von seinem Propheten Mohammed unverändert an uns weitergegeben worden. Er ist Sprachrohr nicht Berichterstatter des Willens Gottes.

Es kann im Christentum in seinen zahllosen Denominationen aber auch bei Theologen derselben Glaubensgemeinschaft zu sehr unterschiedlichen Ergebnissen der Bibelexegese kommen. Die im Christentum unübersehbare kirchliche Anpassung an den Zeitgeist lässt sich auf diese Weise biblisch ableiten: Ehescheidung, Schwangerschaftsunterbrechung, die kirchliche Segnung gleichgeschlechtlicher Paare. Das ist im Islam nicht möglich. Gottes eigenes Wort im Koran kann nicht ausgelegt und damit „manipuliert" werden. Solche Versuche sind Häresie und werden hart bestraft.

Die christliche Predigt ist der stetige Versuch, uns, den Gläubigen, Gottes Wort, so wie es uns von den Evangelisten oder den Propheten überliefert wird nahe zu bringen. „Uns wundert es kaum, von der Kanzel her mit Heidegger, Bloch und anderen falschen Heiligen eingeseift zu werden, für einen Muslim wäre das eine unverzeihliche Grenzüberschreitung" (Küng, van Ess, „Christentum und Weltreligionen – Islam", S. 36).

Im Islam gibt es auch die Predigt. Doch sie hat keineswegs die Aufgabe, den Koran auszulegen, sondern ihn erneut und immer wieder mit den vertrauten Formeln in Erinnerung zu rufen. Daneben wird die Predigt aber auch benutzt, um als Werkzeug der Auflehnung und der politischen Demagogie zu wirken. „Dem Muslim geht es darum, dem immer Gleichen zu lauschen und es in der Rezitation ständig neu zu meditieren" (Küng, aaO, S. 35).

Nur nichtmuslimischen Wissenschaftlern ist es ohne Gefahr für ihre materielle und physische Existenz möglich, außerhalb der islamischen Welt den Text des Korans sprachlich und etymologisch zu analysieren und seine religiösen Quellen zu erforschen und ihre Ergebnisse zu veröffentlichen.

Der zentrale Unterschied zwischen dem Christentum und dem Islam liegt im jeweiligen Menschenbild. Ich als Christ bin ein von Gott gewollter Mensch mit einer mir von ihm geschenkten Einmaligkeit. Ich bin einzigartig, ein Individuum. Ich kann mich frei entscheiden, bin aber meinem Gewissen unterworfen und bedarf immer wieder der Gnade Gottes, wenn ich seine Vorgaben verletze. Auf diesem Boden können plurale Gesellschaften, Verfassungsrechte und vor allem die Demokratie gedeihen. Das ist für den religiösen Muslim anders. Für ihn gelten die Vorgaben, die Allah der Umma, der Gemeinschaft, verkündet hat. Und so kann es für ihn von seinem Glauben her keine Individualität geben, die ihn in

Gegensatz zu seiner Gemeinschaft stellen kann. Wenn er seinen Glauben aufgibt und Christ wird, muss er sterben.

Wenn Millionen von Menschen ihre Heimat verlassen und in eine für sie fremde Umgebung kommen, deren Sprache sie nicht sprechen, deren Kultur ihnen fremd ist und deren Religion für sie wesensfremd ist, halten sie sich fest an ihren Traditionen und an ihrer Religion. Das ist das Verhalten der übergroßen Mehrheit der nach Westeuropa zugewanderten Muslime. Erwartet wurde, dass die Zuwanderer der zweiten und der dritten Generation im Prozess der Akkulturation die in unseren Verfassungen verankerten europäischen Wertvorstellungen übernehmen. Dass die Muslime gleichzeitig an ihrem Glauben festhalten würden, wurde akzeptiert, oft gewünscht.

Islam in einer pluralen Gesellschaft funktioniert nicht.

Übersehen wurde dabei, dass dieser Prozess so nicht funktionieren kann. Der muslimische Glaube gestattet eben nicht, dass man sich im privaten Leben in Übereinstimmung mit seinem Glauben verhält – was in unserer westlichen Gesellschaft schon kompliziert genug ist, sich ansonsten aber neu ausrichtet. „Muslime sind überzeugt, dass der Koran die letzte göttliche Offenbarung ist und als solche universellen Charakter besitzt. Ihre eigene Verpflichtung vor Gott besteht darin, die Botschaft dieses Vertrauenspfands bekannt zu machen und ihren Inhalt zu vermitteln. ... Muslimsein bedeutet weiter, in jedweder Umgebung in Übereinstimmung mit den Lehren des Islams zu handeln" (Tariq Ramadan, „In Europa zu Hause sein" in Internationale Politik, April 2005, S. 53).

„Partizipation statt Separation: Die europäischen Muslime müssen lernen im Westen zu leben, ohne ihren Glauben zu verleugnen", so lautet der Untertitel des Aufsatzes, aus dem ich soeben zitiert habe. Eigentlich kann aber das nur möglich sein, wenn unsere muslimischen Mitbürger ihren Glauben so modifizieren, dass entgegen dem Koran unsere Vorgaben der

Pluralität, der Demokratie, der Gleichheit von Mann und Frau, der Religionsfreiheit für sie verbindlich werden. Sind sie dann noch als Muslime akzeptiert oder haben sie bereits die Seiten gewechselt?

Der Zentralrat der Muslime in Deutschland hat im Februar 2003 eine „Islamische Charta“ veröffentlicht, quasi als Antwort auf die Terroranschläge vom 11. September 2001. Sie soll als „Grundsatzerklärung“ die Beziehungen der Muslime zu unserem Staat und zu unserer Gesellschaft bestimmen. „So heißt es in den Artikeln 3 und 4 der Charta, der Koran als das unverfälschte Wort Gottes habe ‚den reinen Monotheismus nicht nur Abrahams, sondern aller Gesandten Gottes wiederhergestellt und bestätigt‘. Das läuft auf eine Bekräftigung der schon erwähnten traditionellen Behauptung muslimischer Gelehrter hinaus, Juden und Christen hätten die Botschaft Gottes absichtlich verfälscht, weshalb ihre Schriften von Muhammads letztgültiger Offenbarung berichtigt worden seien. Die Mehrdeutigkeit der Wortwahl setzt sich, jenseits theologischer Spekulation, auch bei Fragen fort, die direkt mit der Integration des Islams in westlichen Gesellschaften zu tun haben. Artikel 13 besagt, dass ‚zwischen den im Koran verankerten, von Gott gewährten Individualrechten und dem Kernbestand der westlichen Menschenrechtserklärung (...) kein Widerspruch‘ bestehe – was die Frage nach Rechten aufwirft, die jenseits dieses wie auch immer zu definierenden Kernbestands liegen. Artikel 14 wiederum bejaht den ‚vom Koran anerkannten religiösen Pluralismus‘ – der freilich auf Christen und Juden beschränkt ist, und auch das nur unter bestimmten Voraussetzungen (Koran 9/29). Und schließlich heißt es in Artikel 6 mit Blick auf die Rolle von Mann und Frau, diese hätten ‚die gleiche Lebensaufgabe‘, nämlich ‚Gott zu erkennen, Ihm zu dienen und Seinen Geboten zu folgen‘ – was nicht notwendigerweise gleiche Rechte einschließt“ (Reiner Brunner, „Zwischen Laizismus und Scharia: Muslime in Europa“ in „Aus Politik und Zeitgeschichte“, 17. Mai 2005, S. 14 f).

Nicht einmal diese Erklärung kann ohne Widerspruch im muslimischen Lager verabschiedet werden. In Frankreich sind vergleichbare Versuche mehrerer Regierungen gescheitert. Im Wesentlichen an der Frage, ob ein Muslim seine Religion wechseln darf oder nicht. Darauf steht im Islam die Todesstrafe. Genau das aber widerspricht der Religionsfreiheit in unseren Verfassungen.

Die muslimischen „Eliten“ in Westeuropa werden ihren persönlichen Weg finden, ihren Glauben mit den Regeln und Wertvorstellungen der westeuropäischen Gesellschaften in Übereinstimmung zu bringen. Die für unsere Gesellschaften zentrale Frage wird aber sein, wie es zu einer multikulturellen Integration der vielen Millionen Muslime, bereits bei uns lebende, und der zu erwartenden Millionen von muslimischen Zuwandernden kommen kann? Der Dialog zwischen den Kirchen und den muslimischen Glaubensgemeinschaften hat bisher nur bescheidene Ergebnisse gebracht. Das liegt vor allem an dem absoluten Wahrheitsanspruch, den die muslimischen Theologen für den Koran vertreten, aber auch daran, dass das Christentum für die moralischen Schwächen und die sozialen Krisen der westlichen Welt verantwortlich gemacht wird. Da die Dialogpartner aus dem christlichen Lager, insbesondere die der deutschen Landeskirchen, selbst keine festen Glaubensgrundlagen mehr haben, suchen sie nach einem Kompromiss, der wesentliche christliche und demokratische Positionen zur Disposition stellt. „Die Bereitschaft zur Selbstpreisgabe“, wie es die Marburger Islamwissenschaftlerin Ursula Spuler-Stegemann formuliert, ist im Umgang und der Konfrontation mit Organisationen und Akteuren des politischen Islam zudem oft gekoppelt an Blauäugigkeit, Ahnungslosigkeit und Ignoranz. „Lieber blauäugig als blind“, verteidigt sich denn auch die Bischöfin der Evangelisch-Lutherischen Kirche Nordelbiens, Marie Jepsen („Islamismus“, herausgegeben vom Bundesministerium des Innern, 2004, S. 103).

Und so sind die Millionen von bereits zugewanderten Muslimen ziemlich auf sich allein gestellt. Staatliche Hilfen zu ihrer Integration in ihre neue Umgebung werden angesichts leerer Kassen nur begrenzt bereitgestellt. Sie konkurrieren auf dem angespannten Arbeitsmarkt mit den Deutschen, die aufgrund ihrer geringen Berufsqualifikation besonders schwer unter der Massenarbeitslosigkeit leiden.

Im September 2003 sind 49,1 Prozent der in Deutschland lebenden Türken unter 35 Jahren arbeitslos, 25 Prozent aller Türken im arbeitsfähigen Alter. Das liegt vor allem an ihrer Schulausbildung. Nur etwa 11 Prozent der jungen Türken besuchen die deutschen Gymnasien. Die deutsche Quote liegt bei fast 40 Prozent. Viele junge Türken sind ohne Schulabschluss und ohne Berufsausbildung. Im Jahre 2003 liegt der Anteil der arbeitslosen Türken an der Gruppe der Arbeitslosen ohne Berufsausbildung bei 81,8 Prozent.

Im September 2003 waren 49 Prozent der in Deutschland lebenden Türken unter 35 Jahren arbeitslos, 25 Prozent aller Türken im arbeitsfähigen Alter.

„Die Anzahl der sich religiös definierenden Migranten und Migrantinnen nimmt zu. Dies wird vor allem auf den identitätsstiftenden Charakter von religiöser Zugehörigkeit zurückgeführt. Über 90 Prozent der Einwanderer aus der Türkei bezeichnen sich selbst als muslimische Gläubige. Die Untersuchungen zeigen übereinstimmend, dass Religion für muslimische Jugendliche eine erheblich höhere Bedeutung hat als dies bei Jugendlichen anderer Religionszugehörigkeit der Fall ist. Im Vergleich zu christlich geprägten Zuwanderern beurteilen muslimische Zuwanderer ihre religiöse Bindung als stärker. Religiöse Praxis und religiöse Einstellungen spielen bei ihnen eine signifikant größere Rolle als bei jungen Christen" („Sechster Bericht über die Lage der Ausländerinnen und Ausländer in Deutschland" – Deutscher Bundestag, Drucksache 15/5826 vom 22.6.2005, S. 128).

So liegt es auf der Hand, sich in die eigene muslimische Parallelgesellschaft zurückzuziehen. In ihr spielt die Treue zum Islam eine besondere Rolle. Und zwar nicht in seiner allgemeinen Form, sondern als Islam aus den jeweiligen Herkunftsländern. Und damit verbinden sich mit dem Islam dieser Muslime Verhaltensweisen, die in ihrer neuen Heimat als besonders befremdlich angesehen werden. Das betrifft insbesondere die Rechte der Frauen in unserer Gesellschaft.

Islamismus

Der Islam hat in den vergangenen Jahrzehnten eine deutliche Wandlung erfahren. Symbol dafür ist der Streit um das Tragen des Kopftuchs der Frauen. Tilman Nagel macht darauf aufmerksam, dass im Koran Sure 24, Vers 31 – der angeblichen Belegstelle für den Verhüllungszwang – kein Sterbenswörtchen dazu steht. Heute tragen viele Frauen im Gegensatz zu früher ein Kopftuch und kämpfen vor den Gerichten darum, dieses Zeichen ihres Glaubens auch während ihrer Arbeit (im öffentlichen Dienst) nicht ablegen zu müssen.

Prof. Tilman Nagel am 7. Juli 2004 vor dem Hessischen Landtag: „Im Westen fast gar nicht bemerkt, sammelten sich seit den ausgehenden 50er-Jahren die Reformgegner. Die politischen Parolen, mit denen sie, wie sich zeigt, erfolgreich um Anhänger warben, lassen sich auf einen simplen Kern reduzieren: Die westliche Zivilisation ist verdorben und verderblich, ein Unglück für die ganze Menschheit. Nur der Islam, die Islamisierung der ganzen Menschheit, kann dieses Unglück abwenden. ... So gehört es zu den Topoi der modernen Islamideologie, dass im Muslimsein die Entfremdung des Menschen von sich selbst aufgehoben werde; dass – durch das Zinsverbot – die Herrschaft des Kapitals zerschlagen werde; dass man eine saubere, glückliche, spannungsfreie Gesellschaft aufbauen werde, in der die Gleichheit aller durch den Vollzug der islamischen Ritualpflichten hergestellt werde usw. – eine Funktionalisierung der Glaubenspraxis, um ein dezidiert gegen die pluralistische Gesellschaft des Westens gerichtetes ideologisches System mit unumschränktem politischen Machtanspruch zu fördern.

Zwei wesentliche Symbole stehen für das Verlangen nach totaler Geltung: Zum einen das Zinsverbot, dessen Durchsetzung alle wirtschaftlichen Probleme lösen soll, die der verderbte westliche Kapitalismus verursacht – zum anderen die Verhüllung und Beherrschung der Frau, deren Freiheit und Freizügigkeit der Grund für die moralische Verkommenheit der westlichen Gesellschaft sei. In beiden Fällen werden aus der islamischen Rechtspraxis der Vergangenheit stammende, in der geschichtlichen Wirklichkeit in höchst unterschiedlicher Strenge befolgte Grundsätze zu göttlichen, von Allah selbst verordneten Wahrheiten erhoben und in den Koran hineingelesen. Nun wird nicht selten in der westeuropäischen Diskussion über das Kopftuch die Behauptung vorgetragen, indem die muslimische Frau dieses Kleidungsstück anlege, bekunde sie ihre Individualität und ‚Identität', ein Argument, das besonders oft auf der Seite christlicher oder atheistischer Islaminterpreten ins Gespräch gebracht wird; im westlichen Zivilisationskontext leuchtet diese Behauptung sofort als stichhaltig ein: Die Kleidung ist ein Ausdruck der Individualität. Es darf aber nicht verkannt werden, dass sie dies im muslimischen Kontext gerade nicht ist; sie ist vielmehr der Ausdruck eines Bekenntnisses gegen die westliche Zivilisation, deren Streben nach Verwirklichung des Individuums der Islam als verfehlt ablehnt. Das zeitgenössische islamische Schrifttum, das diesen Gedanken propagiert, ist mittlerweile unüberschaubar umfangreich geworden. Im Sinne dieser Vorstellungen haben in den letzten Jahren ägyptische Film- und Fernsehschauspielerinnen wiederholt öffentlich in Illustrierten bekundet, dass sie sich von den westlichen Kleidungssitten abwenden und streng die muslimischen beachten wollten, um sich fortan als taugliche Glieder der muslimischen Gemeinschaft zu bewähren.

Das Handeln nach den genannten beiden Symbolen und deren offenes und öffentliches Bekunden gilt als Vollziehen der Verpflichtung zur dabwa, zum eindringlichen Werben für den Islam, das nach auf Mohammed zurückgeführter Ansicht eine für das Jenseitsverdienst höchst förderliche Handlungsweise ist; die für die dabwa dank ihren Kenntnissen des Islams besonders Befähigten sollen dies mit Worten tun, jeder Muslim aber soll durch sein Verhalten ein Werber sein".

Eine muslimische Hierarchie wie bei den großen Kirchen gibt es nicht, mit der solche Fragen wie auch die der Teilnahme von Mädchen am Turn- und Schwimmunterricht oder an Klassenreisen angesprochen und geregelt werden könnten. So kommt es nicht nur zu recht unterschiedlichen Regelungen in den einzelnen Bundesländern, sondern auch zu Gerichtsurteilen, die am Problem vorbei gehen. Das Kopftuch ist eben viel weniger ein Zeichen religiöser Zugehörigkeit als eine Demonstration gegen unsere plurale Gesellschaftsordnung.

Otto Schily erklärt in einem von seinem Ministerium vorgelegten Dokument zum Islamismus aus dem Jahre 2004 (Bundesministerium des Innern, „Texte zur Inneren Sicherheit – Islamismus"). „Islamismus ist nicht erst in seinen terroristischen Handlungsformen eine Bedrohung, bereits als politische Ideologie enthält er eine Kampfansage an universelle Menschenrechte. Es gilt daher, islamistischen Bestrebungen mit allen gebotenen staatlichen Mitteln, aber auch mit bürgerschaftlichem Engagement entgegenzutreten. Die Verfassungsschutzberichte des Bundes und der Länder klären die Öffentlichkeit kontinuierlich über konkrete Organisationen und aktuelle Entwicklungen auf. …

Der prinzipielle Widerspruch zu den Grundlagen des modernen Verfassungsstaates und einem pluralistischen Politik- und Gesellschaftsverständnis tritt besonders hervor, wenn dem islamischen Recht, der Scharia, ein totaler Geltungsanspruch zugemessen und dem staatlichen Rechtssystem nur hieraus abgeleitete Legitimität zugebilligt wird. …

Bei alledem dürfen wir nicht kurzschlüssig Islam mit Islamismus gleichsetzen. Bei dem gewachsenen religiösen Pluralismus in Deutschland ist die soziale Integration auch der Muslime eine wichtige politische Aufgabe. …

Meine Position in der Bekämpfung des islamistischen Extremismus ist ebenso klar wie in der Differenzierung zwischen dem Islam als Religion und seiner ideologisch-extremistischen Instrumentalisierung. Die gesellschaftliche Integration des Islam in Deutschland kann nur auf der Grundlage eines politisch säkularen Selbstverständnisses gelingen, das ein eindeutiges, vorbehaltloses Bekenntnis zur freiheitlichen Demokratie des Grundgesetzes einschließt. Auf dieser Grundlage ist der Islam eine Bereicherung für die religiöse Pluralität in Deutschland" (S. 5 f).

Die vielen muslimischen Gruppen und ihre Moscheen, die gleichzeitig Schulungsräume und Treffpunkt sind, lassen sich keineswegs ideologisch einordnen. Da sie nur selten demokratische Strukturen haben, bestimmen normalerweise islamische Funktionäre über den geistlichen Inhalt ihrer Arbeit. Das gelingt ihnen umso leichter, wenn ihre Mitgliedschaft zu den Unterprivilegierten, den unzureichend Integrierten, den Neuankömmlingen gehört. Dann kann es ihnen gelingen, den politischen Islam als eine Art von Gegenentwurf zu unserer Gesellschaftsordnung darzustellen. Diese „Vertreter des politischen Islam sehen in der Einführung islamischen Religionsunterrichts die Chance, ihren Einfluss zu festigen und auszubauen" („Islamismus", S. 113).

In einer von Otto Schily in seine Dokumentation aufgenommenen Studie über den „Islam in Deutschland" kommen die Autoren hinsichtlich der zweiten Migrantengeneration von Muslimen und Nichtmuslimen zu einer Reihe von bemerkenswerten Ergebnissen (aaO, S. 135 ff):

- Die Religion entfaltet bei den Muslimen eine stärkere Prägekraft im Alltag, aber auch bei der Wahl ihres Lebenspartners. In familienbezogenen Wertfragen sind sie konservativer.
- Sie sind tendenziell schlechter in die deutsche Gesellschaft integriert. Häufig erreichen sie nur niedrige Schulabschlüsse.
- Sie haben genauso wie die zweite Generation der Nichtmuslime ein erstaunlich hohes Maß an allgemeiner Lebenszufriedenheit.
- Islamistische Organisationen haben unter den gegenwärtigen Bedingungen für die große Mehrheit der jungen Muslime keine bedeutsame Anziehungskraft.
- Sie sind deutlich religiöser, insbesondere als ihre deutschen Altersgenossen. „Im Vergleich zu ihren Eltern üben sie religiöse Praktiken jedoch weniger häufig aus und setzen sich teilweise durch individuelle Interpretationen des Islam bewusst von ihren Eltern ab“ (S. 136).

Die Verfasser dieser Studie machen darauf aufmerksam, dass sich ihre Ergebnisse nur auf die Aussagen von Türken stützen. Und sie unterstreichen, dass für eine Minderheit sehr wohl islamistische Gruppen Attraktivität entfaltet haben. Sie kann sich verstärken aber auch abschwächen. In einem hohen Maße hängt das davon ab, ob diese zweite Generation der Zugewanderten für sich in unserer Gesellschaft entsprechende Zukunftsperspektiven sieht.

Generell lässt sich feststellen, dass bei jugendlichen Muslimen, die ihre Freizeit ausschließlich mit Angehörigen ihrer eigenen Ethnie verbringen, die Verbreitung islamisch-fundamentalistischer Auffassungen deutlich höher ist („Islamismus“, S. 248). Damit korreliert die Erkenntnis, dass die Religiosität der jungen Migranten umso höher ist, je niedriger das Bildungsniveau der Eltern ist (S. 268). Je ausgeprägter die Religiosität, desto niedriger die sprachlich-soziale Integration der

Jugendlichen (S. 274). Die erst vor Kurzem zugewanderten Jugendlichen sind „extrem religiös", ihr sozioökonomischer familiärer Hintergrund ist schwach (S. 303).

Jugendliche Muslime machen sich überproportional bei Gewaltdelikten strafbar. Es ist festzustellen, „dass junge Muslime Gewalt stärker befürworten als Jugendliche christlicher Religionszugehörigkeit. Während bei christlichen Jugendlichen weiter gilt, dass mit erhöhter religiöser Bindung auf der Einstellungsebene eine deutlich verringerte Befürwortung von Gewalt festzustellen ist, gilt dies für die muslimischen Jugendlichen nicht. Allerdings lässt sich nicht bestätigen, dass eine starke religiöse Bindung bei Muslimen mit vermehrter Gewaltbefürwortung einherginge. Es ist vielmehr so, dass eine starke religiöse Bindung im Falle des Islam nicht den Schutzfaktor mit Blick auf Gewalteinstellungen darstellt, wie es bei christlichen Jugendlichen der Fall ist. Die erhöhte Befürwortung von Gewalt seitens muslimischer Jugendlicher ließ sich multivariat nicht alleine auf Unterschiede in Bildungsoptionen, sozialer Lage oder familiären Sozialisationsprozessen zurückführen. Es scheint vielmehr so zu sein, dass hier vor allem die Auffassungen zur Legitimation von Gewalt im Kontext von Ehrverletzungen entscheidend sind. Wird dieses besondere Moment von Ehrauffassungen und Männlichkeit statistisch kontrolliert, dann ist kein signifikanter Unterschied zwischen den religiösen Gruppen mehr nachweisbar. Insofern bestätigt sich die These, dass muslimische Jugendliche eine Sozialisation erfahren, die in deutlich erhöhtem Maße von Gewalt geprägt ist, was mit späteren normativen Auffassungen derselben Jugendlichen korrespondiert, wonach in bestimmten Konstellationen Gewalt für Männer ein, normativ sogar gebotenes, sozial akzeptiertes Mittel der Konfliktregulation darstellt" („Islamismus", S. 305 f).

Die massive künftige Zuwanderung islamischer Bürger wird unseren Staat vor massive Herausforderungen stellen, müssen wir doch bereits heute konstatieren, „dass auch innerhalb der Teilpopulation der in Deutschland lebenden jungen Migranten die Angehörigen islamischen Glaubens mit Abstand die schlechtesten sozialen Rahmenbedingungen des Aufwachsens haben: Ihre geringere Bildung, der geringere sozioökonomische Status ihrer Eltern sowie ihre schlechtere sprachlich-soziale Integration deuten hier auf ein soziales Problem hin, das Anlass für Maßnahmen schon im präventiven Bereich sein muss" („Islamismus", S. 307).

Es ist nicht möglich, heute klare Vorstellungen darüber zu gewinnen, in welchem Umfang diese Immigrations- und Integrationsprozesse unsere Gesellschaft verändern werden. Dass sie sich deutlich von heute unterscheiden wird, liegt auf der Hand. Es kann auch nicht garantiert werden, dass soziale und ethnische Explosionen verhindert werden können. Doch diese Zuwanderung wird und muss stattfinden, weil sonst Europa austrocknet und seine Lebensfähigkeit verliert.

Für die christlichen Kirchen ändert sich nur insoweit etwas, als bei uns eine neue religiöse Großmacht heranwächst, die zwar kaum in den fortlaufend abnehmenden Bestand an Mitgliedern der Großkirchen eingreift, aber offensiv in die Auseinandersetzungen um die Weiterentwicklung unserer Grundwerte in der pluralen Demokratie eingreifen wird. Der europäische Islam wird diesem Kontinent einen Spiegel vorhalten, der sichtbar machen wird, wie brüchig seine christlichen Fundamente sind. Und er wird versuchen, unserem Kontinent seinen Stempel aufzudrücken.

Der Beitritt der Türkei

Die Fragen des Beitritts der Türkei und der künftigen Rolle des Islams in der EU haben zwar Berührungspunkte. Sie sollten aber in der Bewertung ihrer Auswirkungen auf Europas Zukunft voneinander getrennt werden. Die Europäische Union garantiert die Religionsfreiheit ihrer Bürger. Deshalb ist die Aufnahme eines nichtchristlichen Landes nicht unmöglich. Die EU versteht sich als eine plurale Gemeinschaft, in der viele Ethnien, Kulturen, Sprachen Platz haben, wenn sie ihre Grundsätze – Menschenrechte, Demokratie, Rechtsstaatlichkeit – verwirklichen. Dieses Europa ist nicht grundsätzlich durch das Christentum in seinem geographischen Umfang bestimmt.

Allerdings zeichnen dieses Europa Entwicklungslinien und gesellschaftliche Errungenschaften aus, die es von der Türkei deutlich unterscheiden: Die Emanzipation der Menschen von kirchlicher und staatlicher Bevormundung; die erkämpfte Gleichberechtigung des Proletariats, die Emanzipation der Frauen. Insofern ist die Erweiterung der Union um die drei baltischen Staaten, Polen, die Tschechische Republik, Ungarn, die Slowakei und Slowenien eine Art Wiedervereinigung mit dem „Geist" Europas, auch wenn es noch viele Jahre dauern kann, ehe die ihnen vom Kommunismus geschlagenen Wunden verheilt sind. Die Aufnahme Bulgariens und Rumäniens dagegen lässt Fragen offen. Die Entwicklung ihrer Zivilgesellschaft aber auch ihrer Volkswirtschaften hängen weit zurück.

Die bereits vorgenommene Erweiterung der EU von 15 auf 27 Mitglieder wirft die zentrale Frage auf, ob sich die EU nicht bereits kräftig übernommen hat, auch wenn der Zuwachs und das Wohlstandsgefälle zwischen der „Alt-EU" der 15 und der derzeitigen EU der 27 eindeutig geringere soziale, wirtschaftliche und finanzielle Probleme mit sich bringt als die deutsche Wiedervereinigung des Jahres 1989. Hier wird der zentrale Unterschied zwischen den wirksamen Klammern eines wenn auch nur geschichtlich wirksamen Nationalstaates und Europas Integration deutlich. Mehr oder minder gelassen haben die Westdeutschen die in die Billionen gehenden Transfers nach Osten akzeptiert und der Gleichbehandlung aller Deutschen zugestimmt.

Dagegen gibt es bei den „reichen" westeuropäischen EU-

Ländern, nicht zuletzt bei uns, massive Vorbehalte, für die Neuen tiefer in die nationalen Steuersäckel zu greifen.

Der Historiker Paul Kennedy („The Rise and Fall of the Great Powers“, New York 1989) erklärt den Niedergang von politischen Machtgebilden mit dem „imperial overstretch“. Er versteht darunter die fortlaufend räumliche Überdehnung einer Macht auf Kosten des inneren Zusammenhalts. Diese fatale Entwicklung erklärt für ihn, warum alle großen Mächte ihren Niedergang selbst eingeleitet haben. Wenn Europa nach dem Beitritt der Türkei gemeinsame Grenzen mit Syrien, dem Irak und dem Iran hätte, wäre dieser „imperial overstretch“ längst gegeben. Ein solches Europa könnte als Zollunion oder Freihandelszone vielleicht überleben aber nicht als politische Union.

Statt gemeinsamer Identität setzt die EU auf räumliche Erweiterung.

Die Bürger haben bei den beiden Referenden zur europäischen Verfassung deutlich gemacht, dass sie die derzeitige Entwicklung der EU nicht mittragen. Erneut werden die schweren Versäumnisse der politisch Verantwortlichen sichtbar. Immer wieder haben sie bereits seit Jahrzehnten über die Finalität des europäischen Einigungswerkes gestritten: Staatenbund, Bundesstaat – nationale versus europäische Souveränität. Zu schlüssigen Ergebnissen sind sie nicht gekommen. Stattdessen haben sie immer neue Verträge vorgelegt: Amsterdam, Maastricht, Nizza, die europäische Verfassung. Und sie haben dieses Europa gleichzeitig geographisch ausgeweitet. Statt Vertiefung kommt es zur Erweiterung. Und so soll es augenscheinlich durch die Aufnahme der Türkei weitergehen. Jeder europäische Ansatz einer gemeinsamen Identität bleibt auf der Strecke. Der Bürger sucht sein Heil wieder in seinem Nationalstaat.

Aber, so argumentieren andere, nur wenn wir die Türkei aufnehmen, kann dieses Europa eine Weltmacht werden und vor allem seinen Einfluss in der islamischen Welt, im Nahen und Mittleren Osten heilsam einsetzen und den einseitigen US-amerikanischen Interessen entgegentreten im Interesse des Weltfriedens. Lassen wir die Frage beiseite, ob die Türkei überhaupt in der Lage sein wird, die ihr von Brüssel gestellten Aufnahmebedingungen auf Dauer zu erfüllen. Die zentrale Frage ist eine andere: Werden sich 27 EU-Länder überhaupt so aufstellen lassen, dass sie ihre Ressourcen soweit vereinigen, dass die Voraussetzungen für die Verwirklichung einer Weltmacht „Europa" geschaffen werden?

Die Politik der USA ist wesentlich realistischer und vor allem an ihren Weltmachtinteressen interessiert. Für sie hat sich die strategische Bedeutung des Natomitglieds Türkei nach dem Zusammenbruch der Sowjetunion zwar verändert aber nicht gemindert. Damals hatte sie starke sowjetische Kräfte an der Nato-Südfront gebunden. Heute ist sie ein Eckpfeiler in der US-Strategie für den Nahen und Mittleren Osten und den Persischen Golf. Ein solcher Eckpfeiler kann nur davon profitieren, wenn er zusätzlich noch in der EU verankert und von ihr alimentiert wird. Sollte das möglich werden und sich dadurch die Dichte der europäischen Integration abschwächen, wäre das der Machtpolitik der USA keineswegs unangenehm. Interessant ist in diesem Zusammenhang, dass die Konservativen in der US-Außenpolitik bei ihrer Bewertung des „inneren Gehalts" der EU zum Ergebnis kommen, dieser Kontinent habe nur eine schwache christliche Fundierung, die so unbedeutend sei, dass Europa kein Bollwerk gegen die Bedrohungen durch den Islam für die westliche christliche Kultur sei.

Der Beitritt der Türkei zur EU würde für seine derzeitigen Mitgliedsländer nur marginale wirtschaftliche Vorteile bringen, umso mehr als eine Zollunion bereits aufgebaut wird. Beträchtliche Probleme würden durch die verstärkte, schließlich unbegrenzte Zuwanderung der Türken entstehen. Denn sie würde uns nicht die Möglichkeit geben, die unabweisbare Immigration so zu steuern, dass wir solche Einwanderer bekommen, die unserer Gesellschaft und unserer Volkswirtschaft weiterhelfen. Zuwanderer, die massenhaft in unseren sozialen Netzen landen, leisten das nicht. Sie würden nicht den kaum entwickelten multikulturellen Zuschnitt der nationalen Kulturen verstärken. Sie würden vor allem in die bereits bestehenden Parallelgesellschaften einwandern und so die nationalen Spannungen der verschiedenen Ethnien weiter verstärken.

Es ist nicht so ohne Weiteres möglich, heute die Kosten der EU für die Einbeziehung der Türkei in die gemeinsame Politik – insbesondere die Agrarpolitik und die regionale Strukturpolitik – zu beziffern. Schließlich könnte sich die Politik der EU weiterentwickeln. Doch ein zweistelliger Milliarden-Euro-Nettotransfer pro annum, davon ca. 30 Prozent aus Deutschland wäre fällig. Die Schätzungen schwanken zwischen 14 und 20 Mrd. Euro pro Jahr.

Europa würde aber darüber hinaus Mitverantwortung für die innere Stabilität der Türkei als Eckpfeiler in der Region übernehmen. Und solche Herausforderungen lassen sich weder rechnen noch in ihrer Tragweite absehen. Außerdem bleibt offen, ob die 27 Mitgliedstaaten bereit sind, solche Risiken zu akzeptieren, umso mehr als die Türkei bis zu ihrem Beitritt zum volksreichsten EU-Land geworden sein wird, mit einem entsprechend starken Stimmrecht im Europäischen Parlament und im Ministerrat.

8. Der Nationalstaat kommt zurück

Die Bindungen an den eigenen Staat sind insbesondere in Deutschland gering ausgeprägt. Das hat viel mit der jüngsten deutschen Geschichte zu tun. Andererseits ist es nicht gelungen, weder in Deutschland noch anderswo, die Bindungen an den Nationalstaat durch Europa, den Europagedanken zu ergänzen oder gar zu ersetzen. Deutsche Politiker, die das versucht haben, insbesondere auch dadurch, dass sie deutsche Interessen bei wesentlichen Entscheidungen in Brüssel hintangestellt haben, haben das Gegenteil von dem erreicht, was sie wollten. Die Europaskepsis hat nur zugenommen und wächst weiter.

Denn wenn wir die Europapolitik unserer EU-Partner ohne Scheuklappen, also nüchtern und detailliert, analysieren, können wir nicht umhin festzustellen, dass sie vor allem eine auf den eigenen Staat bezogene Interessenpolitik betreiben. Wenn sie dazu Koalitionen auf Zeit gründen und Kompromisse mit anderen EU-Ländern schmieden, hat das viel mit den Mechanismen der Willensbildungsprozesse in der EU aber wenig mit dem viel beschworenen europäischen Geist zu tun. Deshalb ist es gut, wenn auch die deutsche Bundesregierung unsere Interessen in Brüssel ins Visier nimmt, aber europäische Kompromisse will. Unser Problem ist, dass es der deutschen Politik an längerfristigen, realistischen Konzepten fehlt. Und so ist unsere Europapolitik bisher ein wenig kohärentes Stückwerk.

Die Renaissance der Nationalstaaten in der EU ist unübersehbar. Das liegt nicht nur an der sinnlos aufgeblähten Zahl der Mitgliedsstaaten der EU, für die es immer schwieriger wird, gemeinsame Regeln zu beschließen. Selbst wenn es gewollt war, echte europäische Identität zu schaffen und damit eine wesentliche Grundlage für die politische Handlungsfähigkeit der EU zu legen, so ist diese Möglichkeit vorbei. Es geht nicht mehr um den „unvollendeten Bundesstaat“ Walter Hallsteins. Heute ist Europas fehlende Identität geprägt von Wildwuchs, Stagnation und ad-hoc-Entscheidungen ohne präzise Zielvorgabe.

Nirgendwo in Europa ist es gelungen, den Nationalgedanken durch den europäischen Gedanken zu ersetzen.

Da müssen die Nationalstaaten in die europäische Arena zurückkehren, sagen sie, um entstehende politische Vakuen zu füllen. Selbst wenn ihre Politiker, angefüllt von echtem europäischen Enthusiasmus für einen neuen großen Sprung bereitstünden, wüssten sie nicht, wie sie es beginnen sollten. Auf 27 Mitglieder ist die EU bereits angewachsen. Kroatien, der ganze restliche Balkan, die Türkei, die Ukraine wollen und werden hineinkommen. Sie drängen mit ihren Niedriglohnangeboten schon jetzt auf die westeuropäischen Märkte und erwarten von den wohlhabenden EU-Ländern massive Finanztransfers zur Entwicklung ihrer Volkswirtschaften. Da erlahmt der Enthusiasmus. Die eigenen Wähler verlieren das Interesse. Sie fühlen sich bedroht. Ihr Nationalstaat soll sie schützen.

Wenn die Politiker nicht mehr wissen, wohin sie dieses Europa steuern sollen und ihnen zunehmend selbst die verschleiernden Formeln ausgehen, sie dafür gesorgt haben, dass auch weiterhin alle wichtigen EU-Beschlüsse – Steuerharmonisierung, Sozialpolitik, Außen- und Verteidigungspolitik, Finanzierung der EU – mit ihrem nationalen Veto verhindern können, alle anderen Beschlüsse mit qualifizierter Mehrheit im Dschungel nationaler Kungeleien im Ministerrat verhandelt werden, kommt der Nationalstaat wieder zur Geltung. Bestenfalls können sich einige von ihnen gemeinsam auf den Weg machen, um nach neuen Wegen zu suchen, die für sie national von Interesse sind. Das ist dann für alle sichtbar das „Europa der Vaterländer", das General de Gaulle vor mehr als 40 Jahren forderte. Europäische Entsolidarisierung ist nicht die automatische Folge. Aber die Nationalstaaten werden auf ihre Interessen setzen und noch weniger bereit sein, nationale Ressourcen unbesehen nach Brüssel zu schaufeln, um sie dort durch die Integrationsmühlen kleinmalen zu lassen. *Do ut des* wird das Prinzip sein, zwangsläufig in dieser Europäischen Union der 27.

Von außen gesehen, wirkt Europa wesentlich kräftiger und einheitlicher als es tatsächlich ist. Europas Politiker tun viel, um diesen Eindruck zu verstärken, wissen sie doch zu genau, dass selbst die größeren EU-Länder wie Frankreich und Deutschland nicht in der Lage sind, im Weltkonzert der Mächtigen, insbesondere der USA, eine Solorolle zu übernehmen. Andererseits sind sie nur bedingt bereit, sich in einem „Europa-Chor" auf eine Bass- oder Bariton-Stimme zu beschränken. Ein Europa unter Pariser Leitung mit deutscher Juniorpartnerschaft und italienischer Begleitmusik könnte funktionieren. Das aber ist mit den Skeptikern jenseits des Kanals und den vielen Kleinen nicht zu machen. Und so ist der europäische Nationalstaat in seiner Souveränität teilamputiert, muss auf Brüsseler Befindlichkeiten und Entscheidungen Rücksicht nehmen, ist aber weiterhin zentrales Element der Willensbildung der EU.

Je größer die EU wird, desto stärker setzen die Mitgliedsstaaten auf ihre nationalen Interessen.

Dieser Nationalstaat hat allerdings nur noch im begrenzten Maße mit seinen Vorgängern des 19. und weiten Teilen des 20. Jahrhunderts zu tun. Er definiert sich nicht mehr durch seine feindliche Abgrenzung gegenüber seinen europäischen Nachbarn. Keiner würde es heute noch verstehen oder gar billigen, wenn in Deutschland vom „Erbfeind Frankreich" oder dem „perfiden Albion" gesprochen werden würde. Viele Österreicher nennen uns unter der Hand wohl immer noch

„Piefkes“ oder in anderen Ländern noch gröber „boches“ oder „huns“. Doch viel steckt da nicht dahinter. Selbst die nationalen Emotionen bei Fußball-Länderspielen verrauchen wieder. Die Bindungen an das eigene Land sind weiterhin stark, vor allem aber der nationale wirtschaftliche Egoismus und die Forderungen und Erwartungen, dass er für seine Bürger zu sorgen habe.

Europa, ein Modell mit Zukunft

Die Europäische Gemeinschaft hat ein neues europäisches Modell des Zusammenlebens der Völker geschaffen. Allerdings ist es bisher nicht gelungen, so etwas wie eine europäische Identität zu schaffen. Das liegt nicht zuletzt daran, dass sich Europa nicht politisch konsolidieren kann. Ehe es dafür Zeit gab, wurden immer wieder weitere Mitglieder aufgenommen. Die neuen Mitglieder wollen sicherlich zu Europa gehören und erwarten von uns Hilfe für ihren Aufbau. Aber sie sind keineswegs schon so weit, dass sie ihre frisch gewonnene nationale Souveränität erneut ganz oder teilweise an Dritte abtreten werden. Das gilt umso mehr, als sie weniger materielle Hilfe aus Brüssel erhalten werden, als sie erwarten. Und die nationalen Anpassungsprozesse an den europäischen Markt werden für viele noch große Probleme schaffen. „Der (osteuropäische) Nationalismus stellt für sich genommen noch keine Gefahr für Europa dar, aber er kann zu einer solchen werden, wenn sich über ihn Gefühle der Schlechterstellung und Benachteiligung artikulieren und Anspruch auf Gehör verschaffen wollen“ (Detleff Pollack, „Nationalismus und Europaskepsis in den postkommunistischen Staaten Mittel- und Osteuropas“, Politik und Zeitgeschichte, Bd. 38, 2004, S. 37).

Alle Bürger der EU wissen, dass die Gemeinschaft mit zunehmender Intensität in ihr Leben eingreift und damit den nationalen Handlungsspielraum einengt. „Für einen Begriff von tragfähiger Identifikation mit Europa bedarf es neben Loyalität und Empathie einer nutzenorientierten Komponente, die sich materiell manifestiert. Damit meine ich eine belastbare und dauerhafte Verknüpfung der Interessen der Bevölkerung Europas mit der Europäischen Union. Diese Verbindung kann dadurch entstehen, dass die Bürgerinnen und Bürger in der EU-Mitgliedschaft ihres Landes (für ihr Land oder für sich selbst) Vorteile sehen, oder sie kann sich in der Bereitschaft zur solidarischen Unterstützung anderer ausdrücken, weil eine Gegenleistung erwartet werden kann. Identitäten in diesem Sinn haben ihren praktischen Test bestanden, wenn sie zur Akzeptanz von Umverteilungsforderungen führen" (Sylke Nissen, „Europäische Identität und die Zukunft Europas", Politik und Zeitgeschichte, Bd. 38, 2004, S. 22).

Das „Eurobarometer" der Kommission versucht seit 1973 zu ermitteln, ob das Ausmaß „europäischer Identität" bei den Bürgern der EU zunimmt oder nicht. Einen klaren Entwicklungstrend gibt es nicht. Die Zustimmung zur Europäischen Union der 15 fällt seit 1991 von damals gut 70 Prozent bis 2003 auf unter 50 Prozent. Entsprechend entwickeln sich die Erwartungen der EU-Bürger auf messbare Vorteile durch die EU-Mitgliedschaft von 50 Prozent auf 45 Prozent. Gut 10 Prozent der EU-Bürger der 15 haben eine „Europäische Identität", 27 Prozent der Luxemburger als Spitzenreiter, knapp 5 Prozent der Finnen als Schlusslicht. In Deutschland zählen sich gut 13 Prozent unserer Bürger zu dieser Kategorie. Die Brüssler Untersuchungen machen deutlich, dass diese europäische Identität der Bürger vor allem aus den von ihnen erwarteten Vorteilen für ihr Land gespeist wird. Angesichts der beträchtlichen Kosten für die Osterweiterung wird die europäische Identität, die Identifikation mit dem europäischen Projekt, in Westeuropa in den vor uns liegenden Jahren abnehmen.

War eines der klassischen Merkmale des europäischen Nationalstaates bis zur Katastrophe des Zweiten Weltkrieges das ausgeprägte Misstrauen gegenüber den europäischen Nachbarn, so haben die 15 EU-Völker durch das lange Miteinander diesen gefährlichen, nationalistischen Virus weitgehend abgebaut. 1997 werden die Bürger der 15 EU-Länder befragt, welches Vertrauen sie den anderen 14 Partnervölkern entgegenbringen. Die Schweden führen im Vertrauen mit 61 Prozent. Ihnen folgt eine Reihe kleiner Länder – Luxemburg, Niederlande, Dänemark, Finnland, Österreich, Belgien, Irland. In dieser Skala des Nettovertrauens (Vertrauen minus Misstrauen) führt Deutschland die Gruppe der größeren EU-Völker an mit 37 Prozent. Es folgen Franzosen, Briten, Spanier, Italiener. Die Italiener bilden zusammen mit Griechenland das Schlusslicht. Die Portugiesen haben den gleichen Vertrauenswert wie ihre spanischen Nachbarn.

Nur gut jeder zehnte Deutsche empfindet eine europäische Identität.

Dieses „Sozialkapital" der EU, wir vertrauen einander und können darauf Europa aufbauen, verringert sich durch die Osterweiterung. Da spielen die historischen Erfahrungen mit den Kommunisten mit, aber auch ein hohes Maß an Sorgen über die Konsequenzen der Osterweiterung für das eigene Land. Während das Vertrauen des Europas der 15 gegenüber den neuen Mitgliedern unterschiedlich ausgeprägt ist, die Ungarn genießen ziemlich viel Vertrauen, die Polen deutlich weniger, sind die ermittelten Vertrauensdefizite gegenüber den Türken groß. Während erwartet werden kann, dass das Vertrauen zu den neuen Mitgliedern wachsen wird, kann eine grundlegende Veränderung gegenüber der Türkei nicht erwartet werden. Die Türkei hat als muslimisches Land geographisch und kulturell, aber auch sozial, eine zu große Distanz zu Westeuropa, als das sie überbrückt werden kann.

„Die schrittweise Expansion der Staatengemeinschaft, vom Kern zur Peripherie, ist mit steigenden Kosten der Sozialintegration verbunden. Wird die Gemeinschaft größer und heterogener, schrumpft das mobilisierbare Vertrauensvermögen. Dies deutet auf einen Konflikt zwischen Erweiterung und Vertiefung der Union hin, der von EU-Politikern wie Staats- und Regierungschefs nicht hinreichend reflektiert wird" (Rainer Lepsius, „Prozesse der europäischen Identitätsstiftung", in Politik und Zeitgeschichte, Bd. 28, 2004, S. 11).

Die Nation, das eigene Volk, steht für die große Mehrheit der EU-Bürger weiterhin im Mittelpunkt ihrer Interessen und ihrer Bindungen. „Die Grenze zwischen Nation und Europa ist zudem erstaunlich stabil. Die Trendanalyse seit den siebziger Jahren ergibt, dass sie kaum durchlässiger geworden ist" (Lepsius, aaO, S. 13). Ich gehe davon aus, dass die Rolle der Nation für die Bürger zur Sicherung ihrer persönlichen Wohlfahrt in der Zukunft weiter zunehmen wird. Damit stellt sich dann auch die Frage, wie es gelingen kann, das EU-Europa funktionsfähig zu halten?

Visionen

Hatte es in den neunziger Jahren noch intensive Debatten gegeben, wie ein geeintes Europa Gestalt annehmen könnte und welche Rolle dabei der Nationalstaat spielen sollte, so sind sie seit Längerem verstummt. Außenminister Fischer hat dazu im Jahre 2000 bedeutende Aussagen gemacht, die Deutschlands Position markieren sollten. Staatspräsident Chirac stellte seine keineswegs europafeindliche Position dagegen.

Außenminister Fischer spricht am 12. Mai in der Humboldt-Universität in Berlin zum Thema „Vom Staatenverbund zur Föderation – Gedanken über die Finalität der europäischen Integration". Zwei Ziele der Europäischen Union stellt er heraus: Die schnellstmögliche Erweiterung der EU und die Sicherung der vollen Handlungsfähigkeit dieses Europas. Einem Ministerrat mit 30 Mitgliedern traut er das nicht zu. Deshalb muss der derzeitige Staatenverbund zur „vollen Parlamentarisierung in einer Europäischen Union" kommen. Das Europäische Parlament wählt die europäische Regierung. Beide üben die legislative und exekutive Gewalt in der Föderation aus. Das Prinzip der Subsidiarität wird dabei nicht ausgehebelt. Die Nationalstaaten bleiben in ihren Teilrechten. Wesentlich für Fischer ist, dass die europäische Legislative aus zwei Kammern besteht, wobei eine Kammer durch gewählte Abgeordnete besetzt wird, die zugleich Mitglieder der Nationalparlamente sind. So wird es keinen Gegensatz zwischen nationalen Parlamenten und europäischem Parlament, zwischen Nationalstaat und Europa geben. Bei der zweiten Kammer wird man sich zwischen einem Senatsmodell mit direkt gewählten Senatoren der Mitgliedsstaaten oder einer Staatenkammer analog unseres Bundesrats zu entscheiden haben. In den USA wählen alle Staaten zwei Senatoren, in unserem Bundesrat hingegen gibt es eine unterschiedliche Stimmenzahl.

„Dies alles wird aber nicht die Abschaffung des Nationalstaats bedeuten. Denn auch für das finale Föderationssubjekt wird der Nationalstaat mit seinen kulturellen und demokratischen Traditionen unersetzlich sein, um eine von den Menschen in vollem Umfang akzeptierte Bürger- und Staatenunion zu legitimieren. Dies sage ich gerade mit Blick auf unsere Freunde in Großbritannien, denn ich weiß, dass der Begriff ‚Föderation' für viele Briten ein Reizwort ist. Aber mir fällt bis heute kein anderer Begriff ein. Es soll hier niemand gereizt werden. Auch in der europäischen Finalität werden wir also noch Briten und Deutsche, Franzosen und Polen sein. Die Nationalstaaten werden fortexistieren und auf europäischer Ebene eine wesentlich stärkere Rolle behalten als dies die Bundesländer in Deutschland tun. Und das Prinzip der Subsidiarität wird in einer solchen Föderation künftig Verfassungsrang haben. Diese drei Reformen: die Lösung des Demokratieproblems sowie das Erfordernis einer grundlegenden Neuordnung der Kompetenzen sowohl horizontal, d.h. zwischen den europäischen Institutionen, als auch vertikal, also zwischen Europa, Nationalstaat und Regionen, wird nur durch eine konstitutionelle Neugründung Europas gelingen können, also durch die Realisierung des Projekts einer europäischen Verfassung, deren Kern die Verankerung der Grund-, Menschen- und Bürgerrechte, einer gleichgewichtigen Gewaltenteilung zwischen den europäischen Institutionen und einer präzisen Abgrenzung zwischen der europäischen und der nationalstaatlichen Ebene sein. ... Damit ich nicht missverstanden werde: Dies hat mit Renationalisierung nichts zu tun, im Gegenteil."

Auf dem Wege dahin soll es möglich sein, dass eine Reihe von Mitgliedsstaaten ihre Zusammenarbeit so verstärkt, ein neues europäisches Gravitationszentrum bildet und sie mit ihrer verstärkten und ausgeprägten Integration vorangeht. Sie könnten einen nur für sie geltenden Grundvertrag beschließen, über eigene Institutionen verfügen und offen sein für andere EU-Länder. Die Gesamt-EU dürfte allerdings in ihrer weiteren Entwicklung nicht gestört werden.

Am 27. Juni 2000 nimmt der französische Präsident vor dem Deutschen Bundestag Stellung. Sicherlich spricht er auch für uns, wenn er einen europäischen Superstaat ausschließt, „der an die Stelle unserer Nationalstaaten treten und deren Ende als Akteure auf der internationalen Bühne markieren würde".

„Aus unseren Nationen, in denen wir verwurzelt sind, schöpfen wir unsere Identität. Die Vielfalt ihrer politischen, kulturellen und sprachlichen Traditionen ist eine der Stärken unserer Union. Auch in Zukunft werden die Nationen die wichtigsten Bezugspunkte unserer Völker darstellen. Sie abschaffen zu wollen, wäre genauso absurd wie zu leugnen, dass sie bereits einen Teil ihrer Souveränitätsrechte gemeinsam wahrnehmen und dies auch weiterhin tun werden, weil dies in ihrem Interesse liegt. Ja, die Europäische Zentralbank, der Luxemburger Gerichtshof oder die Beschlussfassung mit qualifizierter Mehrheit sind bereits Elemente einer gemeinsamen

Souveränität. Indem wir diese gemeinsame Wahrnehmung von Souveränitätsrechten akzeptieren, werden wir eine neue Stärke und eine größere Ausstrahlung erlangen. Deshalb bitte keine Verurteilung oder Vereinfachungen: geben wir doch zu, dass die Institutionen der Union einzigartig und spezifisch sind und es auch bleiben werden."

Auch in einem anderen Punkt weist Chirac Fischers Vorschläge zurück nach dem Motto, Korrekturen ja, Strukturveränderungen nein. Er spricht sich für Kooperationen einer Reihe von EU-Ländern aus. „Ein anderes Projekt ist die Vertiefung der Politiken, die auf Initiative dieser Länder, von denen ich eben sprach und die weiter oder rascher vorankommen wollen, erfolgen muss. Gemeinsam mit Deutschland und Frankreich könnten sie eine ‚Pioniergruppe' bilden. Diese Gruppe würde die Rolle eines Wegbereiters spielen, indem sie auf das bei der Regierungskonferenz festgelegte neue Verfahren zur verstärkten Zusammenarbeit zurückgreift oder erforderlichenfalls auch Kooperationen außerhalb des Vertrags eingeht, ohne dabei allerdings die Kohärenz und den Besitzstand der Union je infrage zu stellen. Auf diese Weise könnte sich ganz natürlich diese ‚Pioniergruppe' herausbilden. Nicht auf der Basis eines willkürlichen Beschlusses, sondern entsprechend dem Willen der Länder, sich an allen verstärkten Kooperationen zu beteiligen. Mein Wunsch ist deshalb, dass diese ‚Pioniergruppe' bereits im nächsten Jahr unter anderem folgende Aufgaben in Angriff nimmt: Verbesserung der Koordinierung der Wirtschaftspolitiken, Stärkung der Verteidigungs- und Sicherheitspolitik sowie Gewährleistung einer größeren Effizienz bei der Bekämpfung der Kriminalität. Sollten diese Staaten untereinander einen neuen Vertrag schließen und komplexe Institutionen errichten? Ich glaube nicht. Denn dadurch würde Europa – dessen müssen wir uns bewusst sein – nur eine zusätzliche Ebene erhalten, wo es heute doch schon so viele gibt! Wir müssen auch vermeiden, dass in Europa für immer Gräben entstehen, zumal es doch unser einziges Ziel ist, sicherzustellen, dass auch weiterhin Impulse gegeben werden können. Eher solle man – so meine ich – einen flexiblen Koordinierungsmechanismus schaffen; ein Sekretariat, das zwischen den Standpunkten und den Politikern der Länder dieser Gruppe für Kohärenz zu sorgen hätte, wobei diese Gruppe allen denjenigen, die sich ihr anschließen möchten, offen stehen muss. Somit wäre sichergestellt, dass Europa während dieser Übergangszeit weiter vorankommt und gleichzeitig die notwendigen Vorarbeiten zur Reform der Institutionen geleistet werden.“

Diese Debatte ist längst versandet. Es wird immer unklarer, welches Europa es sein soll. Ging es damals um die Frage der Identität dieses Kontinents, so wird heute bei der Befürwortung des Beitritts der Türkei im Wesentlichen in welt- und sicherheitspolitischen Kategorien gedacht. Die Türkei soll vor einem Abgleiten in islamistische Fahrwasser bewahrt werden. Schließlich hat dieses Land gemeinsame Grenzen mit Syrien, dem Irak und dem Iran. Die USA fordern deshalb nachdrücklich die Aufnahme der Türkei in die EU.

„Babylon“

Wir verstehen unter dem Begriff „Kultur“ normalerweise nur den engeren Bereich von Kunst, Ethik, Religion, Sprache und Erziehung, auch der Organisation des sozialen und gesellschaftlichen Zusammenlebens der Menschen. Die materiellen Formen menschlichen Handelns im Bereich der Wissenschaft und Technik bleiben dann außen vor. In diesem Sinne gibt es in Europa kulturelle Vielfalt, aber auch Übereinstimmung. Der Entwurf der abgelehnten Europäischen Verfassung verweist auf unser europäisches Erbe und den unabdingbaren Wert und den Respekt vor der Verschiedenheit der nationalen Identitäten, der Kulturen und Traditionen, die es zu schützen und zu bewahren gilt. Bei den Sprachen soll es bei der Vielfalt der Amtssprachen bleiben. Vor der Osterweiterung mussten auf jeder Sitzung der Organe der EU jeweils 33 Dolmetscher die Simultanübersetzungen in die 11 Amtssprachen sicherstellen. Im Europa der 27 mit seinen dann 22 Amtssprachen werden pro Sitzung 69 Dolmetscher gebraucht.

Allein dieses Beispiel macht deutlich, dass ein wesentliches Element der kulturellen Vielfalt in Europa an seine Grenzen gestoßen ist. Und es geht ja nicht nur um die Vielfalt der Amtssprachen bei mündlichen Verhandlungen. Alle Brüsseler Beschlüsse müssen verbindlich in den Amtssprachen der Mitgliedsländer vorliegen, damit sie national umgesetzt werden können, bis hin zu den vorgeschriebenen Angaben über die Zusammensetzung von Lebensmitteln oder von Kosmetika. Europa wird sich nicht auf eine (englisch) oder mehrere (deutsch, englisch, französisch, italienisch, spanisch) Amtssprachen einigen können.

Diese Barriere behindert zwar den europäischen Kulturaustausch. Und dennoch hat er sich stark intensiviert. Das hat allerdings mit der europäischen Integration nichts zu tun. Die Einflüsse der US-Kultur sind übermächtig. Wir erleben in allen EU-Ländern, wie sich die nationalen Kulturen Versatzstücke aus anderen Kulturen einverleiben und sie verändern. Andererseits benötigen sie im Außenverhältnis zu anderen Kulturen ein gewisses Maß an Abgrenzung und Eigenständigkeit, sollen sie nicht im Nichts verschwinden. Tradition, überkommene Ethik und Sprache helfen dabei. Aber eine Gefahr wächst: Die nationalen Eliten überspringen solche Barrieren leicht. Sie werden „multi-kulti". Ihre nationale Identität kann gegen Null tendieren. Sie verlieren den Kontakt zur Mehrheit. Wenn sie die politischen Schalthebel in Richtung multi-kulti bedienen, kann es zu Reaktionen vieler Wähler kommen, die populistischen und nationalistischen Gruppierungen nützen.

Die Mehrheit der Bürger benötigt zur Bewältigung ihres Lebens privat, gesellschaftlich und im Beruf nationale, kulturelle „Selbstverständlichkeiten“, die sich zwar verändern können. Doch die „Marschgeschwindigkeit“ muss von ihnen verstanden und ertragen werden können. Nur die nationale Kultur kann das leisten. Europäische Vorgaben gibt es nicht. Und dennoch hat sich durch die Jahrzehnte der fortschreitenden Europäischen Union zwischen den Völkern ein solches Maß von wechselseitiger kultureller Toleranz entwickelt, dass ein Clash der nationalen Kulturen in Europa dann ausgeschlossen werden kann, wenn immer wieder die „Marschgeschwindigkeit“ des Aufeinanderzugehens richtig dosiert wird.

Als die Europäische Wirtschaftsgemeinschaft zur Europäischen Union mutiert, wird in den Vertrag von Maastricht der sog. Kulturartikel 128 aufgenommen. Er fordert die Union auf, „einen Beitrag zur Entfaltung der Kulturen der Mitgliedsstaaten unter Wahrung ihrer nationalen und regionalen Vielfalt sowie gleichzeitige Hervorhebung des gemeinsamen kulturellen Erbes“ zu leisten. Die EU-Kommission legt am 15.7. 2004 ihren Vorschlag für das Programm „Kultur“ 2007 bis 2013 vor. Ihr Finanzansatz für ihr Sieben-Jahres-Programm beläuft sich auf 408 Millionen Euro für 450 Millionen EU-Bürger. Selbst wenn die Kommission ihre Forderung durchsetzen kann, stehen für jeden EU-Bürger in diesen sieben Jahren insgesamt 91 Cent zur Verfügung, pro Jahr 13 Cent.

Wenn daraus geschlossen wird, „Kulturpolitik ist jetzt ein Faktor sui genesis der Gemeinschaft“ (Olaf Schwencke, „Europa fördert Kultur“, in Politik und Zeitgeschichte, B 49/ 2004, S. 23), so ist das unzutreffend. In derartigen Minibudgets zeigt sich nur die Anmaßung Brüssels, auf allen Sachgebieten den Eindruck zu erwecken, man sei eine vollwertige Union mit umfassenden Kompetenzen. Die Brüsseler Mittel erlauben pro EU-Bürger den Einsatz von gut einem Cent pro Monat für Kultur und sie dürfen nur subsidiär, das heißt zusätzlich zu Projekten eingesetzt werden, die den EU-Kriterien entsprechen: „Die Gemeinschaft fördert durch ihre Tätigkeit die Zusammenarbeit zwischen den Mitgliedstaaten und unterstützt und ergänzt erforderlichenfalls deren Tätigkeit in folgenden Bereichen:

- Verbesserung der Kenntnis und Verbreitung der Kultur und Geschichte der europäischen Völker,
- Erhaltung und Schutz des kulturellen Erbes von europäischer Bedeutung,
- nichtkommerzieller Kulturaustausch,
- künstlerisches und literarisches Schaffen, einschließlich im audiovisuellen Bereich."

Kluge Kulturmanager können so bescheidene Brüsseler Mittel zur Kofinanzierung ihrer Projekte einwerben. Der bürokratische Aufwand dafür ist beachtlich. Der europäische Nutzen ist nicht messbar. Mit europäischer Kulturpolitik hat das nichts zu tun.

Wo ist Jesus?

So wie es eine europäische Kulturpolitik nicht gibt, Kultur und Kulturpolitik bleiben national bezogen, so wird es auch eine europäische Kirchenpolitik nicht geben. Die Religionsgemeinschaften bleiben national gebunden. Das gilt auch für die katholische Weltkirche. Allen Religionsgemeinschaften werden von den Nationalstaaten durchaus unterschiedliche Rahmenbedingungen vorgegeben, von ihrer Finanzierung, der Ausbildung ihres Nachwuchses bis hin zu ihrem Rechtsstatus. Wenn die Verfassungen der EU-Länder, ebenso wie der Entwurf der Europäischen Verfassung, die Religionsfreiheit garantieren, gibt das einen Rahmen vor, der sehr unterschiedliche nationale Regelungen beinhalten kann. Ebenso wesentlich, wahrscheinlich viel bedeutsamer, sind die sehr unterschiedlichen innerkirchlichen Traditionen und Bekenntnisse wie die Bindungen der Menschen an ihre Kirchen. So ist es nicht verwunderlich, dass die deutsche Minderheit in Dänemark zwar die dänische Staatsbürgerschaft hat, aber kirchlich zur evangelisch-lutherischen Kirche Nordelbiens gehört und eben nicht zur dänischen lutherischen Kirche. Deutsch wird gepredigt und gesungen und nicht dänisch.

Christliche Religion tritt uns in Europa in sehr unterschiedlichen Facetten entgegen. In unseren pluralen Demokratien können sie den gesellschaftlichen Wertekanon nicht mehr vorgeben, wenn es auch ihre Pflicht ist, für die Grundwerte unseres Glaubens einzustehen. Und dieser Wertekanon ist von Land zu Land, oft auch von Region zu Region sehr unterschiedlich ausgeprägt und verändert sich auch nicht gleichartig. Er beeinflusst die nationalen Nachbarn auch über das Medium Fernsehen. Und dennoch wird es in absehbarer Zeit bei seinen „nationalen" Ausprägungen bleiben. In diesem Zusammenhang ist es ziemlich belanglos, ob es in einer EU-Verfassung einen Gottesbezug gibt oder nicht. Unsere christliche Zukunft wird nicht in Brüssel beeinflusst und gestaltet, sondern „vor Ort". Ob also plakativ auf Gott verwiesen wird oder nicht, ändert nichts an der brennenden Frage, wohin wird sich dieses Europa der Vaterländer als Summe der Ethiken, der moralischen Traditionen und Werte, der religiösen Bindungen der europäischen Völker entwickeln?

Hat es das „christliche Abendland" jemals so gegeben, wie es uns heute als Teil einer versuchten EU-Ideologie vorgestellt wird? Heute jedenfalls treffen wir auf ein säkularisiertes „Abendland" mit sehr unterschiedlich starken nationalen christlichen Minderheiten. Noch wirkt christliche Moral weiter, auch wenn sie an Prägekraft verliert. Auf diesem Feld der zunehmenden moralischen Belanglosigkeiten haben sich die Christen zu bewähren. Denn es reicht eben nicht, für sich selbst ein frommer und gottesfürchtiger Mensch zu sein. Wenn wir unsere christlichen Werte nicht in die Gesellschaft tragen, werden die Konsequenzen auf uns selbst zurückschlagen. Wir schaffen nicht und wollen nicht eine Rückwendung zur keineswegs so guten, alten Zeit. Wir müssen die Pluralität der Demokratie wollen, notfalls verteidigen. Wir müssen aber unsere christlichen Wegweisungen anbieten und für sie öffentlich eintreten.

Eine zentrale Frage bleibt dabei allerdings offen. Wie sollen sich die Christen verhalten, wenn ihr Staat mit demokratisch legitimierter Mehrheit Gesetze beschließt, die ihren Grundeinstellungen eindeutig entgegenstehen? Bereits die Macht des Faktischen gibt ihnen keinerlei Möglichkeiten, das zu verhindern. Und das ist gut so. Andererseits aber ist gesellschaftspolitischer Widerstand durchaus geboten, auch wenn es keinerlei Erfolgsgarantien gibt. Dabei müssen Christen, vor allem bei der kritischen Frage der legalisierten Abtreibung, massiv für Hilfen, ideelle und materielle, eintreten, damit für die Nichtchristen bei einer solchen Entscheidung auch andere Lösungen als die Abtreibung möglich werden. Der Nur-Protest hilft nicht, ist auch unchristlich.

Die Forderung „Europa eine Seele geben", die am Ende des letzten Jahrhunderts vor allem unter katholischen Theologen kursierte, ist durch die Realitäten der Europäischen Union verstummt. Niemand, der die Entwicklung der nächsten Jahre ins Visier nimmt, kann seriös sagen, wohin die Reise der EU gehen wird. Europa hat keine Seele, keiner, auch nicht die Kirchen, kann ihm eine Seele einhauchen. Bemühen können wir uns, wenigstens Kernelemente des gemeinsamen christlichen Gedächtnisses für die Zukunft zu bewahren. Denn vergessen wir nicht: Säkularisierung und wachsender zunehmend bösartiger Nationalismus gingen in Europa Hand in Hand. Die Großkirchen haben diesem Nationalismus ihre christlichen Weihen gegeben und mitgeholfen, unseren Kontinent in zwei schreckliche europäische Bürgerkriege zu führen. Ihre anfängliche Komplizenschaft mit dem Faschismus kann nicht vergessen werden. Und so wurde das europäische Gedächtnis immer schwächer, es nationalisierte sich. Es verlor sein christliches Gewissen und seine Nächstenliebe für alle Menschen.

Diese Finsternis liegt hinter uns. Wir erkennen unsere Nächsten wieder. Wir dürfen die schreckliche moralische Dunkelheit in der jüngsten europäischen Geschichte nicht vergessen. Aus diesem Wissen wird ein neues Gewissen wachsen. Und daraus hoffentlich auch ein gemeinsamer Wille, ein wirklich einheitliches, solidarisches Europa zu bauen.

Tomas Halik stellt in seinem Essay im NDR zum Thema „Europa eine Seele geben, gut gemeinte Losung oder arrogante Phrase?“ am 27. Juni 2004 fest: „Die neueste Geschichte der postkommunistischen Länder zeigt schmerzlich, wie schwer die Demokratie da Fuß fasst, wo diese Tradition über Jahrzehnte gewaltsam unterdrückt wurde. Und der gegenwärtige Zustand des Westens zeigt, wie gefährlich die wirtschaftliche und politische Demokratie durch Korruption bedroht ist, wenn nicht in einem ausreichenden Maße ein moralisches Klima herausgebildet wird, auf das sie ganz wesentlich angewiesen ist.

Übrigens: ein Großteil Europas altert und stirbt aus, nach Europa strömen Zuwanderer aus allen Ecken und Enden der Welt, ähnlich wie nach dem Fall des Römischen Reiches. Der Kirche ist es damals gelungen, den vielen, vielen Migranten, deren Nachfahren die meisten heutigen europäischen Völker stellen, beide Werte zu geben, auf die Europa damals so stolz war – den christlichen Glauben und die Kultur der Antike. Wer übergibt heute und morgen etwas aus dem europäischen Erbe an die neuen Einwohner unseres Kontinents, und was eigentlich?

Und noch mehr Fragen: Kann man heute von einem ‚gemeinsamen Willen Europas‘ sprechen? Ist vielleicht der dynamische Prozess der europäischen politischen und wirtschaftlichen Einigung der Ausdruck eines solchen Willens? Oder können wir – ähnlich wie der damalige tschechische Präsident Václav Havel vor einigen Jahren im französischen Parlament – die Erweiterung der Europäischen Union mit einer Zufahrt vergleichen, die zu einer anderen Zeit und mit anderen Absichten angetreten worden ist? Und die in einer Art Trägheit verläuft, ohne sich verantwortungsvoll Fragen nach ihrem Ziel und Sinn zu stellen, ohne den neuen geschichtlichen Kontext zur Kenntnis zu nehmen und ihn durch neue ideelle Impulse zu beleben? Havel fordert Europa auf, sich selbst zu zähmen und zu disziplinieren, sich verantwortlich zu fühlen für die Folgen der globalen Verbreitung seiner technisierten und auf Konsum orientierten Zivilisation – und ein Ausdruck für diese Verantwortung sollte eine Rückkehr zu Demut und Achtung vor dem Nächsten sein, der anders ist.

Das kühne Projekt der europäischen Einheit, ... errichten wir nicht auf unbekanntem Boden oder Brachland. Wir bauen es auf einem Boden, in dessen Schichten vergessene Schätze und verbrannte Trümmer lagern, wo Götter, Helden und Verbrecher begraben sind, verrostete Gedanken und nicht explodierte Bomben liegen. Wir müssen unserem Europa keine Seele einhauchen – doch wir müssen uns von Zeit zu Zeit aufmachen und in seine Tiefen blicken, „hinunter zu den Müttern", in die Unterwelt wie Orpheus zu Eurydike oder der getötete Christus zu Adam und den Vätern aus dem Alten Testament, wie wir dies von alten Ikonen her kennen. Es gibt viele Gründe dafür, die lange, verworrene und stets voranschreitende Geschichte Europas als Zeichen dafür zu verstehen, dass es keinen Gott gibt, der unserer Geschichte ein schnelles Ende bereiten könnte, die Schuldigen bestrafen und uns retten. Vielleicht aber zeugt die Realität unserer immer noch offenen Zukunft davon, dass der verborgene Gott die Freiheit unserer suchenden Seele respektiert und – trotz allem – Vertrauen, Hoffnung und Liebe für uns hegt. Vielleicht werden wir im Grunde gerade von diesen drei „göttlichen Tugenden" – und gerade nur diesen – zusammengehalten."

Ergebnis

Unsere Existenz, insbesondere unsere Zukunft, ist für viele Menschen auf dem alten Kontinent unsicher geworden. Zupacken, das Gelingen gesellschaftlicher Anstrengungen weicht. Pessimismus und Zukunftsangst nehmen zu. Andere leben in den Tag hinein und sperren mögliche Sorgen einfach aus.

Vor dem Hintergrund der jüngsten Geschichte Europas ist das schwer zu verstehen. Dieser Kontinent hat zwei Weltkriege und europäische Bürgerkriege hinter sich, die auch seine kulturelle und zivilisatorische Substanz bedrohten. Faschismus und Kommunismus wollten unsere Grundwerte, unsere unveräußerlichen Menschenrechte zerstören und uns einkerkern in ihre inhumanen, ja verbrecherischen Ideologien und politischen Ziele. Die große Mehrheit der Europäer hat ihre politischen Lektionen gelernt und wird sie an ihre Kinder weitergeben.

Der materielle Aufstieg Europas hat sich für die westeuropäischen Volkswirtschaften in atemberaubender Geschwindigkeit vollzogen. Osteuropa zieht seit 1989 nach. Natürlich gibt es bei uns Armut und materielle Ungerechtigkeiten. Doch wir leben in einem Schlaraffenland. Wir beten im Vaterunser: „Unser täglich Brot gib uns heute." Noch für meinen Großvater hatte diese tägliche Bitte einen realen Hintergrund. Er musste seine thüringische Heimat verlassen, um im Hamburger Hafen im wahrsten Sinne des Wortes „sein täglich Brot" für seine Familie und sich zu verdienen. Und heute?

Natürlich wird es das reiche Europa schwer haben, seine Wohlstandsniveaus noch weiter zu steigern. Die meisten Menschen wären aber schon zufrieden, wenn es materiell in etwa so bliebe, wie es ist. Garantieren kann das keiner. Es wird zwischen den europäischen Völkern keinen Krieg mehr geben. Nordamerika als europäische Friedensmacht hat heute weltweite Verpflichtungen. Doch damit stehen die Europäer nicht im Windschatten der Weltentwicklung. Im Gegenteil. Je mehr sie sich politisch, aber auch wirtschaftlich abmelden, umso mehr werden sie betroffen sein.

Ob es um die weltweite Friedenssicherung geht, um die gerechte Verteilung der knapper werdenden Rohstoffe und Energiereserven, die Gestaltung des Welthandels, die Bewältigung der Immigration, Europa hat seine Mitverantwortung zu übernehmen. Wenn auch nur in seinem ureigenen Interesse. Das wird materielle Einbußen für Europas Menschen zur Folge haben. Aber hoffentlich so, dass wir solche Prozesse gestalten können, so dass unsere gesellschaftlichen und unsere politischen Strukturen diesen Belastungen standhalten können.

Dazu brauchen wir die Europäische Union. Vielleicht könnten die großen EU-Länder ein Stück Weges allein gehen. Aber auch sie würden kurz über lang an Grenzen nationaler Alleingänge stoßen und sich im Gestrüpp europäischer Widersprüche verheddern. Brüssel ist Realität und niemand kann sich aus dem Bestand europäischer Gemeinsamkeiten befreien. Das ist gut so.

Das wollen Europas Bürger auch gar nicht. Sie haben durchaus verstanden, dass ihre ganz persönliche, materielle Zukunft auch von dieser EU abhängt. Doch dieser kaum verstehbaren Brüsseler Maschinerie trauen sie andererseits nicht zu: ihre Arbeitsplätze, ihr soziales Netz gegen die großen Herausforderungen des Lebens – Arbeitslosigkeit, Krankheit, Invalidität, Altwerden – abzusichern. Bisher sind auch alle Ansätze der Gemeinschaft in diesen Bereichen ergebnislos geblieben. Ein Europa der Sechs hätte es vielleicht schaffen können. Das Europa der 27 vom Schwarzen Meer bis nach Karelien kann das nicht. Es muss zusätzliche Ängste um die materielle Zukunft der Menschen in den „reichen" EU-Ländern wecken und Ablehnung hervorbringen.

Insofern findet die EU auf der einen Seite durchaus Zugang zu den Herzen und zum Verstand der EU-Bürger. Andererseits muss der Moloch „Europa“ zusätzliche Sorgen und Vorbehalte wecken. Insofern hat die Integration keineswegs nur dem Optimismus der Europäer auf die Sprünge geholfen. Die Menschen wissen nicht, wohin die Reise geht. Sie wissen bei ihren politischen Entscheidungen auch nicht, wohin die Reise gehen sollte. Deshalb bleiben viele bei Wahlen zuhause und wissen nicht so recht, wohin sie ihr Leben orientieren sollen.

Es fehlen der klare politische Kompass und gesellschaftliche Vorgaben, die es dem Individuum möglich machen, Kurs zu halten. Andererseits hat die von den Menschen selbst gewollte Individualisierung sie von solchen Rahmenbedingungen freigesetzt und so ihr Dilemma verstärkt.

Wenn wir unser Europa anschauen, kommen wir nicht umhin festzustellen, dass eine solche generalisierende Aussage nur wenig hergibt. Die nationalen Befindlichkeiten lassen sich nicht auf einen europäischen Nenner bringen. Es ist mehr als offen, ob sich die unterschiedlichen Grundwerte, die Bindung der einzelnen EU-Länder an die christlichen Kirchen und ihre Lehre aufeinander zu bewegen. Bestenfalls lassen sich vergleichende Bewertungen vornehmen. Jedes Land hat seine spezifische, auch aus seiner Vergangenheit geprägte Identität. Das sind Werte, die Europa erhalten bleiben und die wir zu pflegen haben. Unsere nationale Identität ist wichtig. Sie hat sich hoffentlich auf Dauer von den nationalistischen Schlacken befreit. Das gilt auch für unsere Kirchen.

Ihr Einfluss und ihre Zukunft sind von Land zu Land sehr unterschiedlich. Eine europäische Glaubenskultur gibt es nicht. Auch deshalb kann das Christentum diesem Europa keine Seele geben. Die Kirchen werden sich in den einzelnen EU-Ländern zu bewähren haben, dort in die Wertediskussion in den pluralen Gesellschaften einsteigen müssen. Europa ist für Jesus Christus nicht verloren, wenn strikte Vorgaben zur Sexualmoral, zur Partnerschaft zwischen Mann und Frau zwar beachtet aber nicht immer befolgt werden. Unser europäisches Christentum ist dann allerdings in echter Gefahr, wenn Egoismus und Unmoral unsere Sexualität zum reinen Spaßfaktor verkommen lassen und die Europäer die Last aber auch die Freude am Kind immer weniger annehmen.

Das christliche Abendland war stets nicht viel mehr als ein europäischer Mythos, auch wenn die europäischen Länder mehr oder minder christlich geprägt waren und wohl auch noch sind. Die entscheidende Frage an diesen Kontinent, an seine Länder und seine Bürger ist aber, ob es dabei bleibt, wie es weiter geht?

Wir Christen wissen, dass wir allesamt Sünder sind und deshalb der Vergebung unseres Herrn bedürfen. Wir stehlen, lügen, sind gemein zu unserem Nächsten. Das belastet unser Gewissen und wird uns hoffentlich das nächste Mal daran hindern, erneut so mies zu handeln. Christen haben solche eingebauten Hemmnisschwellen. Das ist für mich der zentrale Unterschied zwischen mir und anderen. Wenn sie meinen, nicht erwischt zu werden, legen sie sich keinen Zwang an. So aber kann keine freie Gemeinschaft von Menschen auf Dauer zusammenbleiben. Sie muss auf Individualrechte und gleichzeitig auf Solidarität setzen. Ich sehe nur unseren christlichen Glauben, der Europas Menschen und seinen Gesellschaften diese wenn auch fragile Wertebasis geben kann. Mit Kirchensteuer, Gottesdienstbesuch und anderen Äußerlichkeiten hat das nur wenig zu tun, aber viel damit, dass mich Gott liebt und ich ihm sein Vertrauen durch mein Verhalten zurückzahle.

Die EU wird keine christliche Wertegemeinschaft christlich geprägter Mitgliedsländer. Interessenvertretung in der Gemeinschaft ist legitim, auch im Interesse der Zustimmung der heimischen Wähler oft unvermeidlich. Schaukämpfe gehören mit zum politischen Geschäft. Doch am Ende muss stets ein Kompromiss stehen, der Europa und seine Völker im Saldo von *do ut des* weiterbringt. Ein solches Ergebnis führt diesen Kontinent ein Stückchen weiter zur Union des alten Kontinents, auf dem Wege mit dem Ziel, Europa erneut zu einem Vorbild der Welt für menschliches Zusammenleben werden zu lassen.

Ohne unser Christentum kommen wir nicht voran. Wir Christen sind nur eine Minderheit. Doch mich schreckt das nicht. Im Gegenteil. Die Welt wird nicht vorangebracht durch amorphe und laue Mehrheiten. Wenn wir zum „Sauerteig" werden, kann unser Land, können die europäischen Vaterländer und Europa durchaus auf uns hoffen.

Bibliografie

Alexiew, Alex, „Wegschauen und verharmlosen, in Europa wird der islamische Terror noch immer unterschätzt“, in: „Internationale Politik“, Sept. 2005

Azéma, J.-P. und Wieviorka, Olivier, „Vichy 1940-1944“, Paris 2000

Bauberot, Jean, „Ou va le protestantisme?“, Paris 2005

Berger, Peter L. (Hg), „The Desecularization of the World“ Grand Rapids 1999

Besier, Gerhard, „The Concept of Freedom“, in: „Totalitarismus und Demokratie“, 2. Jahrgang 2005, Heft 2

Blanchard, Pascal/Bancel, Nicolas/Lemaire, Sandrine (Hg), „La Fracture Coloniale“, Paris 2005

Brown, Callum G., „The Death of Christian Britain“, Milton Park 2006

Bruhn, Verner, „A People and its Church“, Kopenhagen 1994

Brunner, Gottlieb, „Grundwerte als Fundament der pluralistischen Gesellschaft“, Freiburg 1989

Brunner, Reiner, „Zwischen Laizismus und Scharia: Muslime in Europa“, in: „Aus Politik und Zeitgeschichte“, 17. Mai 2005

Bundesministerium des Innern (Hg), „Texte zur inneren Sicherheit – Islamismus“, Berlin 2004

Cholvy, Gerard, „Le Fait Religieux Aujourd'hui En France“, Paris 2005

Denz, Hermann (Hg), „Die Europäische Seele. Leben und Glauben in Europa“, Wien 2002

Deutscher Bundestag (Hg), „Sechster Bericht über die Lage der Ausländerinnen und Ausländer in Deutschland“, Drucksache 15/5826 vom 22.6.2005

Filos, Altana, „Religiöse Toleranz im Verfassungsstaat“ , in: Lehmann, Hartmut (Hg), „Koexistenz und Konflikt von Religionen“ ,Göttingen 2004

Frowein in: Grohe, R. (Hg) „Religionsfreiheit“, Berlin 2001

Fürst, Walter/Honecker, Martin (Hg), „Christenheit – Europa 2000. Die Zukunft Europas als Aufgabe und Herausforderung für Theologie und Kirche“, ZEI Bd. 31, 2001

Gerhards, Jürgen, „Europäische Werte – Paßt die Türkei kulturell zur EU?“, in: „Aus Politik und Zeitgeschichte“, Bd. 9, 2004

Gill, Robin, „The Empty Church Revisited“, Aldershot 2003

Gollwitzer, Helmut, „Die Christen und die Atomwaffen“, München 1957

Greeley, Andrew M., „Religion in Europe at the End of the Second Millenium. A Sociological Profile“, 2. Aufl. Sommerset 2004
Grötzinger, Albrecht, „Die Kirche – ist sie noch zu retten?“, Gütersloh 1998
Hervien-Leger, D./Champion F., „Vers un nouveau christianisme?“, Paris 1986
Honecker, Martin, „Profile – Krisen – Perspektiven – Zur Lage des Protestantismus“, Göttingen 1997
Huber, Wolfgang, „Kirche in der Zeitwende“, Gütersloh 1999
Inglehart, Ronald, „Modernisierung und Postmodernisierung – Kultureller, wirtschaftlicher und politischer Wandel in 43 Gesellschaften“, Frankfurt 1998
Isensee, Jakob, „Ethische Grundwerte im freiheitlichen Staat“, in: Paus (Hg), „Werte – Rechte – Normen“, Kevelar 1979
Janssen, Andrea/Polat, Ayca, „Soziale Netzwerke türkischer Migrantinnen und Migranten“, in: „Aus Politik und Zeitgeschichte“, 1 – 2, 2006
Jörns, Klaus Peter, „Die neuen Gesichter Gottes. Was die Menschen wirklich glauben“, 2., verb. Aufl. 1999, Neukirchen-Vluyn 1999
Kennedy, Paul, „The Rise and Fall of the Great Powers“, New York 1989
Kolakowski, Leszek, „Der Mensch ohne Alternative“, München 1960
Krumreich, Gerd/Lehmann, Hartmut, „Gott mit uns. Nation, Religion und Gewalt im 19. und frühen 20. Jahrhundert“, Göttingen 2002
Küng, Hans, „Das Christentum“, München 1994
Küng, Hans/van Ess, Josef, „Christentum und Weltreligionen – Islam“,
Langewiesche, Dieter, „Nation, Nationalismus, Nationalstaat in Deutschland und Europa“, München 2000
Larentzakis, Grigorius, „Die Orthodoxe Kirche“, 2. Aufl. Graz 2004
Lepsius, Rainer, „Prozesse der europäischen Identitätsstiftung“, in: „Politik und Zeitgeschichte“, Bd. 28, 2004
Lunze, Stefan, „Staat und Kirche in England“ (Webdokument)
Lütz, Manfred, „Der blockierte Riese – Psychoanalyse der katholischen Kirche“, Augsburg 1999
Mann, Golo, „Deutsche Geschichte des 19. und 20. Jahrhunderts“, Frankfurt 1992
Mayeur, Jean-Marie, „La separation des Eglises et de l'Etat“, Paris 2005
McLeod, Hugh und Werner Ustorf (Hg), „The Decline of Christendom in Western-Europe, 1750-2000“, Cambridge 2003
Memorandum der Bertelsmann-Stiftung, „Dialog der Kulturen“, Gütersloh 2000

Mertes, Michael, „Europäische Sonderwege. Die ‚Westliche Wertegemeinschaft‘ lebt sich auseinander“, in: „Internationale Politik“, Nov. 2005
Müller-Graff, Peter-Christian/Schneider, Heinrich, „Kirchen und Religionsgemeinschaften in der Europäischen Union“, Baden-Baden 2003
Nissen, Sylke, „Europäische Identität und die Zukunft Europas“, in: „Politik und Zeitgeschichte“, Bd. 38, 2004
Pollack, Detleff, „Nationalismus und Europaskepsis in den postkommunistischen Staaten Mittel- und Osteuropas“, in: „Politik und Zeitgeschichte“, Bd. 38, 2004, S. 37
Pollack, Detleff, „Religion und Politik in den postkommunistischen Staaten Ostmittel- und Osteuropas“, in: Politik und Zeitgeschichte, 21.10.2002, S. 17
Prätorius, Rainer, „In God we trust. Religion und Politik in den USA“, München 2003
Ramadan, Tariq, „In Europa zu Hause sein“, in: „Internationale Politik“, April 2005
Ratzinger, Joseph, „Salz der Erde“, München 1996
Ratzinger, Joseph/Maier, Hans, „Demokratie in der Kirche“, Limburg 2000
Rauscher, Anton, „Christen in Europa“, Köln 1978
Reinhard, Wolfgang, „Lebensformen Europas“, München 2004
Rémond, René, „Religion und Gesellschaft in Europa: von 1789 bis zur Gegenwart“, München 2000
Riesebrodt, Martin, „Die Rückkehr der Religionen“, München 2000
Roth, Dieter/Konelius, Bernhard, „Europa und die Deutschen“, in: „Aus Politik und Zeitgeschichte“, 17/2004, S. 46-54
Scholder, Klaus, „Die Kirchen und das Dritte Reich, Band 1“, Berlin 1977
Schwencke, Olaf, „Europa fördert Kultur“, in: „Politik und Zeitgeschichte“, Bd. 49, 2004
Sigrist, Hannes/Vogel, Jakob/Francois, Etienne, „Nation und Emotion. Deutschland und Frankreich im Vergleich. 19. und 20. Jahrhundert“, Göttingen 1995
Smyser, William R., „From Yalta to Berlin“, New York 1999
Tamcke, Martin, „Das orthodoxe Christentum“, München 2004
Thielicke, Helmut, „Was heißt Verantwortung im Atomzeitalter?“, Stuttgart 1957

Van Ess, Josef/Küng, Hans, „Christentum und Weltreligionen – Islam“, 4. Aufl. München 2004
Wagner, Falk, „Metamorphosen des modernen Protestantismus“, Tübingen 1999
Zuhlehner, Paul M., „Kirche umbauen – nicht totsparen“, Ostfildern 2004

Personen- und Sachregister